2/00

La compasión

Paidós Biblioteca del Presente

Aurelio Arteta

La compasión

Apología de una virtud bajo sospecha

Carlos Frade
Diciembre '96

PAIDÓS

Barcelona
Buenos Aires
México

Colección dirigida por Manuel Cruz

Cubierta de Grafica

Ilustración de cubierta: Giorgione/Tiziano,
El concierto (detalle), Galleria Pitti, Florencia

1ª edición, 1996

© de todas las ediciones en castellano,
Ediciones Paidós Ibérica, S. A.,
Mariano Cubí, 92 - 08021 Barcelona
y Editorial Paidós, SAICF
Defensa, 599 - Buenos Aires.

ISBN: 84-493-0321-4
Depósito legal: B-38.984/1996

Impreso en Hurope, S. L.,
Recaredo, 2 - 08005 Barcelona

Impreso en España - Printed in Spain

A mi madre

Sumario

9

Propósito y agradecimientos

Habría titulado este trabajo *La piedad*, si no fuera porque así inducía tal vez a confundir esta emoción o virtud profana con ese otro sentido de devoción religiosa que también contiene. Otras lenguas dan nombres distintos a significados tan diversos, pero no la nuestra. Excluida aquí del todo su acepción religiosa, advierto de entrada que me serviré indistintamente de *compasión* y *piedad* (igual que, si viene al caso, de sus sinónimos *humanidad, conmiseración* o *misericordia*) como acostumbra el hablante ordinario.

Pues bien, lector, estarás de acuerdo conmigo en que una enorme carga de sospecha pesa hoy, y hace ya demasiado tiempo, sobre la compasión o piedad. Por si no habías reparado en ello, atiende un momento a ciertas expresiones coloquiales. Una «piadosa intención» es un buen propósito de cuya sinceridad o eficiencia desconfiamos. La «mentira piadosa» nos suena a falso consuelo. Mientras una persona amable es digna de ser amada y algo resulta memorable cuando merece recordarse, tildar a un ser humano de «miserable» ya no significa juzgarle digno de conmiseración; al contrario, es el insulto que habitualmente recibe quien provoca nuestro desprecio y condena. Nos jactamos de no pedir o de rechazar la compasión ajena, porque ello nos avergonzaría, y, si acaso la ofrecemos, sabemos que eso nos arriesga a ofender a su destinatario. En suma, que no parece este sentimiento haber alcanzado una alta estima en el mercado de valores.

Y tanto me escandalizaba el descrédito asociado a la piedad, que me propuse acercarme a ella con vistas a rehabilitarla en nuestra conciencia moral. A partir de su compleja naturaleza como pasión y frente a las muchas suspicacias que levanta en la historia del pensamiento (primera parte), me he empeñado en fundar su carácter de virtud y reservarle un lugar en la Ética (segunda parte). Así que te anuncio que tan larga meditación está animada de una voluntad *edificante*. Con lo que quiero decir que no me importa sólo que alcancemos un concepto más adecuado de compasión, y la tengamos así en mejor concepto, sino también que tú y yo nos volvamos más compasivos. Éste es mi auténtico *ensayo*...

Pero, hablando de ensayo —esta vez como género literario—, había una seria dificultad a la hora de ponerme a la tarea. Si al lector común, por una notable escasez de estudios dedicados a nuestro tema, le faltara la información suficiente sobre los problemas surgidos en torno a esta emoción/virtud y de los muchos pensadores clásicos y modernos que los abordaron, ¿cómo iba yo a permitirme dar todo ello por sabido y ofrecer mi propia reflexión de buenas a primeras? Ésa es la razón de que estas páginas combinen partes más informativas con otras digamos más especulativas, un cierto estilo didáctico y otro tono más apasionado. No he querido, pues, ahorrar demasiado en citas y referencias a los autores capitales, tanto para estimular la atención del lector como porque me gusta reconocer mis deudas. La selección bibliográfica del final dará una idea aproximada del intenso y permanente interés que la compasión ha suscitado en filosofía.

Queda el capítulo más grato: el de los agradecimientos. Creo recordar que la primera persona con la que hablé del asunto fue Fernando Savater, de quien recibí el empuje inicial. Lo han sostenido después en diversa medida Rafael Sánchez Ferlosio, Reyes Mate, Michel Guerin y Javier Muguerza. En un momento u otro de la gestación de la criatura han tenido la amabilidad de leer algún capítulo y ofrecerme su avisada opinión amigos como Javier Peña, Miguel Morey, Félix de Azúa, Alberto Saoner, José Antonio Marina y Juan Berraondo. Este último y Alfredo Bayón, compañeros de docencia, me descargaron de algunas clases a fin de hacer así más asequible esta tarea. Ex alumnos doctorandos como Félix Novales, Luis Mínguez, Pedro de Cossío, José

Ángel Artetxe, Tomás F. Aúz y Antonio Casado me facilitaron lecturas e indicaciones provechosas. Siempre he contado con el apoyo cálido de Javier Eder y Ricardo Pita. La Universidad del País Vasco tuvo a bien concederme una ayuda de investigación para que no cejara en el empeño. Paco Fernández Buey y Manuel Cruz me pusieron sin remedio en el disparadero de escribir. Al lado y a pie firme ha permanecido Genoveva... Quisiera no haber omitido a ninguno de mis benefactores, pero menos que a nadie a Pedro Manterola, casi coautor (aunque no corresponsable) de este libro, con quien he porfiado durante los últimos años en un continuo y despiadado debate sobre la piedad. Me temo que aún no esté del todo persuadido de sus bondades; ojalá contigo, lector amable, tenga mejor suerte.

Esto ha sido escrito en el País Vasco, una tierra en la que unos pocos —además de otras carencias— muestran a diario su falta de compasión con el resto. ¿Qué mejor destino podría desear a estas páginas que el de contribuir a que, al par que la cordura, se instale entre nosotros la piedad?

Cizur Menor, 15 de marzo de 1996.

PRIMERA PARTE

LA EMOCIÓN COMPASIVA

¿Pasión o virtud?, ¿muestra de debilidad o signo de fortaleza?: he aquí el mayor dilema que la piedad propone desde el principio. Para comenzar a desvelarlo, recordemos lo que aprendimos de los clásicos. A diferencia de la virtud, que es una disposición habitual a actuar nacida de la elección deliberada, la pasión (la emoción, el sentimiento) nos mueve a modo de sujetos pacientes, conmovidos, y nos somete a su antojo. Si mediante la virtud logramos afectar en una u otra medida a la realidad que nos circunda, por los afectos somos ante todo afectados. De modo que en la virtud radica nuestra fuerza como seres racionales y, en las pasiones —en tanto que esa virtud no logre someterlas—, nuestra flaqueza... Pues bien, mientras algunos pretendemos además que, bajo ciertas condiciones, debe ser encuadrada entre las virtudes, todos han acordado por lo pronto atribuir a la piedad la naturaleza de emoción. Pongamos que el primero Aristóteles, para quien la piedad o compasión (éleos) es una de las pasiones (páthe) o «afectos que van acompañados de placer o dolor». Aquel dilema inicial recibe aquí, aunque provisional, una respuesta: la piedad es, antes que nada, una pasión.

I

Las entrañas de un sentimiento

Y, a fin de analizar su naturaleza, será bueno seguir todavía un largo trecho bajo la guía del filósofo. «Sea, pues, la
compasión —escribe en la *Retórica* — un cierto pesar por la
aparición de un mal destructivo y penoso en quien no lo
merece, que también cabría esperar que lo padeciera uno
mismo o alguno de sus allegados, y ello además cuando se
muestra próximo» (R II, 8). Esta definición, que será por
cierto la canónica durante siglos, enumera varias de las notas esenciales de la idea de piedad. Tratemos de seguirlas y,
llegado el caso, de corregirlas y completarlas.

1.1. Un dulce pesar

Así que la piedad es una pasión de tristeza, un afecto
acompañado de dolor. Sería preciso el celo cristiano de un
Pascal para suponer que esa pena que embarga al compasivo no procede tanto de su piedad misma como de la impiedad que aún subsiste en él (P, 723). Como lo que el piadoso comparte al com-padecer no es la dicha del otro, sino su
desgracia, le toca entristecerse. Lo contrario ocurre en pasiones como la malignidad y la envidia, que consisten en la
alegría suscitada por el mal ajeno y en la tristeza ante su
bien. Claro que, bajo ciertos supuestos, se diría que el pesar
propio de la compasión va emparejado con algún gozo.
Basta, por ejemplo, que se amplíe etimológicamente su significado hasta confundirlo con el de *simpatía,* para que esa
emoción abarque tanto el sentimiento de tristeza como el
de alegría. Tal sería el caso de la noción de misericordia

(como hábito de la conmiseración) según la entiende Spinoza (E III, def. 24). Pero, aun reconociendo la cercanía entre ambos afectos, la compasión habrá de ser tomada sólo, en su sentido habitual, como una forma particular de la simpatía. La piedad es la simpatía hacia el mal del otro; y, por ello, su componente afectivo dominante es la tristeza.

Aquí damos ya por supuesta la posibilidad misma de la compasión, por más que el cínico o el misántropo podrían replicar de entrada que el espectáculo del mal ajeno no produce una doliente piedad sino, al contrario, un sentimiento de contento. Oigamos a Leopardi: «La confesión del propio sufrimiento no provoca compasión, sino complacencia, y no sólo en los enemigos, sino en todos los hombres que se enteran de ello, despierta alegría y ninguna pena. Porque es una confirmación de que quien sufre vale menos y uno mismo vale más» (en W. Benjamin, DI I, 146-147). Sin llegar a tanto, siempre cabría añadir con alguna malicia que no hay compasión por la desgracia ajena —ya sea ésta la del amigo más cercano— que no venga como aderezada de un cierto regusto de inconfesable satisfacción. Más aún, que este movimiento espontáneo de alegría precede con frecuencia a la piedad que aquella misma desgracia pueda inspirar.

Ya Lucrecio había advertido la cierta sensación de dulzura que invade al que contempla desde tierra las penalidades de quien lucha contra un mar embravecido: «no porque ver a uno sufrir nos dé placer y contento, sino porque es dulce considerar de qué males te eximes» (II, 1-3). La raíz de este fenómeno habría de buscarse seguramente en lo que Hume llamó el *principio de comparación* propio de la naturaleza humana (TNH II, 565 y sigs., 574-575, 841-844). Tan poco gobernaría la razón en nuestros sentimientos y opiniones, que juzgamos siempre los objetos más por comparación que por su valor y mérito como tales. Ese inevitable dictamen relativo acerca de las cosas variará, por tanto, según la proporción que aquéllas guarden con esas otras con las que las cotejamos. Y como «ninguna comparación es más obvia que la que tiene por punto de referencia a nosotros mismos», no hay forma de evitar que se produzca en todo momento ni de que se mezcle con la mayoría de nuestras pasiones.

Pero lo peculiar de este mecanismo comparativo es, precisamente, que invierte el propio sentimiento que sin él hubiera surgido; o, mejor, que engendra en el espectador el sentimiento contrario al que experimenta su sujeto. Así como el examen directo del placer de otro nos trae placer, pero causa dolor si lo ponemos al lado de nuestro propio placer, así ocurre también en el caso de la desgracia ajena. «Considerado en sí mismo, el dolor de esa persona nos resulta doloroso, pero en cuanto que aumenta la idea de nuestra propia felicidad, nos proporciona placer». Nada más lógico, entonces, sino que este principio esté a la base de emociones opuestas a la compasiva. Siendo «una especie de piedad al revés», y para dejar a ésta algún espacio, tal principio habrá de ser contenido —ya que nunca eliminado— por el principio opuesto de la simpatía. En todo caso, las posibilidades que aquí se abren son más amplias que las mencionadas. Si por comparación con el nuestro el daño ajeno nos parece menor, nuestra infelicidad aumentará sin dejar demasiado hueco a la compasión; pero si, al contrario, la desgracia ajena resulta relativamente mayor que la nuestra, nuestro propio dolor quedará mitigado y seremos más propicios a la piedad...

Lo cierto es que algo parecido subyace a la clase de placer sentido por el espectador de la representación trágica, ese que tanto intrigaba a San Agustín a propósito del espectáculo teatral: ¿no será locura que la contemplación del dolor pueda a la vez engendrar en nosotros compasión y deleite? (C III, 2). No por ello estamos, como algunos han pretendido, ante una emoción morbosa o siquiera contradictoria. Se trate de un dolor ajeno real o sólo representado, aquella intriga y esa sospecha se desvanecen tan pronto se comprende que la piedad que suscita es perfectamente compatible con alguna dosis de alegría.

Pues si la piedad, como se verá enseguida, requiere que

el compasivo esté expuesto a un mal semejante al del compadecido, no exige que lo esté sufriendo precisamente en ese mismo instante. «La piedad es dulce —confiesa Rousseau—, porque al ponernos en el lugar del que sufre sentimos el placer, sin embargo, de no sufrir como él» (Em IV, 296). No es, claro está, el placer de quien ante la pena del otro se regocija o simplemente se hace la ilusión de creerse exento de ella; es sólo la dicha modesta del que, a sabiendas de lo probable o forzoso de que también a él le alcance, experimenta que momentáneamente está libre de esa penalidad. Si así no fuera, si uno mismo estuviera atenazado por esa o parecida desgracia, sería incapaz del movimiento de compasión hacia el otro. Así que aquella relativa alegría que experimenta por contraste con el pesar ajeno, no sólo es resultado o compañera de su propia piedad, sino su condición necesaria. Pero, claro está, si quiere reconocerse como piedad, con tal de que esa alegría ni le impida acercarse al otro sufriente ni prevalezca sobre la tristeza que entonces debe embargarle.

Aún habría otra razón para que la piedad vaya del brazo de cierta alegría. Nos referimos a ese gratificante impulso de socorrer al caído en desgracia, que de modo inmediato brota de la piedad. Pues si, llevado hasta la beneficencia activa, la conciencia de nuestra capacidad para remediar o siquiera aliviar los males del otro por fuerza debe satisfacernos, ya el simple deseo de hacer el bien ha de provocarnos alguna complacencia. Aunque se quede en eso, el compasivo se gozará en su buena voluntad hacia el otro sufriente. No lo pasó por alto Nietzsche cuando, en el complejo organismo de la compasión, descubrió también un «impulso de alegría», una «dicha relativa», «las delicias del reconocimiento activo» (Au II, 76, 133, 136, 138). Sólo que es fácil advertir que, en tanto que esa emoción de la benevolencia (y nada digamos en el caso de convertirse en beneficencia) sigue a la piedad estricta, aquella alegría que aquí se detecta será como secundaria y subsidiaria de esta nota primordial de la piedad: su tristeza.

1.2. EL SUJETO PACIENTE Y SU MAL

1. Vengamos primero a observar quién debe ser ese otro para que su mal pueda movernos a compasión. Inmediatamente, y a simple vista, será ese que «no merece» el mal, el que sufre un daño indebido. La mentalidad colectiva vigente coincide aquí con la doctrina aristotélica, pues no se tiende a compadecer con igual presteza el mal de quien «se lo ha buscado» o «ganado a pulso». Ahora bien, introducir el criterio del mérito o demérito a propósito de la desgracia del otro, recorta el alcance de la piedad —porque limita el círculo de sus objetos posibles tan sólo a los aquejados de males sociales— y la aproxima en exceso a una especie de sentimiento primitivo de la justicia. La piedad (así como la indignación, ya se verá) es un sentimiento afín a la justicia, pero siempre en tensión conflictiva con ella.

Claro que, si al bueno sólo le correspondieran bienes, nada sería más digno de compasión que el daño que soporta. O, lo que es igual, la piedad verdadera entrañaría la creencia en la bondad del individuo doliente al que se dirige; al menos, la confianza en su irresponsabilidad respecto del mal que le azota. Así es como, para nuestro filósofo, la piedad, sin dejar de ser ella misma, puede paradójicamente trocarse en una emoción contraria, es decir, en la alegría ante quienes padecen desgracias merecidas. Y ello porque, además de ser una cosa justa, todo hombre honrado ha de alegrarse por esperar que le suceda lo que le sucede al bueno y no lo que sobreviene al malo (o.c.). En suma, toda piedad para con el mal merecido sería ella misma, en tanto que contraria a la justicia, una piedad inmerecida. Sólo la víctima inocente, y no la culpable, merecería compasión.

Pero el caso es que —incluso como simple pasión— la piedad no es proclive a tales distingos y, a sus ojos, merecimiento o inmerecimiento, inocencia o culpabilidad, pueden estar de más o venir sólo después de su impulso espontáneo. No decimos que tales consideraciones no influyan de hecho en la intensidad o en la dirección del sentimiento piadoso; se dice que, cuando influyen, ya no estamos ante el puro afecto de la piedad, sino ante otro en el que se ha mezclado algún afán justiciero. Es cierto que lo indebido del mal que el otro sufre engrosa nuestra compasión al contemplarlo: será que esa condición de injusto convierte al mal en aún peor, pero no que sólo tal rasgo del mal fuera capaz de desatarla (o que su ausencia la inhiba). Ante la piedad, al revés que ante la justicia, cualquier mal es inmerecido al igual que toda víctima es inocente. Que también Aristóteles reconoce una piedad así de indistinta, la que toda desgracia ajena despierta, lo probaría su propia reserva final: «porque todo esto [los padecimientos del otro], por aparecer cercano, provoca nuestra piedad, *y tanto más* [cva. mía] cuanto el padecimiento es inmerecido...».

Y es que ya el mero sentimiento de piedad encierra sin duda un testimonio en favor de la humanidad del hombre y se asienta en la convicción implícita, en el pre-sentimiento, de su valor. Sin ellos no cabe la compasión, sino tan sólo el desprecio o la apatía. Así lo proclama abiertamente ese escéptico que fue Montaigne cuando justifica su preferencia por el semblante burlón de quien estima vana y ridícula la condición humana, frente al rostro siempre apenado del que siente piedad hasta de nuestra misma compasión: «Prefiero el primer natural, no porque sea más agradable reír que llorar, sino porque es más desdeñoso y nos condena más que el otro; y paréceme que, de acuerdo con nuestro valor, jamás se nos podrá despreciar lo bastante. La compasión y la piedad están mezcladas con cierta estima por aquello de lo que se compadece; las cosas de las que uno se burla, se las considera sin valor. No pienso que haya en nosotros tanta desgracia como vanidad, ni tanta maldad como estupidez: no estamos tan llenos de mal como de inanidad; no somos tan míseros como viles» (En I, 50).

Pero, con fundamento o sin él, lo cierto es que la creencia en el valor de lo humano en general, se erige en sustrato previo de toda compasión. «Se es compasivo, además —de nuevo Aristóteles—, sólo si se cree que existen personas honradas, porque el que a nadie considere así pensará que todos son dignos de sufrir un daño» (ib.). Sin este talante, y desde tan menguada confianza en que haya siquiera alguna persona honrada, ¿acaso no acabaría el piadoso apartando de su compasión a los mismos que sufren males sin merecerlo, en su afán por negarla a quienes padecen desgracias merecidas? El creyente sin reservas en el *homo homini lupus* no se mostrará demasiado propicio a la piedad.

Más allá, pues, de aquel merecimiento que parecía limitarla, *todos* los hombres podemos ser objeto de la piedad y nadie queda en principio excluido de sus favores. Y es que la compasión se apoya en la relación de *semejanza* entre el compasivo y el compadecido. Aristóteles, bien que a través de ese miedo que juzga consustancial a la piedad, ya se había acercado a esta condición. Se compadece a los semejantes en edad, carácter, hábitos, dignidades, linaje..., precisamente porque en éstos se manifiesta con mayor claridad lo que también le puede ocurrir a uno mismo. O, como dirá en otro lugar, la compasión y el temor que la tragedia provocan en el espectador se deben a que «aquélla se refiere al ser que, sin merecerlo, es desdichado, y éste al que es como nosotros (*ton hómoion*)» (P, XIII). La compasión no requiere otro afecto previo en que sustentarse. Por eso admite Spinoza que sentimos conmiseración no sólo hacia la persona que amamos, sino también hacia aquella sobre la que no hemos proyectado afecto alguno «con tal que la juzguemos semejante a nosotros» (o.c. III, 12 esc.) Si esto es así, ya veremos en qué queda la manida acusación de que la piedad entraña una relación como de superior a inferior.

Entretanto, ¿cómo, entonces, atribuir a los dioses piedad para con los hombres? Nada más impropio para lo absolutamente Otro que albergar un sentimiento nacido de la semejanza y destinado a los semejantes. La piedad divina, de ser pensable, tan sólo debería designar a la dispensada por los dioses entre sí..., si es que éstos pudieran ser desdichados. El Ser autosuficiente por excelencia en nada podría ocuparse como no fuera en la eterna contemplación de sí mismo. En cuanto lo imagináramos más o menos atento a los ruegos humanos o atribulado por la suerte de los mortales, estaríamos empañando la idea de su felicidad imperturbable. Ya sea, pues, porque «Dios está libre de pasiones y no puede experimentar afecto alguno de alegría o tristeza» (íd., E V, 17), ya sea porque el mundo que ha creado sólo puede ser el mejor de los posibles, para el pensamiento racional nada conviene menos a la naturaleza divina que suponerla piadosa.

La conciencia religiosa, en cambio, esa que ha creado a Dios a imagen y *semejanza* del hombre, no sólo carece de reparos para otorgar a la divinidad este afecto, sino que convierte a la piedad en su rasgo más venerado. Al lado de la justicia, el Antiguo Testamento siempre exalta la misericordia como la otra cualidad que singulariza al Dios de los judíos: «Porque Yavé, tu Dios, es Dios misericordioso» (*Deut.* 4, 31). De Él se repite una y otra vez que es clemente y compasivo, tardo a la ira, dado al perdón y —cuando castiga— presto al arrepentimiento. Su piedad no tiene límites, «pues cuanta es su grandeza, tanta es su misericordia» (*Ecles.* 2, 23) y por eso la tierra entera está llena de sus piedades (*Salmos* 119, 64). Esa universalidad es, a la postre, una de las características que la distinguen de la humana: «La misericordia del hombre es para con su prójimo; la del Señor, para con toda carne» (*Ecles.* 18, 12). Si el Nuevo Testamento acentúa aún más esta doctrina, es porque él mismo aporta la noticia definitiva de la piedad divina: tanto se apiadó Dios de los hombres que envió a su Hijo para salvarlos. Y entonces se produce una gran paradoja de la religión cristiana, a saber: que precisamente a través del espectáculo de la vida y muerte de Jesucristo, Dios mismo se convierte en objeto de la compasión del creyente.

Dejemos a las grandes cabezas medievales de la Iglesia enredadas en la dificultad de aunar en ese Dios su perfecta justicia y su misericordia infinita (san Anselmo, Pr. VIII-XI; santo Tomás, ST, q. 2l). A nosotros, desde una mirada que descubre el secreto de la teología en la antropología, nos basta con suponer que sólo lo inagotable de la desgracia humana —y, por tanto, de su demanda de piedad— explica la proyección en Dios de una misericordia sin fin. Si el ser humano necesita de un Dios, lo exige ante todo piadoso.

Y si de Dios venimos al otro extremo de la escala, ¿acaso cabe hablar de piedad hacia los animales? Mientras no la confundamos con la cuestión de sus improbables derechos y atendamos tan sólo a la experiencia común, la respuesta debe ser positiva. El hecho es que, en ciertas circunstancias, los hombres no limitan su compasión hacia los prójimos de su especie, sino que la extienden hasta abarcar al menos a algunas familias del reino animal. Y si tal ocurre, será a causa de que el individuo humano posee la capacidad de concebirlos, en la medida que sea, como semejantes a él: esto es, de imaginar sus posibles sufrimientos y de apenarse por ellos. El problema, empero, estriba en detectar dónde radica esa semejanza y contigüidad entre hombre y animal que hace posible aquella compasión. Mejor aún, en resolver si este inocultable sentimiento puede o no derivar en virtud y, en caso afirmativo, proponerse al hombre como deber.

2. Repasemos ahora las notas características del mal capaz de provocar esta compasión. Por de pronto, debe ser *aparente*, visible; la piedad depende de la presencia sensible y palpable de la desgracia ajena. El padecimiento del otro despierta tanto más la compasión cuanto más «se pone ante nuestros ojos», y quien quiera estar seguro de excitarla deberá revestir su desdicha de gestos, voces y actitudes por demás elocuentes. Si la visibilidad del mal es requisito de la compasión, su mayor o menor grado de espectacularidad la aumenta o disminuye.

De esta como invitación al desgraciado a aderezar su desgracia con los ingredientes que la hagan más susceptible de atraer la sensibilidad del compasivo, arrancan algunos de los mayores riesgos que acechan al mero sentimiento de la piedad. Resulta fácil, en efecto, que el presunto doliente simule su dolor o que el afligido real falsee los términos de su aflicción con vistas a obtener algún beneficio (o mayor ventaja) de la piedad que así más seguramente suscita. Como también es probable que la persona de índole compasiva, engañada por esos males fingidos, incurra en parcialidad o en desmesura —en todo caso, en error— a la hora de mostrar su compasión. Sea como fuere, lo cierto es que esa dependencia respecto de la sensibilidad de los males volvería a la piedad ciega para las desdichas ocultas y los males invisibles. Lo que significa, en otras palabras, que los verdaderos males —¿los mayores?—, por no ser accesibles a los sentidos, no suscitarían compasión. Es lo que dice Aristóteles: «...las cosas que causan pesar son todas sensibles, mientras que las que provocan los mayores males son las que menos se perciben con los sentidos: la injusticia y la locura; pues ciertamente la presencia de la maldad no provoca pesar alguno».

Como no captamos tanto el mal mismo como sus signos externos, parece indiscutible que la compasión sólo surgirá a la vista de algún indicio que nos revele el mal ajeno. El dolor, el padecimiento que el otro manifiesta, será la habitual apariencia de su desgracia y el resorte más común para pulsar nuestra piedad. Pero que esos signos dolorosos deban ser sensibles no entraña que el mal que se esconde tras ellos deba ser asimismo de naturaleza física. La maldad y la injusticia, sin ser males como los naturales, despiertan sin duda compasión. Con tal que sea perceptible, no hay mal que escape a ella, y tanto menos si a partir de tal percepción entra en juego la imaginación... Por lo demás, que la piedad correspondiente varíe en función del grado de visibilidad del mal que la provoque resulta también dudoso. Por encima de cierto umbral, los signos que exteriorizan la desgracia más impiden la piedad que la aseguran. Así que, por enorme que sea su desventura, quien la padece sólo puede alcanzar la atención piadosa de los otros «rebajando su mal al límite has-

ta donde sean capaces de llegar con él los espectadores»
(A. Smith, TSM I, I, 4).

Más claro parece que la emoción piadosa venga causada
por un mal *destructivo y penoso* para el otro. Y, si no siempre
tiene que ser grande, digamos al menos que la intensidad de
la compasión variará de acuerdo con la magnitud del mal
ajeno; pero también de la medida en que sea percibido. El
mismo infortunio que en un grado intenso produce piedad,
en un grado más débil puede originar incluso desprecio; y,
aun siendo débil, también dará lugar a la compasión según
influyan otros factores (proximidad, fuerza imaginativa) que
toca aún explicar. Sería costoso esbozar siquiera toda una
fenomenología de esos males susceptibles de engendrar
compasión. Lo más obvio sería distinguir entre los naturales
y los de origen social, como hace Kant (LE, *passim*). Ciñén-
donos de nuevo al autor de la *Retórica*, lo extraño es que haya
que descartar el de la injusticia (por más que éste sería propiamente el mal inmerecido) y los males de carácter espiritual, para quedarse tan sólo con los males físicos; no obstante, en el catálogo que nos ofrece figuran miserias
—además de anímicas— de origen netamente social. Sea
como fuere, junto a las penalidades originadas por la fortuna (la ausencia o escasez de amigos, la fealdad, la invalidez,
etc.), entre las cosas dignas de compasión causadas por la naturaleza se recogen especialmente «cuantas provocan la
muerte» y todo lo vinculado con ella: «Son males destructi-
vos y penosos la muerte, las violencias para con el cuerpo, los
malos tratos, la vejez, las enfermedades y falta de alimento».

Y esos otros males particulares que resultan insensi-
bles para su propio sujeto paciente, ¿constituyen en verdad males y, como tales, pueden suscitar compasión en su
espectador? La tercera máxima de Rousseau en su *Emilio*
lo negaría sin rodeos: «La piedad que tenemos del mal de
otros no se mide por la cantidad de ese mal, sino por el
sentimiento que atribuimos a quienes lo sufren» (o.c. IV,
30l). Así pues, quienes *no parecen* sufrir (pues, al fin y al
cabo, somos nosotros quienes les suponemos el sufri-

miento) lo que para nosotros sería una congoja no lograrían despertar nuestra piedad...

Pero este supuesto, que encaja sobre todo en los males de naturaleza moral, no dispensa, ni mucho menos, de sus cuidados a la piedad. Al contrario, puede provocarla con mayor fervor, porque esos males serán tanto más graves —y más visibles a quien sepa mirarlos— cuanto más inadvertidos pasen para su propio sujeto. El miserable suscitará una piedad más profunda si a la miseria de su infortunio une la de su ignorancia. En tales casos, eso sí, le hará falta al compasivo una mayor finura en su sentimiento para responder a la infinidad de reclamos de su compasión. En realidad, de ella vale decir lo que A. Smith decía en general de la simpatía: que «no surge tanto de contemplar la pasión, como de la situación que mueve a ésta» (o.c. I, I, 1). Al margen del modo como le perturbe a quien se halla en medio de ella, su mísera situación es suficiente para compadecerle.

A lo que habrá que añadir, por último, que ese mal se muestre como *próximo*. Ciertamente se alude ya a la mera proximidad espacial de quien sufre el mal, pues su carácter de aparente marca los límites locales en que se desenvuelve la compasión. Otrotanto habría que decir de esa otra cercanía, producto del carácter, de la afinidad de costumbres o de categoría social, por la que somos más proclives a la piedad hacia los conocidos y allegados. Pero la definición aristotélica pretende todavía subrayar la proximidad temporal de ese mal que es objeto de la compasión, y no ya respecto del pasado sino del futuro; en otras palabras, de su *inminencia*. El desastre que vemos cernirse sobre el otro, y a punto de descargar todo su peso, inspira sin duda nuestra compasión. También la inspira, aunque menos (pues su apariencia primera ha desaparecido y de ella sólo quedan sus vestigios), la calamidad pretérita que ya le afectó en su día; y, desde luego, tanto o más que la que amenaza para un momento venidero, la que ya es presente y real. Así que, en definitiva, la piedad es una pasión que se extiende hacia todas las dimensiones del tiempo.

Si, pues, Aristóteles la califica expresamente de «pasión de futuro» es porque le interesa destacar, más aún que el mal que atañe al otro, el mal particular que aqueja a quien le compadece. Cuando se trata del mal del otro, estamos sobre todo ante su mal presente, aunque también ante el pasado y el por venir; en cambio, si tenemos en cuenta el mal que anticipamos para nosotros mismos en presencia del mal ajeno (o de su recuerdo o su premonición), entonces nos hallamos principalmente ante el mal futuro, ante la expectativa de nuestro propio mal. Ésta es para muchos la cualidad más específica de la desgracia que mira la piedad, y a ella toca referirse.

1.3. El transporte imaginario

Pero antes habrá que poner en claro el peculiar movimiento anímico en que se funda la compasión o, por decirlo de otro modo, que le sirve de mediador. Algunos lo llaman en general *simpatía*, un mecanismo que comunicaría entre sí las emociones y sería, por tanto, la matriz de nuestra sociabilidad; a ella volveremos en otro epígrafe. Más en particular, todos coinciden en entender aquel movimiento como un ejercicio de la imaginación por el que nos ponemos en el lugar del que sufre. La percepción discierne que hay dolor en el otro porque distingue los gestos que lo expresan, pero como tal es incapaz de penetrar en el modo como el otro padece ese dolor. Esto último requiere otro tipo de facultad, la imaginación, que la supera con creces en esa tarea.

Adam Smith lo explica de manera convincente: «Como no tenemos la experiencia inmediata de lo que otros hombres sienten, solamente nos es posible hacernos cargo del modo en que están afectados concibiendo lo que nosotros sentiríamos en una situación semejante (...). [Nuestros sentidos] nunca nos llevan, ni pueden, más allá de nuestra propia persona, y sólo por medio de la imaginación nos es posible concebir cuáles sean sus sensaciones. Ni tampoco puede esta facultad auxiliarnos en ese sentido de otro modo que no sea representándonos las propias sensaciones si nos encontrásemos en su lugar. Nuestra imaginación tan sólo reproduce las impresiones de nuestros sentidos, no las ajenas. Por medio de la imaginación, nos ponemos en el lugar del otro (...) y, en cierta medida, nos convertimos en una misma persona, de allí nos formamos una idea de sus sensaciones y aun sentimos algo que, si bien en menor grado, no es del todo desemejante a ellas...» (ib.).

La piedad arranca de la percepción del infortunio ajeno, pero propiamente no comienza —no es aún tal piedad— hasta que entra en juego la imaginación. Se trata de una exigencia particular de la comunicación de emociones, que no se cumple en la comunicación de ideas: éstas, en tanto que abstractas, empañarían su validez si transmitieran los afectos de los comunicantes. En cambio, conocer en profundidad el dolor ajeno es experimentarlo, en lo posible, como propio. Así como en el orden del saber conocer algo es representarlo y conocer el pensamiento de otro es reproducir su representación en la propia conciencia, en el orden de las emociones saber de la desgracia ajena es reproducir su sentimiento.

Toda compasión es, pues, una alienación, porque obliga a su sujeto a salir de sí y a hacerse en cierto modo otro. Pero también es una interiorización del otro sufriente en uno mismo, puesto que persigue apropiarse imaginativamente del sufrimiento ajeno e identificarse con él para así identificarlo. Este doble movimiento está perfectamente expresado por Rousseau: «En efecto, ¿cómo nos dejamos conmover por la piedad si no es trasladándonos fuera de nosotros e identificándonos con el animal sufriente? ¿Abandonando, por así decirlo, nuestro ser para tomar el suyo?» (o.c., 299; EOL, c. IX). Pero tanto él como otros que han reflexionado sobre la piedad no aciertan a la hora de desentrañar más en detalle esa peculiar imaginación que la pone en marcha.

Y es que, ya está dicho, para el afecto compasivo no basta con conocer el mal que afecta al otro; se requiere también, claro está, *sentirlo* de algún modo. Si así no fuera, si bastara el mero saber de esa desgracia, la malicia se confundiría con la compasión, y tanto el científico del sufrimiento humano como el avezado torturador merecerían el título de compasivos. La conciencia del dolor ajeno capaz de incitar a la compasión, más que un requisito para su posterior sentimiento como tal dolor, coincide en todo con él. Para ser precisos, conocer en alguna medida aquella desgracia sólo puede ser, en propiedad, experimentarla en esa misma medida.

De suerte que no podemos corroborar la afirmación de Rousseau de que en la piedad «sólo sufrimos cuando juzgamos que él sufre», porque ese juicio del sufrimiento ajeno por sí solo no implica el compadecerlo y puede engendrar desde la pura indiferencia hasta la sevicia más refinada. Ni tampoco que «para compadecer el mal de otro hay que conocerlo, sin duda, pero no hay que sentirlo», dado que en este orden el conocimiento viene con el sentimiento o le es equivalente. Y por lo mismo hay que rechazar de plano esa tesis cuando es repetida por Schopenhauer: «Lo que nos mueve a las buenas acciones o a las obras de caridad no es sino el *conocimiento del sufrimiento ajeno,* el cual nos resulta comprensible de inmediato desde nuestro propio sufrimiento, al que venimos a equiparar el ajeno» (MCo, 153). Pues no se trata aquí de aquella experiencia profunda del sufrimiento propio desde la que comprender en general el ajeno, que ya es otra cosa y más allá de la mera emoción compasiva. Se trata más bien de eso que se despierta cada vez a la vista del dolor ajeno y que nos sirve ciertamente para conocerlo (y sentirlo): un sufrimiento propio específico. La compasión es un cierto pesar; por tanto, no sólo un cierto saber, sino también un cierto padecer.

Pero sólo *se sufre en uno mismo.* Parece absurdo que el ginebrino, a fin de dilucidar esta imaginación que está a la base de la piedad, se obstine en sostener que «no es en nosotros, es en él donde sufrimos». Y que Schopenhauer, quien le sigue en este punto al pie de la letra, apostille que «a cada momento nos queda claro y presente que él es el que sufre, y no *nosotros* : y es directamente *en su* persona, no en la nuestra, donde sentimos el sufrimiento para aflicción nuestra. Sufrimos *con él*, o sea, *en él* : sentimos su dolor como *suyo* y no imaginamos que sea el nuestro...» (DPF, 16). De hecho, imaginamos a la vez su dolor presente y nuestro hipotético dolor como si fuera el nuestro, e imaginamos este nuestro a fin de ser capaces —como único medio— de imaginar el suyo. Y esta imaginación, que es doble, trae así consigo un único sufrimiento: el sufrimiento propio por el mal ajeno.

En fin, la compasión consiste en sufrir en uno mismo *por* el dolor del otro, pero *no*, evidentemente, *en sufrir el mismo dolor del otro*. Aquel error de ambos filósofos procedía seguramente de su afán por deshacer un malentendido infundado: a saber, que la piedad fuera concebida como una especie de fusión estricta entre su sujeto y su objeto. Tampoco era preciso —como hace A. Smith, en su afán por salvar al sentimiento de piedad de toda traza de egoísmo— retorcer sutilmente el mecanismo de la imaginación que la subyace. Resulta entonces que ese cambio imaginario de situación con la persona afectada no se supone que acontezca en mí, sino en la persona de la que me compadezco: «Cuando me conduelo de la muerte de tu hijo, no considero, a fin de poder compartir tu aflicción, lo que yo, persona determinada por mi carácter y profesión, sufriría si tuviera un hijo y este hijo por desgracia tuviera que morir, sino que considero lo que sufriría si en verdad yo fuera tú, y no solamente cambio contigo de circunstancias, sino de persona y sujetos» (o.c. IV, III, 1). Parece una sutileza innecesaria. Por más que yo imagine ser tú y me traslade ficticiamente a tu lugar, mi conciencia me recordará en todo instante que no nos confundimos.

Todo transcurre en el interior de mi imaginación. Lo único que pasa fuera de ella es, de un lado, tu misma pena, que ha sido el origen del movimiento imaginario; del otro, mi propio pesar por tu pena, como resultado de ese movimiento. Entre tu pena y mi pesar reales se extiende el proceso imaginativo que las conecta. En este espacio intermedio, ambos dolores son meramente imaginados; pero el tuyo resulta imaginado como real y efectivo, y el mío, como hipotético o posible. Cierto es que «mientras uno sufre, no se compadece más que de sí mismo» (Rousseau, o.c., 298; véase A. Smith, o.c. IV, 2), si por tal se entiende que un cierto estar libre de pena resulta condición necesaria de la piedad hacia la ajena. En modo alguno puede, empero, significar que haya que prohibir al piadoso la propia pena que le viene a resultas de imaginar la del otro. De pretender tal cosa, se mantendría el sinsentido de que la compasión no fuera una pasión o que, en cuanto comenzara a serlo, dejaría de ser compasión.

Los dolores de quien se compadece y del compadecido son, pues, distintos. ¿Y cómo podrían no serlo? El mal sufrido por cada uno es sólo suyo, porque el dolor tiene los mismos límites que el yo y sólo afecta a quien lo padece. Si el dolor del desgraciado tiene que ver con su desgracia, la pena del compasivo responde a la imagen que se forja de aquella desgracia. Ahora bien, que mi pena sea tan sólo imaginada o fruto de un transporte ideal al mal ajeno no la convierte sin más en una pena imaginaria o ficticia. Si se quedara en eso, ese dolor propio que me represento sería insuficiente para reproducir el dolor del otro y, por ello mismo, para provocar mi compasión. De suerte que, siendo ambos dolores reales, el ajeno se sufre directamente y el propio indirectamente, esto es, a través de ese rodeo de la imaginación; el uno es primario e inmediato, secundario y mediato el otro. Tales pesares no coinciden ni equivalen. Ya se puede empeñar el compasivo en su proyección imaginaria, que jamás logrará reproducir con exactitud ni la desdicha del otro ni la opresión con que la vive (A. Smith, o.c. I, I, 4). El pesar propio de su piedad, pues, nunca será el pesar adecuado al mal ajeno. La compasión, como genuina com-pasión, siempre quedará fallida.

La desgracia propia que estimula a la compasión —porque se aproxima a la desgracia del otro— no es imaginaria, sino *imaginada como posible para mí*. Y si posible (o, más aún, probable o segura), entonces también *temible*. Así es como en mitad de la compasión hace acto de presencia el miedo. Porque el miedo no es más que la imaginación de lo temible para uno mismo.

1.4. La compasión y el temor

La compasión brota ante ese mal que ciertamente padece el otro, pero del que *cabe esperar que lo padezca uno mismo*. Siempre nos apiadamos de lo que *nos concierne*. Rousseau ya dejó escrito que «nunca se compadecen en los demás sino los males de los que no nos creemos exentos (...). ¿Por qué los reyes son despiadados con sus súbditos? Porque cuentan con no ser nunca hombres. ¿Por qué los ricos son tan duros con los pobres? Porque no temen volverse pobres» (o.c., 299).

1. Verdad es que, en otro pasaje, el propio Aristóteles amplía el ámbito de la compasión cuando reconoce que «en general abarca a todos a quienes ocurren desdichas que uno recuerda que le han acontecido o espera que le puedan acontecer» (R II, 1386 a 1-3). La piedad, que por lo común surge ante la desventura presente (o inminente) del otro, lo mismo se desata en el compasivo por la evocación que por la previsión de su propia desventura. Pero el papel que ahí desempeña la imaginación resulta distinto según sea ese mal pretérito, y actualizado por la memoria, o futuro y previsto como expectativa. Por referirnos sólo al pasado, se diría que, en tanto que pasado, ciertamente ya no lo aguardo como mal para mí, pero facilita la tarea de ponerme en el lugar del otro sufriente. Me contristo con el mal del otro, no porque podría ocurrirme, sino porque ya me ha ocurrido.

Hasta parecería que la evocación de ese mal pretérito, en apariencia desligado del miedo, es tan frecuente en la piedad como la espera del mal futuro. Seguramente no es así. En realidad, el mal propio cuyo recuerdo despierta la compasión cumple una función subsidiaria y, en último término, puede reducirse a la expectativa de ese otro mal futuro. Pues ¿cómo asegurarnos de que la desgracia que nos invadió en su día no nos aguarda de nuevo bajo ese mismo o cualquier otro rostro? En cada retazo doloroso rescatado del pasado late siempre un dolor que apunta al futuro. No es tanto el dolor preciso que se experimentó en un infortunio particular y que ahora vemos más o menos reproducido —y por eso reconocemos— en el infortunio del que nos apiadamos. Es, más bien, el miedo al dolor mismo: a ese dolor que, precisamente porque ya se dio en su momento, puede reaparecer para mí en cualquier instante, de igual modo que ahora hace presa en el otro.

He aquí, pues, un mal que en principio es ajeno, pero que en cierto sentido es también propio en cuanto que *puede* serlo. Y no es que uno se lo apropie sin más mediante la compasión; sucede más bien al revés: que sólo porque lo hacemos imaginariamente nuestro podemos mirarlo con piedad. Ésta es más el efecto que la causa de semejante apropiación. Por decirlo de otra manera, se trata de un solo mal bajo dos modalidades distintas: en un caso como sentido, en el otro como temerosamente presentido; el mal del compadecido primero, el propio del compasivo después. Pero hasta su aparente sucesión temporal resulta algo engañosa. Es cierto que el pesar aparejado a la piedad surge con ocasión de (y, por tanto, como posterior a) el dolor del otro. Bien mirado, sin embargo, sólo porque ya *intuimos* el mal que nos aguarda podemos percibir piadosamente el mal ajeno. Uno y otro sobrellevamos nuestra peculiar penalidad, para uno presente y para otro futura, en el mismo presente.

La piedad sería entonces un modo que adopta, ante el mal del otro, nuestro propio temor a que nos sobrevenga ese o parecido mal. Hobbes lo afirma categóricamente: «La *pena* ante la calamidad de otro es PIEDAD, y surge de la imaginación de que una calamidad semejante puede acontecernos; es por tanto llamada también COMPASIÓN...»

(Le, c. 6; véase NH IX, l0). Pues el miedo (*fóbos*) no es más que la espera de un mal, dirá Aristóteles. Entre las múltiples cosas que lo producen, la *Ética a Nicómaco* menciona indistintamente el descrédito, la pobreza, la enfermedad y, una vez más, la muerte, «que es lo más temible, porque es un límite y más allá de ella nada parece ser ni bueno ni malo para el muerto» (III, 6). Pero lo de veras significativo es que, a fin de abrazar y resumir todo el ámbito de lo temible, concluya que «simplemente, son, pues, temibles todas las cosas que, cuando les suceden o están a punto de sucederles a otros, inspiran compasión». Como fruto natural del temor, la compasión ofrecería un test irreprochable, una prueba indirecta pero segura, para delimitar lo que nos es temible; lo mismo valdría decir, a la inversa, del miedo respecto de lo compadecible. En pocas palabras, compadeceríamos en los otros lo que tememos para nosotros mismos y, eso mismo que nos asusta, es lo que nos movería a apiadarnos de los demás cuando es a ellos a quienes les afecta. A la vista del mal del otro, miedo y piedad surgirían al unísono y se requerirían mutuamente: el miedo, como la cara interna de la piedad; ésta, como el reflejo externo de aquél.

Entretanto, nótese que las variedades y variaciones que esta pasión puede presentar se multiplican. Descartado el mal que nos pasa inadvertido, no sentimos ni mostramos la misma compasión ante el desastre del que somos testigos que por el que nos relatan, ni la suscita en la misma medida la herida mortal que el rasguño, ni es igual por el prójimo que por el lejano, ni tan acuciante cuando el mal tan sólo asoma que cuando aún puede tardar. Y a tantos modos de objetos susceptibles de despertar compasión, corresponden otras tantas clases de sujetos propensos a sentirla.

Ahora, además, ya la mera posibilidad de que tal emoción surja y el índice de nuestra inclinación a ella dependen ante todo de la destreza para reproducir en nuestra imaginación aquella miseria. La fuerza de nuestra compasión llega hasta donde alcanza el poder de nuestra imaginación. Y, de la mano de ésta, la piedad variará en función del grado de temor que nos embargue en ese acercamiento ideal a la miseria ajena. Compadeceríamos al otro sólo en la proporción en que su mal nos fuera temible; según nuestro miedo, así sería nuestra compasión. Resulta, pues, casi obligado que compadezcamos males supuestos, simplemente porque los tememos, y restemos impasibles ante desgracias reales del otro que para nosotros no son tales. Y que nos apiademos más o menos de lo debido, según lo infundado de nuestras propias esperanzas y temores.

2. Pero no vendrán mal dos observaciones antes de seguir adelante. Una es a propósito de la distinción propuesta por el Estagirita entre lo temible y lo terrible (*deinón*). Pues la compasión requiere de su sujeto no estar muy atemorizado, y ello se explica porque «no sienten compasión quienes andan absortos en la preocupación de sus propios daños». Tal sería su conmoción ante su propio mal, y por eso tan sobrecogidos andarían por el terror, que carecerían de reservas para reparar en los males de otros. El terror, que sería como el extremo del temor, viene como resultado de la inmediatez del mal. A esa idea, positivamente enunciada, parece apuntar Rousseau cada vez que subraya que la piedad hacia el otro se nutre de lo que sobra a nuestro bienestar presente. «Cuando se ha sufrido, o cuando se teme sufrir, se compadece a los que sufren; pero mientras uno sufre, no se compadece más que de sí mismo» (o.c., 307 y 669, n. 4). Ese miedo por uno mismo que está a la base de la compasión tiene, pues, su límite; de sobrepasarlo, deja paso al terror, un afecto cerrado ya a la piedad.

Cabría decir, entonces, que la piedad exige de su sujeto una cierta liberación previa de su propio mal o, si se prefiere, alguna distancia entre ese mal y él mismo: el aterrorizado y el compasivo no pueden darse al mismo tiempo y en la misma persona. Pero esa exacerbación del miedo que es el terror se produce también por la excesiva proximidad del afligido con respecto a uno, de suerte que su mal es como si fuera el nuestro. El daño del otro nos es ya inmediatamente penoso sin que requiera la mediación imaginaria de un daño parecido para uno mismo. Los conocidos provocan nuestra compasión mientras su familiaridad no nos es demasiado estrecha, pero no hay compasión para la desdicha de los más allegados. Es lo que cuenta Herodoto que le sucedió a Psamético, rey de Egipto y hecho prisionero de los persas, que no dio muestras de pesar cuando vio a su hijo arrastrado a la muerte y humillada a su hija, para después deshacerse en lágrimas al divisar a un amigo entre los cautivos.

Ya sea, en definitiva, por la tenaz ocupación con los males de uno mismo o por la confusión de la desgracia ajena con la propia, lo que sucede es que uno ha quedado *poseído* por el miedo (y en ese ser poseído estriba el terror) y no queda sitio para la compasión. Lo que era una relación de semejanza se ha trocado en otra de identidad; ese mal futuro que para sí esperaba y temía el compasivo ha dejado paso a un mal insoportablemente presente. Lo terrible ha triunfado sobre lo temible y ha inhibido así toda piedad. Pero no, por cierto, toda relación con el otro, como podría creerse al suponer a ese individuo entregado a rumiar sin descanso su particular desdicha. No hay que excluir que la emoción tienda entonces a cambiar de signo y a desaguar en forma de crueldad.

Llegamos a parar por aquí a la segunda de las observaciones anunciadas, que trata del nexo entre la piedad, el miedo, la esperanza... y la desesperación. En ese temeroso aguardar el mal para uno mismo, como está atravesado por la duda, todavía hay esperanza: cabría concebir que la calamidad ajena sea más tarde la mía, pero cabe asimismo esperar *que no*. Así contemplada, la compasión revela unas entrañas hechas de miedo y esperanza, y, según la proporción en que se encuentre cada uno de estos elementos, admite contener ciertas dosis de alegría mezcladas con otras de tristeza. Y las contendría, al menos si esperanza y miedo son respectivamente —al decir de Spinoza— una alegría y una tristeza inconstantes, «que brotan de la idea de una cosa futura de cuya efectividad dudamos de algún modo» (III, 18, esc.; III, def. 12-15). Sea una u otra la emoción que predomine en cada momento, el ejercicio de la compasión no decae.

Pero podría igualmente darse el caso de esa conciencia que (fundada o infundada, eso ahora no importa) se sienta libre de todo temor respecto de la particular desgracia que acecha o que ya afecta al otro. Esa emoción de seguridad —o sea, aquella «alegría que surge de la idea de una cosa futura, acerca de la cual no hay ya causa de duda»— parecería eliminar en aquel preciso trance todo impulso de piedad. Si no tengo hijos, mal puedo compadecerme de quien ha perdido el suyo, puesto que jamás me tocará esa desgracia... La compasión, sin embargo, no requiere que el mal que yo tema para mí sea *ese mismo* mal que el otro sufre. Así como la emoción piadosa no tiene por qué acoger sólo a los iguales, sino a los semejantes, así tampoco ha de limitar los males que la desatan a los idénticos, sino a los males parecidos. Por este lado no hay escapatoria fácil a la compasión.

Mucho menos todavía cuando nos topamos con esos males universales (sea la vejez y, sobre todo, la muerte) de los que sólo una arrogancia necia o propiamente inhumana puede considerarse al abrigo. Despejada toda sombra de incertidumbre, en estos casos ya no hay miedo; hay más bien desesperación, o sea, una tristeza permanente nacida de que el mal temido no es ya dudoso, sino cierto. Y en este orden del *seguro que sí* (ya no del «quizás», sino del «imposible que no», de la previsión desesperada por indudable) que corresponde a los males de los que nadie escapa, se asienta otra clase de emoción piadosa: la que ve en toda desgracia un síntoma del mal universal y definitivo que acabará tanto con el otro como con uno mismo.

Surge así una compasión regular y permanente, ya próxima a la virtud, que impregna la vida entera de su sujeto. Igual da que ese mal temido adopte una figura abstracta y anónima: el propio dolor experimentado es más acuciante precisamente por más difuso. Ahora ya no se sabe con certeza qué es lo que se teme, pero se tiene la seguridad de que ha de temerse lo peor. O, más exactamente, mientras de un mal particular siempre cabe presumir que no nos alcanzará, de este otro mal general nada ni nadie puede librarnos. Toda compasión arraiga, en definitiva (aunque, como mero sentimiento, es fácil que lo ignore), en esta piedad trágica.

Huelga entonces concluir, por sorprendente que parezca, que el hombre religioso —y tomado sólo en esa condición— no puede ser en verdad compasivo. Para el creyente no hay mal que no vaya a ser redimido ni miseria que no quede por último felizmente superada. Penas y dolores humanos no agotan su razón de ser en su actual presencia, sino que remiten a otro sentido definitivo. Es más, quien confía en su pervivencia en otra vida futura más allá de la muerte, quien espera en la promesa de una reconciliación final ultraterrena, ése ha de ver en la compasión una flaqueza de su fe. Ni siquiera podría expresar compasión hacia quienes Dios mismo, en su suprema sabiduría y justicia, hubiera destinado al castigo. Al contrario, como algún Padre de la Iglesia explicara, el eterno placer de los bienaventurados radicará precisamente en asistir al sufrimiento eterno de los condenados. Apiadarse de ellos sería, en efecto, una blasfemia imperdonable contra ese Dios que ha dictado su condena. Y así, cuando Dante llora sin consuelo ante el suplicio interminable de los moradores del infierno, ha de escuchar esta merecida reconvención de su guía de viaje: «Aquí piedad es no tener piedad. ¿Quién es más miserable sino el que, ante el juicio de Dios, aún siente pena?» (*La divina comedia* I, XX, 25-30).

Este rodeo a través del último carácter del infortunio ajeno que inspira la emoción piadosa nos ha hecho desembocar en su fundamento más firme. Lo llamemos *vulnerabilidad*, menesterosidad, precariedad, fragilidad o —más sencillamente— *mortalidad humana*, ahí está el suelo nutricio de la piedad. Ahí reside también lo específico de aquella relación de semejanza que la hacía posible. Podemos compadecernos porque somos semejantes y así nos imaginamos, y somos semejantes porque somos vulnerables de modo parecido, esto es, porque los males que nos golpean son asimismo semejantes entre sí. Por mucho que puedan variar de unos a otros, todos esos males remiten al final a uno solo que los resume y culmina: la muerte, el mayor de los males. Desde él, en suma, no hay desgracia que no sea compadecible.

3. Es en esa fragilísima condición donde hunde sus raíces la comunidad humana, de la que la piedad es una inmediata expresión. «Por eso se dice —sentencia el maestro griego— que los males unen a los hombres, cuando algo es igualmente perjudicial a uno y otro» (R I, l362 b). Sería mejor aún decir que esa comunidad que forman los seres humanos en tanto que *expuestos* a males semejantes constituye su solidaridad más honda. Si su primer grito es la demanda de compasión, su emoción más social es la piedad.

O el miedo, podría tal vez con razón replicarse. Al fin y al cabo, frente al mal, tanto se unen los hombres entre sí por piedad como por miedo. Lo mismo les conduce al pacto mutuo y a respetarlo el temor a la fuerza del otro, que sería propiamente el miedo, como el temor por su propia debilidad (que nos recuerda la nuestra), de donde arranca la compasión. Pero las diferencias entre las solidaridades que uno y otro temor respectivamente fundan son enormes. La piedad es temor, pero un temor *específico*. Mientras uno persuade a los hombres a constituir la sociedad civil, el temor propio de la piedad les agrupa en una suerte de comunidad menos visible y explícita, menos amplia e institucionalizada, pero mucho más radical.

La solidaridad en el miedo ha de suponer una insolidaridad previa; la solidaridad en el dolor acaba con toda sinsolidaridad. El temor propio del miedo (permítasenos la licencia) viene suscitado por el poder del otro y trata de garantizar en lo posible la mera pervivencia física mía o de los míos; el mal que anticipa es la muerte violenta a manos de otro. El temor característico de la compasión hacia el otro también se refiere a lo que amenaza nuestra propia vida, pero no sólo en su dimensión física sino a cualquier género de mal que pueda afectarla; y, sobre todo, se desata por la contemplación de lo que arruina fatalmente nuestra existencia. Causa miedo la felicidad o la fuerza (que también puede proceder de su infelicidad) del otro; al contrario, son el infortunio o la debilidad ajena los motivos de la compasión. Si el uno compara grados relativos de bienestar, la otra establece la relación entre desgracias. Así que, en tanto que el miedo sólo se fija en uno mismo (y en el otro tan sólo como su potencial enemigo), la compasión atiende a uno mismo y al otro: es miedo por uno mismo, pero a propósito del mal del otro.

El miedo, como tal, es sólo miedo; la compasión es a la vez piedad y miedo. Si la piedad incluye necesariamente algún miedo, no es forzoso que el miedo contenga piedad, sino que por lo general la excluye. El miedo será una emoción más originaria que la piedad, pero también más simple. Por eso mismo, el temor induce a formar una asociación negativa y exterior; la piedad, a otra unión más positiva e íntima. Para el miedo, el otro es cualquiera, puesto que todos son capaces de poner en peligro mi vida; dado que se trata de asegurar el límite mínimo para la coexistencia, la asociación a que dé lugar no sólo será la más extensa, sino también la más indispensable. A los ojos del compasivo, en cambio, el otro es un ser bien preciso que tiene su vida —física o espiritual— en peligro o ya la ha perdido; más limitada que la anterior, la asociación nacida de la piedad da aquélla por supuesta, pero se orienta a otra comunidad más elevada.

Hay, pues, unas razones indirectas, derivadas de la propia trabazón de las pasiones entre sí, que abocan al mismo resultado: la compasión predispone, mejor que otros afectos, a la sociabilidad. Aun sin compartir del todo esta tesis, Spinoza deberá reconocer que uno de los principales efectos de la conmiseración es prohibir el odio hacia el compadecido y, en esa misma medida, favorecer la concordia (o.c.

III, 27, cor. II). A diferencia del miedo, que sólo puede impedir las manifestaciones del odio (y más si ese temor adopta ya formas sociales que lo administran), la piedad extirpa el odio mismo. Dicho de modo más general, la piedad desarma desde dentro al compasivo tanto como al que demanda compasión. Al identificarme con el infortunado, al comprobar en él el mal que presumo para mí mismo, mi amor propio queda sofocado en sus excesos y el otro resulta así protegido de mi eventual agresión. La piedad vendría a ser como un mecanismo natural de preservación recíproca, lo mismo que el miedo, pero operando en la dirección opuesta.

Y es que sentir miedo *ante la desgracia del otro,* y por eso compadecerle en su desgracia, resulta lo contrario a sentir miedo *del otro.* Cada uno de esos géneros de temor inhibe a su opuesto; pero mientras el primero lo hace a base de suscitar la piedad, el segundo se conjura mediante la venganza o la crueldad, esto es, produciendo a su vez miedo.

Hobbes vio en el Leviatán estatal la única instancia capaz de quebrar esa potencialmente infinita cadena de temores recíprocos que genera el deseo irrefrenable de todos. Rousseau, como se sabe, le completa con ese otro principio que templa a aquél «mediante una repugnancia innata a ver sufrir a su semejante. Me refiero a la piedad...» (DD, 171). Tan natural y anterior a toda reflexión es el miedo (o sea, el modo negativo de presentarse el amor de sí) como la piedad Pero no, ciertamente, una piedad entendida como mero pesar por el infortunio ajeno, pues es fácil que su tristeza inicial diera paso al sentimiento opuesto: a la tentación de abusar de la manifiesta debilidad del otro. Ha de ser, más bien, aquel pesar que incluya el temor de que la desgracia ajena u otra semejante pueda también sacudirnos. Esa pena ante el mal del otro, que me priva del miedo hacia él mismo y a él le libera de su temor hacia mí, pugnará por mantenernos en nuestros límites sin destruirnos.

Pero ¿cómo es que los males unen a los hombres más que los bienes, sus alegrías menos que sus pesares? O, en concreto, ¿por qué esta forma de comunidad en el dolor y preparada por aquel temor, que es la compasión, ha de mostrarse más potente incluso que otras emociones joviales? En clara sintonía con la doctrina clásica sobre la *autárjeia*, sostiene Rousseau que sólo la debilidad del hombre le vuelve sociable y que todo lazo que anude es una señal de su insuficiencia. Un ser autosuficiente sería por fuerza un solitario; su felicidad, no sólo le haría indigno (pero también incapaz) de toda compasión, sino que correría el riesgo de convertirse en ofensa para todos los otros. «La imaginación nos pone en el lugar del miserable mucho más que del hombre feliz; sentimos que uno de esos estados nos afecta mucho más de cerca que el otro...» (Em IV, 294-296).

Más razones todavía explican la precedencia de los sentimientos de dolor o tristeza respecto de la alegría, es decir, de la primariedad de la compasión en nuestras relaciones afectivas. Si Hume, por ejemplo, mantiene esa tesis de pasada, Kant (A, II, 60) y sobre todo Schopenhauer aportan su fundamento más radical (DPF, 230 y sigs.; MCo, 62-64, 152-153). «Toda satisfacción —nos dirá este último—, o lo que comúnmente se llama dicha, resulta por su propia naturaleza *meramente negativa*, y, por ende, nunca es positiva». El deseo es lo primero, su satisfacción viene después. Ahora bien, el deseo no es más que la sensación de carencia o necesidad, y, por tanto, de aflicción y dolor. Si satisfacer ese deseo nos proporciona satisfacción, ésta no consistirá en alcanzar un placer de por sí positivo, sino en la liberación o negación de ese dolor que frenaba nuestra infinita voluntad de vivir. De ahí que la compasión hacia los males del otro deba anteceder y ser más fuerte que cualquier otra emoción que provenga de sus satisfacciones y alegrías. Puede alegrarnos la dicha ajena, sí, pero tal alegría será en todo caso secundaria y subsiguiente a la tristeza que ya nos causó su penuria.

Conatus, amor de sí, voluntad de poder —por originarios que puedan aparecer— *suponen* por principio su contrario, lo que se les resiste y opone. La menesterosidad es el punto de partida de la condición humana, lo mismo que lo primario en la vida es el sufrimiento. Nada tan natural como que la más temprana solicitud de ese ser precario en el que nos reconocemos sea la compasión. Sin llegar a este último fundamento, aún podría añadirse que el interés afectivo por el malestar ajeno se beneficia de que no existe un sentimiento de placer sensible tan susceptible de intensificarse y expandirse por el organismo entero como el dolor físico; o que, en fin, la piedad cosechará una mayor estima precisamente en virtud del provecho práctico que de ella se espera. Por todo ello somos más sensibles a la compasión que a la congratulación (M. Scheler, EFS, 175-176): si ésta nos resulta más agradable, aquélla nos es mucho más necesaria.

4. Así que en la piedad, y precisamente merced a su mediación inevitable por el miedo, el pesar por el otro va emparejado con el pesar por uno mismo. Ahora bien, supuesto el miedo, carece de sentido distinguir entre el temor de la propia desgracia y otro causado por la ajena: el miedo es sentido siempre y esencialmente por mí y de mí mismo (o de los más íntimamente míos, que serían mi prolongación). Concluyamos entonces que, en el caso de la piedad —como escribe Lessing— «este temor es la compasión referida a nosotros mismos» (DH, LXXV). Y si esto es así, más que pesar por la desgracia ajena, la piedad sería *tristeza de la propia desgracia* en presencia o con ocasión de la ajena.

Entre los muchos otros que lo han subrayado figura también santo Tomás, para quien «en tanto se contrista o se duele uno de la miseria ajena en cuanto la mira como suya»; y este como apropiarse del dolor del otro en que estriba la conmiseración puede adoptar dos modos: «bien por el defecto ajeno, que tiene por suyo a causa de amorosa unión; bien por la posibilidad de padecer lo mismo (*propter possibilitatem similia patiendi*)» (ST, q. 30, 2). Otrotanto consta en breve fórmula Luis Vives: «Muy mucho queda el alma afectada por los males ajenos, que, viéndolos de cerca, parece que también a ella le amenazan» (TA, c. VII). El mismísimo campeón moderno de la compasión, Schopenhauer, que la erige en fundamento y compendio de toda virtud, no se recata en admitir a la base de la piedad por la calamidad ajena la *compasión de sí mismo* (MCo, 8 y 9). Pero entonces lo que ofrecía la apariencia de una pasión altruista se revela, en suma, como una pasión esencialmente egoísta e interesada: *toda compasión es una autocompasión*, un modo refinado del amor de sí o *filautía*. Para muchos, un subterfugio del miedo, una evacuación del propio dolor y, por todo ello, moralmente despreciable.

Adelantemos ahora sólo que el precipitado de esa imaginación que nos pone en el lugar del otro sufriente es piedad y miedo: una piedad temerosa y un miedo piadoso. Y que, así, la compasión no puede ser ni en absoluto desinteresada ni del todo interesada. Será una pasión altruista, porque se dirige inmediata y espontáneamente a la desgracia ajena, sin previsión intencionada de un beneficio propio; pero asimismo egoísta porque, en cuanto se traslada por su imaginación al infortunado, no puede menos que sufrir por ello y, además, temer su propia mala fortuna. Ambos elementos se requieren el uno al otro.

¿No será preciso, por tanto, en el sujeto de esa piedad que es también autocompasión, una cierta capacidad o esfuerzo de desdoblamiento, como llega a suponer santo. Tomás (ib.)? Que hay una autocompasión en la piedad lo prueba la cierta escisión que se opera en el interior del sujeto compasivo. Pero son diferentes instancias de ese individuo la que le mueve a compadecerse del prójimo y la que le induce a temer para sí mismo. Por una está ahora mismo libre del mal ajeno, por otra está expuesto a un mal semejante en el futuro. De un lado, ese individuo se muestra activo; del otro, pasivo. Así que, cuando mira el mal del otro, es compasivo; en cuanto observa en sí mismo el mal semejante que teme (y por eso compadece), se presenta a su vez como *compadecible*...

Esto último, por lo demás, sería un indicio de que toda piedad encierra una llamada implícita a la compasión ajena: no hay atención a la pena del otro que, tal vez sin palabras, no reclame también piedad para la desgracia de uno mismo. Por paradójico que resulte, ese componente de autocompasión, en lugar de adulterar la piedad como forma vergonzante del amor propio, la exalta y humaniza más si cabe. Pues, en el fondo, implica el reconocimiento por parte del piadoso de su íntima semejanza —la exposición al mal, la vulnerabilidad— con el desgraciado; de que la pretendida altura desde la que se inclina es aparente y circunstancial. Y esta conciencia de que es una cierta autocompasión la que (como vía de acceso y a la vez resultado de su compasión) anima al piadoso debería, entonces, hacer su trance más ligero al compadecido. Al menos, le ahorraría siquiera dirigir contra quien le compadece esos pesarosos sentimientos de humillación o envidia que él mismo suele agregar al pesar básico de su desgracia.

1.5. Benevolencia, indignación, admiración

La piedad se rodea de un séquito de pasiones afines de las que convendría dejar alguna constancia.

1. Si no hay emoción sin deseo, la benevolencia sería el componente desiderativo de la compasión, un efecto suyo tan inmediato que forma parte de su significado con derecho propio. «Esa voluntad o apetito de hacer bien, que surge de nuestra conmiseración hacia la cosa a la que queremos beneficiar, se llama benevolencia, la cual, por ende, no es sino un deseo surgido de la conmiseración», escribe Spinoza (E III, 27, esc.). ¿Podrá surgir asimismo de alguna otra pasión directamente amorosa? No hay por qué dudarlo, pero, en la medida en que la voluntad genérica de hacer bien se despierte *en particular* a la vista del mal, tal deseo adoptará la forma específica de voluntad de socorro al desgraciado y la pasión que la anima será por fuerza la compasión.

La benevolencia es un afecto que revela la afinidad entre el amor y la piedad. Pero mientras la procedente del amor se dirige hacia el ser amado como tal, la que proviene de la piedad se extiende hacia cualquier persona en desgracia. Y si, en tanto que raíz de la benevolencia, la piedad es para Hume «un deseo de felicidad hacia otra persona y una aversión contra su desgracia» (TNH, 576), habría que matizar: primero, repudio de esa desgracia; después, deseo de su felicidad. ¿No son acaso al final lo mismo, según reclama Rousseau en franca oposición a Spinoza? Ya lo abordaremos, pero lo único seguro es que la compasión se enuncia más desde el lado negativo que desde el positivo. En virtud de su disposición benevolente, la piedad puede llegar a transformarse en pasión de alegría, aunque sólo tras haber satisfecho su obligado tributo de tristeza.

Hasta tal punto resulta «natural» el vínculo entre piedad y benevolencia, que pensadores como San Agustín y Rousseau hacen de él uno de los criterios más seguros para distinguir la que califican de *mala* o *bárbara* respecto de la buena compasión. Es decir, entre ese sentimiento puramente pasivo y resignado, al que le basta condolerse del infortunio ajeno..., y ese otro más activo que induce al conocimiento de ese mal y de sus causas y se pone de inmediato a idear los medios de remediarlo o procurar su alivio. Así, paso a paso, la emoción de la benevolencia conduciría a la virtud de la beneficencia.

No hay que ir muy lejos para dar con la razón por la que la benevolencia ha de brotar de la compasión. Si «el que siente pesar es que desea alguna cosa» —según vio Aristóteles (R II, 2)—, lo que desea el compasivo será el cese inmediato de la causa de su propio pesar. Y sabemos que tal pesar viene causado, desde luego, por la percepción de un mal ajeno que puede ser también propio. De modo que el deseo de acabar con su tristeza significa, para el compasivo, la voluntad de eliminar el mal ajeno a fin de acabar así —mediatamente y en consecuencia— con el propio mal que aquel otro le lleva a imaginar. No quiere la desventura ajena porque tampoco desea la propia, como ya señaló Spinoza (ib., cor. III). No podrá nacer de igual manera ante los males circunstanciales y superables que ante los universales y definitivos; y siempre estará en función directa del grado de temor de su sujeto ante un mal semejante.

Pero más interesa resaltar que la benevolencia desvela la cara amable de la piedad. Desprovista de aquélla, si ello fuera posible, la compasión quedará expuesta al riesgo de especializarse en lo morboso y al cargo de exhibir una íntima vocación a husmear el mal allí donde pueda localizarse. *La piedad quiere el bien del otro; sólo que, como arranca de su dolor, lo quiere bajo la forma de evitar su mal.* Mientras otras pasiones más coloreadas de alegría vienen a celebrar al hombre porque es y por lo que es, la compasión se dedica al hombre —en su condición de sufriente y, en último término, vulnerable— porque está dejando de ser y por aquello que le falta. El bienestar que contempla para el otro se acercaría así al supremo ideal epicúreo de la *aponía* y la *ataraxía* : se define negativamente más que positivamente. No es poco, desde luego, pero tampoco puede ser más.

No se vaya a pensar, con todo, que benevolencia sea ya beneficencia. En tanto que emoción, la piedad se satisface en el impulso de ayudar al necesitado, aunque nunca llegara a hacerlo efectivo. Podrá levantar justas sospechas una pasión que puede resultar así de estéril, pero entonces se la estará juzgando desde el tribunal más elevado de la virtud. En realidad, si ya el sentimiento como tal de la compasión ofrece severas limitaciones, el deseo en que desemboca encuentra en el propio egoísmo del compasivo aún mayores obstáculos para plasmarse en hechos. La compasión, dirá Hume, «parece... inseparable de nuestra hechura y constitución. Pero sólo son las mentes más generosas las que están prontas a buscar con celo el bien de los demás y a apasionarse con su bienestar. Con hombres de espíritu estrecho y poco generoso, esta simpatía no pasa de ser un leve sentimiento de la imaginación que sólo vale para excitar sentimientos de complacencia o de censura...» (IPM VI, l, n. 27; TNH III, II, 2). Así que en los hombres, siendo ambas naturales, la *simpatía general* es paralela a la *generosidad limitada*. Y es esta íntima limitación de la benevolencia (en último término, de la compasión), que se traduce en una exigua beneficencia, la que vuelve imprescindible a la justicia.

2. En cuanto ceñimos el mal ajeno capaz de suscitar compasión a *ese mal específico de origen social*, la piedad es indisociable de la indignación. Ahora es el momento de recuperar aquel carácter peculiar que exigía Aristóteles de la desgracia compadecible, a saber, que fuera un mal sufrido «por quien no lo merece» (*tou anaxíou*) y de situarnos, por tanto, no ya en el terreno de la piedad en general o natural, sino en el de la piedad social o política. Pues ese rasgo de inmerecido o contra el mérito (*para ten axían*) de tal mal, al conectar a la piedad con la justicia, la vincula también inmediatamente con la indignación. La *némesis* o indignación, en efecto, es «un pesar que se siente por causa de quien aparece disfrutando de un bien inmerecido» (R II, 9). Y este bien inmerecido de uno supone el mal inmerecido de otro.

Lo que en principio parecen pasiones contrarias (pues su objeto sería respectivamente el mal y el bien inmerecidos, que además afectan a personas distintas) se dan cita en el mismo carácter humano y coinciden en su común referencia a la justicia: «Y ambas pasiones son propias de un talante honesto, ya que tan adecuado es entristecerse y sentir compasión por los que sufren un mal sin merecerlo como indignarse contra los que son inmerecidamente felices. Pues es injusto lo que tiene lugar contra lo merecido». *Éleos* y *némesis* se requieren recíprocamente. Tan íntima es su correspondencia que los vicios contrarios a la indignación, la envidia y la malignidad, serán los impedimentos mismos de la compasión.

Por el objetivo al que apuntan, en suma, piedad e indignación son *las pasiones propias de la justicia*, los fenómenos más inmediatos de ese «sentido de lo justo y de lo injusto» que es propiedad exclusiva del hombre (Pol I, 2). Lo mismo daría decir que ambas constituyen los afectos —penosos, eso sí— que suscita toda situación de injusticia. Mientras la piedad responde a esa desigualdad que consiste en el mayor mal (o en el menor bien) del otro, la indignación se refiere a la desigualdad resultante de su mayor bien (o de su menor mal).

Pero éstos no son bienes y males cualesquiera, sino *inmerecidos* por parte de quien los recibe. Y como el valor o mérito propio que ha de reconocerse a cada uno no es el mismo para todos, sino que lo establece en cada caso la comunidad, aquellas pasiones atañen no tanto a la justicia en general o total cuanto a la justicia política. Más específicamente todavía, piedad e indignación remiten a aquella especie de la justicia parcial o política a la que Aristóteles denomina *justicia distributiva*, esa que se encarga del reparto de los bienes o riquezas comunes (EN V, 2 y 4) según el mérito. Para mantener su nexo con la indignación, la piedad debe limitar su objeto al mal de naturaleza social; cuando ya no cuenta el mérito o demérito de quien lo sufre, esa piedad se despide de la indignación.

Y ambas pasiones son asimismo *condición de posibilidad de la justicia*; quiere decirse, emociones que disponen a la reparación de la injusticia y al restablecimiento de las relaciones justas según el mérito. Esta idéntica dirección de los deseos encerrados en cada una de ellas revela, una vez más, que piedad e indignación se exigen entre sí hasta el punto de formar las dos caras de una misma emoción. Lo que hay es una piedad indignada o una indignación piadosa. Quien de verdad se compadece, tiene que indignarse y, quien se indigna, da señal por ello mismo de compadecerse. Piedad e indignación brotan por igual de la misma situación de injusticia, si bien la una atiende ante todo a quien la sufre, mientras la otra a quien la comete. Porque el que padece la injusticia supone al que la infiere y, a la postre, «es el distribuidor quien obra injustamente, y no el que tiene más [o menos, A.A.] de lo que le corresponde» (EN V, 3 y 9). La compasión, pues, no conviene a un talante que pueda tildarse de angélico. Si ya la benevolencia que en ella asoma indicaba una cierta voluntad de lucha contra la desgracia del otro, tal deseo activo se redobla cuando va a una con la indignación.

No por ello se han de olvidar los evidentes peligros que incuba la indignación. Y el primero es, paradójicamente, que esta pasión puede colaborar más que ninguna otra a agravar esa injusticia que en principio trata de combatir. Eso es lo que le reprocha Spinoza, a saber, que «aunque la indignación parezca ofrecer la apariencia de equidad, lo cierto es que se vive sin ley allí donde a cada cual le es lícito enjuiciar los actos de otro y tomarse la justicia por su mano» (o.c. IV, Ap. 24). Que tal sea la tendencia innata de la indignación y que, por eso mismo, la recta razón haya de cuidarse de prever sus excesos y contenerla, parece innegable. Pero reprimirla en su abusiva pretensión de desplazar a la justicia no significa borrar de un plumazo el vínculo que la indignación mantiene con aquélla. La indignación puede resultar infundada —esto es, suscitarse por un bien en verdad merecido—, puede caer con facilidad en la venganza y en el resentimiento (Nietzsche), puede desbocarse hacia la crueldad en su afán de hacer purgar la pena sufrida por el desgraciado (H. Arendt)... Con todo y con eso, habrá que admitir que tanto ella como la piedad, si por un lado son una primera muestra del sentido de la justicia, representan también su último aliento.

¿Y si definiéramos la indignación no ya como el pesar por el bien injusto de alguien, sino más brutalmente como el *odio* hacia ese mismo en tanto que causante del mal de otro (Spinoza, ib. III, 22; ib. def. XX?. En tal caso sucedería que la indignación, nacida a una con la piedad, se transmuta en su pasión opuesta. Toda la benevolencia que el compasivo dirigía espontáneamente hacia el desgraciado se trueca, por la indignación, en malevolencia contra quien aparece como autor de su desdicha. Lo que era una piedad indignada ha dejado su lugar tan sólo a una indignación despiadada, a un afecto posterior en el que se adivina tanto menos las huellas de la piedad cuanto más intensa haya sido la compasión de partida. No hay modo fácil de que el indignado logre salvar este escollo. Ante el mal que el otro no merece, si sentimos alegría y amor hacia quien le hace algún bien será porque experimentamos tristeza y tal vez hasta odio hacia quien le maltrata. Cuando deseo el bien del desgraciado, deseo asimismo el mal de quien alcanza su propio éxito a costa del infortunio ajeno. En el plano del sentimiento, en definitiva, es muy posible que la indignación acabe sofocando a la piedad. La salida del dilema vendrá de la conversión de la piedad en virtud, porque sólo entonces su indignación estará contenida en los límites de la justicia.

3. Que se nos permita siquiera aludir, por último, al vínculo entre piedad y admiración. A primera vista, todo indicaría que se trata de pasiones más opuestas que afines o concomitantes. La admiración (cuando no es un mero asombro y extrañeza ante lo sorprendente o ignorado) subraya la excelencia y perfección de los seres humanos, en tanto que la piedad fija más bien la mirada en sus miserias o debilidades. Ante la muerte, por ejemplo, se admira la heroica, valerosa o noble, mientras que se compadece la vulgar y ordinaria. La admiración surge ante el exceso y la compasión del defecto; la una exalta al otro y nos prosterna ante él, la otra parecería que a él le humilla y nos abate a nosotros.

Ciertamente ambas coinciden en ser formas de identificación con el otro, pero con un otro bien distinto. Si la *identificación admirativa* se dirige a quien es mejor que nosotros, la *identificación simpatética* (o sea, compasiva) se produce con el que nos es parecido (Jauss, 247 y sigs.). Por eso la admiración es una emoción que crea distancia respecto de su objeto, mientras que la compasión la reduce o la suprime. Aquélla inspira a la epopeya, ésta a la tragedia. La primera narra las hazañas de un héroe adornado de un cúmulo tal de perfecciones que le convierten en modelo inalcanzable; la segunda habla de otro héroe más imperfecto o cotidiano, cuyo sufrimiento o fracaso le hacen al fin nuestro igual.

Según el último autor citado, pasiones tan dispares deben tener objetos y sujetos que se excluyen entre sí: lo admirable no puede ser al mismo tiempo digno de compasión y no cabría que lo miserable fuera a la vez admirable. Una y otra estarían en relación de consecuencia (ib., 270), y no de coexistencia. Se diría, por tanto, que quien admira no puede compadecerse y, quien se apiada, no sabe admirar; más aún, remachará Nietzsche, la compasión es el afecto propio de los débiles, pero el fuerte está más inclinado a la admiración que a la piedad (Au II, 135). Y si se añade que la admiración es de un carácter más mediato que la compasión, que brota más espontáneamente, el choque entre ambas emociones sería ya frontal. Pues, a mayor mediación (y con ella admiración), menor compasión y, a mayor inmediatez (propia de la compasión), menor admiración. Una vez más, proximidad sería a compasión lo que distancia a admiración.

Y, sin embargo, pasiones en apariencia tan opuestas son en realidad *complementarias*. Y así, sin algún sentimiento todavía confuso, no de la excelencia de este o aquel individuo, sino de todo ser humano en tanto que dotado de dignidad, no habría lugar a compadecer su miseria. Una cierta capacidad para la admiración es requisito de la compasión. Hasta habría de decirse que a una más intensa admiración le sigue una mayor compasión: cuanto más admirable sea alguien, más digno de ser compadecido por la desgracia que le asuele o por su simple condición mortal. El más admirable tiene que ser el más compadecible. Leopardi resalta que el valor de *La Ilíada* reside en haber conjugado el interés que despierta la virtud feliz y el suscitado por la virtud desgraciada. Es decir, por combinar «esos dos intereses que con tanta fuerza influyen en el hombre (...), a saber, la admiración por la virtud que supera todos los obstáculos y obtiene su objetivo (...) y la compasión por la virtud extrema

que padece una extrema, irremediable e inconsolable calamidad» (Zi, l06, pág. 22l).

Admiración y piedad, pues, se entremezclan y entrañan
mutuamente. También la compasión es, a la inversa, requisito de la admiración, aunque sólo fuera porque —al enfo-
car esa condición doliente que le descubre de nuestra misma pasta— evita de raíz el sentimiento de envidia hacia el
otro en que la admiración puede fácilmente degenerar.
Por eso escribe Cioran que «sin ingenuidad, sin piedad, es
imposible admirar, considerar a los seres en sí mismos, según su realidad original y única, fuera de sus accidentes
temporales» (D, 36). Lo compadecible y lo admirable no
coinciden, pero las emociones que despiertan se dan en el
mismo sujeto. La ausencia de una lleva también a la desaparición de la otra: a la banalización del bien digno de ser
admirado le corresponde la banalización del mal que habría de compadecerse.

2

Proceso y apología de la compasión

Pocas pasiones han sido, como la piedad, objeto de tanta reticencia, pocas como ella han tenido que justificarse ante tal reunión de miradas escrutadoras. La compasión ha sido convocada por múltiples tribunales, en cuyo banquillo de acusados ha oído las imputaciones más diversas. Tal vez para compensar en parte los elogios —¿desmedidos?— que a lo largo de la historia de la teología o de la filosofía le han dedicado, apenas ha habido época en que no haya sido escarnecida o, al menos, puesta en entredicho. Aureolada por sus indudables prestigios, la compasión no ha dejado tampoco nunca de acumular un inmenso capital de descrédito; hasta se diría que sus partidarios más entusiastas han brillado menos que sus muchos y encarnizados fiscales.

A desgranar aquellos cargos y defenderse de estos inquisidores toca referirse en este capítulo. Para hacerlo con alguna eficacia, adelantemos del lector ciertas advertencias. La primera es que este largo desfile de querellas que ahora se abre contra la piedad se dirige por lo común contra su pretensión —supuesta o expresa— de ingresar en el catálogo de las virtudes e incluso de presentarse como el compendio de la moralidad. En el pensamiento de Sto. Tomás, por ejemplo, la compasión se levanta como la máxima virtud después de la caridad y queda atribuida al mismo Dios (ST 2-2, q. 30, a.2). Que no se extrañe tampoco de que algunas de las feroces invectivas puedan ser entre sí contradictorias. Habrá de tener en cuenta, además, la inevitable arbitrariedad con la que habrá que escoger, entre tan variadas acusaciones, las más constantes y, de entre tantos portavoces, los más significados. No cabía, por último, dejar sólo para el final el esfuerzo de emprender una apología de la piedad: la exposición de cada uno de los cargos será por ello simultánea a la tarea de rebatirlos.

2.1. El pliego de cargos

2.1.1. *Los engaños del amor propio*

A una mirada ingenua y bastante extendida la piedad se presenta como un sentimiento altruista. Como por un milagro y a modo de excepción de sus dictados más obvios, la naturaleza nos habría dotado de una propiedad por la que —sin espera de contrapartida alguna— tenderíamos a entristecernos ante la desdicha de los otros y a desear su bienestar. En cambio, con muy raras salvedades, los pensadores no han dejado de detectar en ella una raíz interesada en el bien mismo del piadoso y de entenderla como una pasión egoísta. Y ese amor propio que la desvalorizaría está presente en la piedad de múltiples formas.

a) *La hija del miedo.* Ya sabemos que el temor es componente esencial de la compasión, hasta el punto de convertir a ésta por principio también en compasión de uno mismo. Pero si la compasión (de *co-patere*) implica sufrir con el mal de otro, todo lo que sea experimentar tan sólo el mal de uno mismo no merecerá el nombre de autocompasión, sino a lo más de *autopasión*. Para una reflexión insolente o deformada, la desgracia ajena no pasaría de ser mero pretexto para ocuparse de la propia; aquella calamidad no sería un daño que me afectara, sino justamente tan sólo porque me afecta. De esta emoción autista el otro no recibiría el menor eco, porque uno mismo ya se encargaría de precaverse de toda visión o noticia del mal ajeno.

No obstante, para que pueda hablarse en rigor de piedad se requiere que la autocompasión por el mal de uno mismo vaya junto a la compasión por el mal del otro. Los márgenes de presencia del temor en el sentimiento compasivo son, desde luego, aleatorios, pero no tanto como para reducir éste a aquél sin resquicio. Porque el caso es que siempre que hay piedad hay miedo, pero no siempre que hay miedo hay piedad. Mientras toda compasión es temerosa, sólo una clase de temor es compasivo. Otras especies de temor constriñen al sujeto a concentrarse en sí mismo y a sacudírselo incluso con daño para el prójimo. El temor aparejado a la piedad, en cambio, procede de la apertura hacia el sufrimiento ajeno y sólo decae o desaparece con el alivio o la anulación de este último.

Claro que se dirá que, en cuanto en ella comparece un cierto miedo, la compasión resulta síntoma palmario de alguna debilidad, de falta de valentía. En pos de la doctrina estoica sobre la materia (según Séneca, la misericordia es «un fallo del espíritu apocado [*vitium pusilli animi*] que se derrumba al contemplar las desdichas de los demás», «un vicio de los espíritus que se aterrorizan en exceso ante la desgracia». SC II, 5.1 y 6.4), buena parte de la filosofía moderna coincide en el mismo diagnóstico. A juicio de Descartes, la clase más común de compasión es la experimentada por los más débiles, los que «se representan el mal que sufren los otros como algo que pudiera suceder a ellos (y) son movidos a piedad más por amor a sí mismos que por el amor que sienten por los demás» (T, 186). Igual será el dictamen de Sade, como lo será aún después el de Nietzsche: «Cuanta justicia y compasión veo, esa misma debilidad veo (...). En el fondo, lo que más quieren es simplemente una cosa: que nadie les haga daño. Así son deferentes con todo el mundo y le hacen bien. Pero esto es cobardía: aunque se llame "virtud"» (Z III, 249).

Si se define nuestra pasión en su grado más bajo, como efecto de la mera sensiblería o por su incapacidad de enfrentarse a todo lo temible, nada más fácil que denigrarla y ver en ella un signo de pusilanimidad. Seguirá siendo expresión del amor propio, pero de un amor propio tan enteco que se dejaría arredrar por cualquier desgracia. Ahora bien, si ya Aristóteles nos informó de que para sentirla no hay que estar aterrorizado (R II, l385 b 33), también de su reflexión se desprende que no hay que tomarla por síntoma de cobardía. Sentimos miedo de todo lo que nos representamos como mal, pero debemos sentirlo de las cosas que efectivamente lo son: «pues algunas han de temerse y es noble temerlas, y no hacerlo es vergonzoso» (EN III, 6 y sigs.). De suerte que sólo es valeroso el que teme y soporta lo que debe y, además, porque, como y cuando debe. Y ello hasta el punto que, siendo la muerte lo más temible para los hombres, más aún para el valiente: «pues para un hombre así la vida es más preciosa que para nadie y un hombre tal tendrá conciencia de privarse de los mayores bienes, y esto es doloroso».

En suma, ni la compasión procede de la cobardía —por mucho que lo aparente— ni el valiente podrá ser despiadado. Tanto el exceso como el defecto de miedo, cobardía y temeridad, inhiben todo sentimiento de piedad. Aquélla porque, encerrándonos en la previsión de males imaginarios, nos incapacita para sentir y socorrer el mal ajeno; ésta porque, al desconocer el temor, nos impediría concebir siquiera el mal del otro. La piedad es una pasión propia del valiente. El *éleos*, como la *andreia*, contienen el miedo justo. Más allá de esa medida, ni el uno es ya valor ni la otra piedad.

b) *El placer del piadoso.* Si entre sus elementos subrayamos sólo la dimensión que anticipa —en el mal ajeno— el mal futuro que a uno mismo aguarda, la piedad descubre el miedo que la nutre y se presenta como una pasión doliente. Pero si atendemos nada más que al momento presente de su sujeto, entonces ese pesar coexiste con cierto sentimiento gratificante. «He aquí un doble provecho que merece toda estimación —exclama Fausto—: ser misericordioso y, al mismo tiempo, deleitarse en ello» (8402-3). La piedad es una emoción agridulce y tanto se le reprocha (como acabamos de ver y aún volveremos sobre ello) su amargor como su peculiar dulzura.

Ésta consiste en esa grata conciencia del bienestar propio que resulta de la comparación con la pena ajena. Es aquel placer inmediato del Emilio rousseauniano, que «disfruta a la vez de la piedad que tiene por sus males [de los otros] y de la felicidad que lo exime de ellos» (Em IV, 307). Bien es verdad que tras este tipo de disfrute, a la vez condición y resultado de la piedad, se esconden peligros indudables. De uno, del que ante todo busca placer en lo morboso, ya nos advirtió San Agustín. Como se obtiene gusto de la propia compasión, habrá compasivos que (con tal de no afectarles en demasía, porque tampoco desean sufrir) apetezcan los dolores ajenos y acaben deseando la presencia de miserables a fin de ejercer con ellos su misericordia. Ni que decir tiene que se trata de una piedad depravada, frente a la que el santo contrapone la que juzga virtuosa. Pues así como «es cierto que hay un dolor laudable, pero no hay ninguno amable», la verdadera piedad no halla deleite alguno en la desdicha que atiende: lo que más quisiera quien es legítimamente compasivo es «que no hubiera males de que compadecerse» (C III, c.2). De otro riesgo del piadoso nos previno Rousseau: el de despreciar a quienes se compadece y, a la postre, creerse más digno que ellos de ser afortunado (o.c., 329). O, lo que viene a ser lo mismo, que la piedad humille a quien se dedica.

Porque hay un grado más sutil y elevado del satisfactorio sentimiento adherido a la piedad, que es la autoestima moral que proporciona a quien la practica. La compasión nos exalta por aparecer como un índice de nuestra potencia. Oigamos al barón d'Holbach: «Del consuelo dado al que padece, resulta un consuelo real y verdadero al que le socorre: placer suave que la imaginación aumenta con la idea de que ha hecho bien a un hombre, de que con este beneficio tiene derecho a su cariño y gratitud y de que ha obrado, en fin, de un modo que manifiesta que posee un corazón tierno y sensible» (MU I, II, c. VII). Pero es aquí donde las miradas suspicaces se vuelven aún más aviesas hasta descubrir bajo aquella complacencia el amor propio, «el mayor de todos los aduladores» en palabras de La Rochefoucauld. Se trataría sólo de una falsa conciencia de la piedad, producto de un engaño por el que le asignamos un valor —y en consecuencia nos atribuimos un mérito— que no posee. Ignorante de la naturaleza egoísta de sus móviles, el compasivo los cree muestras de su desprendimiento y testigos de su magnanimidad. Pura apariencia de obrar contra nuestro interés, resumirá Mandeville (Fa, 168-169). «El acto de compasión es un acto de orgullo que el hombre consuma en su interior», repetirá más tarde Leopardi (Zi, 68-69)...

¿Qué decir de esta suerte de exhibicionismo antipiadoso? Aceptemos que la conciencia subjetiva del valor del acto compasivo no coincide, desde luego, con su valor real. Pero no hay por qué admitir el supuesto implícito de que todo lo originado en el *inevitable* amor propio carece de valor moral o cuenta con idéntico valor. Tampoco es justo reprochar al compasivo su falsa autoconciencia, es decir, hacerle culpable de mantener una imposible moral del desinterés de la que más bien hay que librarle para que aprenda así a reconciliarse consigo mismo. Pero aquellos detractores se equivocan, sobre todo, al burlarse de lo que ni siquiera Nietzsche ha dudado en conceder a la piedad: ese «impulso de alegría» (Au II, 133) en el que el piadoso constata su poder para aliviar la pena del desgraciado. Que ese sujeto tome por error ese sentimiento como señal de superación de su egoísmo es pecado menor comparado con la potencia que tal afecto revela: la que hace posible el paso de un estrecho amor propio a otro más amplio. Más aún, la de permitir la subsistencia misma de la sociedad, como no dejaba de reconocer el mismo señor de Mandeville: «La piedad (...) es la más sociable de nuestras virtudes y raras son las ocasiones en las cuales se la deba dominar o refrenar» (Fa, 31 y 170).

¿O acaso sería mejor esa otra pasión que malignamente disfrutara con el mal ajeno o se limitara a contemplarlo?; ¿o, al revés, que nos postrara en la impotencia o nos mantuviera ignorantes de nuestra común condición humana? La piedad, en tanto que entrega a una alegría anticipada, se deja acariciar por las ideas del bienestar comparativo del que arranca y del socorro que ofrece, del elogio que espera y de la justicia que contribuye a reponer. ¿Habrá de arrepentirse por ello?

c) *Un favor calculado.* Ya se conoce la máxima de La Rochefoucauld: «La compasión es a menudo un sentimiento de nuestros propios males en los males del prójimo. Es una hábil previsión de las desgracias que pueden sucedernos; socorremos a los demás para comprometerles a que hagan lo mismo con nosotros en semejante ocasión, y esos favores que les hacemos son, para hablar con propiedad, favores que nos hacemos por anticipado a nosotros mismos» (RM, 264; véase 236). Un siglo más tarde, un torvo personaje de Sade enseña que «ese sentimiento sólo se experimenta hacia nuestros iguales y, como es básicamente egoísta, únicamente se da con la condición tácita de que el ser que me inspire lástima la sienta también por mí» (Jus, 263). Sabiduría amarga, se dirá; pero ¿y si pusiéramos en duda que fuera en verdad sabiduría?

Ese vistoso argumento económico, según el cual la piedad vendría a ser una especie de entrega a cuenta, un desembolso del que esperamos resarcirnos, no parece tan certero. Una piedad semejante se basaría en un cálculo azaroso y, las más de las veces, erróneo. Lo más probable es que aquel cauteloso inversionista no recogiera a su tiempo ni un amago de ese afecto que dedicó a los otros. Nuestro duque ya lo había dejado claro: «No es tan peligroso causarles daño a la mayoría de los hombres como hacerles demasiado bien» (RM, 238). Así que, si el deudor sufre nuestro favor compasivo como un dogal que le somete a nosotros y del que sólo se libra mediante la ingratitud, la compasión puede salirnos cara. ¿O no dice también que «el orgullo no quiere deber y el amor propio no quiere pagar» (ib., 228)? Y si no cabe imaginar el sentimiento o la virtud como objetos de compraventa, ¿podrá alguien satisfacerse con su mera simulación interesada?

Pero La Rochefoucauld se contradice asimismo en lo que acierta, y el sarcasmo se vuelve entonces contra quien lo emite. Pues ¿qué significa que la piedad sea un sentimiento de nuestros males en los del prójimo, una previsión de las penas que a nosotros mismos han de atribularnos? No tanto el afán de bienquistarnos la voluntad ajena, y de asegurar así la compasión futura de los demás, como la confesión de que los daños que nos amenazan —por sernos comunes— nos equiparan y nos ponen en parecida dependencia unos de otros. Cuando se postula como requisito oculto de la compasión la voluntad de que el apiadado se compadezca a su vez del piadoso, ¿qué viene a sostenerse? Que no hay quien pueda escapar a la piedad, que respecto de ella todos somos alternativamente donantes y receptores, porque nadie está a cubierto de la desdicha. Se le reprocha a este afecto ser orgulloso. ¿No estará afectado empero de mucho mayor orgullo quien sentencia que «hay que testimoniar compasión, pero guardarse muy bien de sentirla» (*Autorretrato*, o.c., 178)? Y, lo que es peor, ¿no será este o aquel orgullo del todo infundado?

En definitiva, que la piedad sea fruto del amor propio no entraña que proceda del cálculo. Desde nuestra común exposición a la desgracia, la demanda de reciprocidad se contiene en la estructura misma de la compasión, no necesariamente en los fines del compasivo. Lo sepa o no su sujeto, la piedad pide ser pagada con la misma moneda, pero eso es la señal más nítida de su vocación de virtud. Mientras los sentimientos hostiles (envidia, venganza, malicia) son por naturaleza unilaterales, porque excluyen en uno mismo todo deseo de devolución, los afectos benignos conllevan objetivamente la pretensión de correspondencia. Si el piadoso no desea para el otro el mal que no quiere para sí, también vale la inversa y quiere para sí la piedad que dedica al otro. Toda virtud es reconocimiento de lo humano por el hombre. La piedad sería el primer reconocimiento recíproco de lo más humano en el hombre: su miserable contingencia.

d) *Una atención humillante.* Ya sea como efecto buscado o como algo añadido e impremeditado, uno de los reproches más reiterados contra ella es que la piedad humilla a quien la recibe. Nada tan frecuente, por parte del compadecido, que aferrarse a una aparatosa majestad alzada en medio de su desgracia y rechazar indignado la compasión que se le brinda. Desde su particular amor propio, el sujeto paciente se siente degradado por lo que tiene que valorar como una superior potencia de amor propio en el piadoso. Y así, sin más averiguaciones, se toma la compasión como señal inequívoca en quien la manifiesta de una voluntad —consciente o inconsciente— de exhibir su superioridad ante el desgraciado y, so pretexto de aliviar su desdicha, de imponer su propio poder sobre el doliente.

No cabe discutir lo extendido de esta imputación, pero sí la respetabilidad de su fundamento. Bien podría ser que achacáramos por sistema como maligno amor propio del piadoso lo que a menudo suele provenir del amor propio perverso del compadecido. Éste se debate entre buscar la compasión y rechazarla, la implora y la desdeña a un tiempo. Madame du Deffand se lamentaba ante su amante Walpole de que «me habéis considerado más digna de piedad que de cólera y habéis considerado inhumano aumentar mis penas (...): sin embargo, ¿no debería estar agradecida por ello? (...) Nos quejamos para que nos compadezcan, y cuando nos damos cuenta de que inspiramos compasión nos molestamos; el amor propio no tiene sentido común» (FA, XXX).

Pero tan arraigado está el prejuicio, que hasta la doctrina kantiana en este punto fue uno de sus altavoces. El deber hacia sí mismo —esto es, a la propia dignidad, a la autoestima moral—, que es el respeto, implicaría el repudio de toda muestra de la compasión ajena para con uno mismo. Si la compasión debe ofrecerse, en ningún caso debe ser demandada ni en modo alguno aceptada. Y es que el favor ajeno, por mucho que el donante exprese con él tan sólo su deber y cuide hasta la apariencia de forzar al receptor a devolverlo, genera una deuda infinita que jamás puede ser satisfecha (LE, 158, 264, 267-268; MC, 2ª, 31/323-324, 46/347). Siendo esa bondad ajena (y la compasión, una de sus formas más palpables) siempre humillante, la conclusión surge inapelable: «Un hombre que piense correctamente y tenga la cabeza sobre los hombros no acepta jamás la bondad ajena ni mucho menos favor alguno» (LE, 268).

Vienen así a dictarse a la vez dos deberes estrictamente contrarios: hacia los demás, el deber de cultivar la afección compasiva respecto de sus miserias; hacia uno mismo, el de rechazar la compasión ajena para con las propias. Y de poco vale que Kant explique las relaciones entre seres racionales en el mundo a partir de leyes de atracción y repulsión: «En virtud del principio del *amor recíproco,* necesitan *acercarse* continuamente entre sí; por el principio del *respeto* que mutuamente se deben, necesitan mantenerse *distantes* entre sí» (MC, 2ª, 24, 217). Lejos de que tales principios y deberes se excluyan, su obligado complemento exigiría que la compasión entre los hombres fuera una muestra más de su mutuo respeto, si es verdad que la dignidad que compartimos nos iguala. Suponer otra cosa y blindarnos a los favores ajenos (compasivos u otros), no sólo malencubre un resentimiento que nos prohíbe admitir la superioridad moral del benefactor, sino que echa por tierra la posibilidad misma de todo deber hacia los demás; entre ellos, y principalmente, el de gratitud (ib., 33, 327)... Sólo más tarde reconoce Kant que aquella despectiva actitud, antes aprobada, «radica en el deber hacia sí mismo, mal entendido, de no necesitar ni exigir la beneficencia ajena» (ib., 35, 331). Le toca entonces rectificar su tesis y preguntarse: «¿No será ésta la causa de tanta ingratitud: el orgullo, al ver a alguien por encima; el disgusto de no poder alcanzar la plena igualdad con él (en lo que afecta a las relaciones de deber)?» (ib., 35, 330).

Fijémonos por último en el argumento aducido por Nietzsche, para quien la piedad es una forma de posesión del otro: «Cuando vemos padecer a alguno, aprovechamos gustosos la ocasión para apoderarnos de él: esto es lo que da origen al hombre compasivo y caritativo, que llama amor al nuevo deseo de posesión que en él se ha despertado» (GC, 14). Resulta así, al contrario de lo pregonado por otros críticos, que este sentimiento sólo puede alumbrar en los fuertes: sería el producto de un instinto de asimilación que se despierta en presencia del más débil (ib., 118; véase 192, 389). Este último tiene sobrados motivos para sentirse humillado y rechazarlo, pues la piedad ajena le descubre o confirma su propia postración; si aceptara esa piedad, si la solicitara, admitiría con ello ser merecedor de desprecio. Si el fuerte procura evitar concederla, es para no rebajarse él mismo (Au II, 135).

¿Y en qué conoce el compadecido el ultraje que la piedad le infiere? Por de pronto, en el hecho notorio de que «se cesa inevitablemente de ser objeto de temor desde que se es objeto de compasión» (VS, 50). Mientras el agente ve en su piedad un signo de su fuerza, y con ella del temor que es capaz de inspirar, su paciente contempla en aquélla reflejada su impotencia y el daño que es susceptible de sufrir. Por si fuera poco, toda compasión, al arrogarse sin derecho un conocimiento de la desgracia ajena que dista mucho de poseer, le arrebata a su objeto lo más propio de su dolor. Es preferible, pues, ser odiado que compadecido, porque nuestros perseguidores nos exaltan mientras que los piadosos nos degradan (GC, 338).

Pero el caso es que, sin salir de la órbita de Nietzsche, se diría que es de todo punto imposible que el afecto compasivo —a poco que se comprenda— pueda provocar humillación alguna. ¿Quién iba a sentirse humillado por lo que parece más bien un signo manifiesto de autohumillación por parte del piadoso? «La compasión es el sentimiento más grato a los que son poco orgullosos y no abrigan esperanzas de grandes conquistas» (ib., 14). La compasión, ese síntoma palmario de debilidad que es prueba de hipocondría, falta de autodominio, dependencia, cobardía, decadencia y agotamiento en su sujeto (por recoger algunas de las expresas objeciones nietzscheanas)..., mal podría avergonzar a su objeto.

Digamos entonces que la piedad es una mezcla peculiar de debilidad y fortaleza, de pesar y agrado, cuyos ingredientes no deben tomarse por separado si queremos evitarnos errores (por lo demás, enfrentados entre sí) sobre su naturaleza. En este caso, no ha sido el componente temeroso o desvalido presente en la piedad lo que se acentúa, sino ese otro placentero sentimiento de bienestar y gratificación moral que también va con ella. Al gesto de orgullo endosado al compasivo le corresponde el miedo y la humillación en el compadecido. Si éste hubiera percibido también el temor o la conciencia de ser un igual que pueden anidar en el piadoso, ¿cambiarían las tornas o es que, a fin de cuentas, será su propio resentimiento el que no consiente recibir ninguna piedad? Engreída y satisfecha o débil y miedosa, para la compasión parece no haber escapatoria. Por eso habrá que volver aún sobre ello.

2.1.2. *Una pasión triste e impotente*

Hay afectos —como la piedad o *conmiseratio* — más provechosos o menos peligrosos que otros, pero no por ello alcanzan el rango de virtud. La piedad sólo es virtud en la ciudad de los esclavos, y no en la de los hombres libres; será valiosa en el reino de la ignorancia, no en el del conocimiento. Tales son algunas de las tesis de Spinoza, cuyo veredicto no puede ser más tajante: «La conmiseración, en el hombre que vive bajo la guía de la razón, es por sí mala e inútil» (E IV, 50).

1. Dejemos de lado la aparente incongruencia de estos calificativos para una pasión que está a la base de la benevolencia y cuyo hábito es la misericordia. La piedad sería mala ya sólo por ser triste, pues la tristeza es una pasión por la que el alma pasa a una menor perfección. O, lo que es igual, porque (al revés que la alegría) disminuye en cada

cual su potencia de obrar o su esfuerzo por perseverar en su ser. La conmiseración es una represión o traición de nuestra propia esencia: el *conatus*.

Pero este *conatus* (en el hombre, el deseo consciente), replicaremos, supone precisamente la negación de todo lo que en cada cosa puede privarle de existencia. En su propia naturaleza se incluye la oposición a su contrario, es decir, la resistencia del ser frente a lo que le resiste y pugna por no ser. El conato es el esfuerzo por perseverar en lo que está amenazado de desaparecer, el apetito de oponerse a lo que nos aniquila. El afecto que lo acompaña tanto es de alegría, cuando aumenta su potencia, como de tristeza, porque inevitablemente es la impotencia su punto de partida y de llegada. En suma, la naturaleza humana no es sólo *conatus*, sino éste y su límite; esto es, la unidad de su potencia e impotencia, de su perfección e imperfección y, en términos afectivos, de alegría y tristeza.

Si creemos que la conmiseración es un afecto que puede concordar con la razón y volverse virtud, es por eso: por ser una potencia nacida del conocimiento lúcido de nuestra impotencia suscitado por la visión del mal de un semejante. Pues la tristeza compasiva será buena, si es verdad que «cuanto mayor es la tristeza, tanto mayor será la potencia de obrar con la que el hombre se esforzará por apartar de sí esa tristeza» (III, 37). Y, al esforzarse, al hacer además algo que imaginamos que afecta a los demás de alegría y sabernos su causa, la piedad desembocaría en el sentimiento gozoso más pleno, el contento de sí (III, 28-30). Pero tampoco puede ser mala esa tristeza cuando se encarga de reprimir alegrías tan malignas como el odio, la soberbia o el menosprecio. Mucho menos será inútil, si es ella justamente la que produce las condiciones afectivas de lo más ventajoso para el hombre: la concordia y la asociación entre ellos mismos.

Dígase cuanto se quiera, continúa Spinoza, el hombre de la razón pondrá todos los medios para que la conmiseración no influya en él. Y es que el compasivo «suele hacer cosas de las que luego se arrepiente». ¿Tanto importa eso, si el arrepentimiento resulta uno de los afectos que son más útiles que dañosos (IV, 54)?. Además, ¿acaso es lo mismo arrepentirse del odio que de la compasión? ¿No habrá muchas más ocasiones de alegrarse que de avergonzarse de ella? Pero es que el piadoso se deja fácilmente embaucar por «las falsas lágrimas». También por las verdaderas, habrá que responder, y ni unas ni otras son señal segura de impotencia. Es cierto, con todo, que «si nos guiamos por el mero afecto, no hacemos nada que sepamos con certeza ser bueno». Pero que la piedad contiene implícito un conocimiento verdadero de nuestra naturaleza lo prueba el hecho de que la razón puede después hacerlo expreso y convenir con él... Claro que, si el único conocimiento cierto es el de la necesidad universal, entonces la piedad sería superflua. «Quien ha comprendido rectamente que todas las cosas se siguen en virtud de la necesidad de la naturaleza divina, y que se producen según las leyes de la necesidad de la naturaleza (...), no tendrá ninguna conmiseración de nadie...».

Ese tal, en definitiva, conoce la necesidad que rige el todo, desvela así las ideas inadecuadas en que reposan sus afectos y sabe que en este desvelamiento estriba la única libertad que se nos ha concedido. Sólo que entonces la posibilidad misma de «hacer el bien» quedaría borrada del todo; los afectos de alegría y tristeza, ante lo insoslayable y forzoso, estarían de más. ¿Por qué esforzarse en «estar alegre»?; más aún, ¿por qué en absoluto hemos de esforzarnos en conservar el ser o en cualquier otro empeño? Puestos a rechazar la conmiseración, desde este ideal de la apatía ¿cómo no repudiar asimismo cualquier otro afecto? Pero, a su vez, ¿por qué reprobar esa o cualquier otra pasión, si son necesarias? Y, en última instancia, ¿por qué encarecer el conocimiento si el procurarlo y el alcanzarlo están tan determinados como sus contrarios?

Si todos los afectos tienden a decrecer en presencia de la razón, más aún la compasión, que se mitiga o desaparece en cuanto conoce la necesidad del mal ajeno que de otro modo compadecería (V, 6, esc.; véase 20, esc.). Conocer el mal como forzoso es representarlo como mal aparente, o sea, como un bien. La tristeza piadosa queda sin objeto, porque todo lo que nos parezca malo —incluido el mayor mal, la muerte— sólo es producto de un conocimiento inadecuado. Pero si una impotencia no deja de serlo por el hecho de ser conocida, si su tristeza incluso aumenta por el saber de su necesidad, ¿cómo desecharla en tanto que falso conocimiento? ¿No habría que afirmar con C. Rosset que «lo más cruel de la realidad no reside en su carácter intrínsecamente cruel, sino en su carácter ineluctable, es decir, indiscutiblemente real» (PC, 19-20)? Así las cosas, ¿cómo no recurrir entonces a la compasión, que es *la potencia misma nacida del conocimiento de nuestra impotencia*? Spinoza hace de la necesidad virtud; para nosotros, la virtud de la compasión es ciertamente el primer efecto de ese saber de lo necesario, pero sólo cuando contiene al mismo tiempo una protesta contra esa fatalidad y la condolencia con el afectado.

2. Sólo al final del escolio a la larga proposición que comentamos (IV, 50) suaviza Spinoza su vehemente condena y restringe el alcance de su aplicación: «Y aquí hablo expresamente del hombre que vive bajo la guía de la razón. Pues el que no es movido ni por la razón ni por la conmiseración a ayudar a los otros, merece el nombre de inhumano que se le aplica». Reducidos a dos los móviles morales (el uno estricto por racional, más difuso por afectivo el otro), justo será concluir que los hombres, mientras no se rijan por la razón, al menos han de dejarse llevar por la compasión. El carácter privilegiado de esta última entre las pasiones radica en marcar ese límite pasado el cual caemos en la inhumanidad, es decir, en el deseo de omitir lo que agrada a los hombres y de hacer lo que les desagrada (III, def. 43).

A partir de esta enorme concesión, se diría que la piedad, presuntamente mala e inútil para el hombre libre, resulta buena y provechosa para la gente ordinaria. Pero disintamos de nuevo para probar que también el sabio requiere de ella, primero como pasión y después como virtud. Porque ese hombre libre tan sólo es «un modelo ideal de la naturaleza humana» con arreglo al cual juzgamos la perfección de los individuos singulares (V, Prefacio; IV, 4). Más próximos o lejanos de ese ideal de libertad, los individuos siempre están en camino hacia él y nunca bajo la sola guía de la razón. Por intensa que sea la potencia del alma, «no tenemos imperio absoluto sobre los afectos» (ib.) y, si el alma sufre mientras dura el cuerpo, el hombre será una permanente e irresuelta tensión entre su razón y sus pasiones.

Luego los afectos son insuperables y el esfuerzo moral consistirá en librarse *en lo posible* de su influjo; en una palabra, en racionalizarlos, pero con una razón asociada a un afecto contrario más fuerte que el que ha de ser reprimido. Pues si el empeño de vivir según el dictamen racional es por demás arduo y difícil (V, 42, esc.), precisamente por la ineludible presencia de los afectos, será una tarea de la razón misma la de seleccionar las pasiones que mejor puedan avenirse con ella y favorecer su propósito de perfección, utilidad o felicidad. Y si, «entre dos bienes escogemos el mayor y entre los males el menor. Porque un mal menor es, en realidad, un bien» (IV, 65), la misma razón determinará entregarse a la conmiseración antes que a otras muchas pasiones perniciosas. Ya sólo por eso la piedad se incluye entre esos afectos que «resultan ser más útiles que dañosos» (IV, 54, esc.). Humildad y arrepentimiento (así como esperanza y miedo e, implícitamente, conmiseración: IV, 58, esc.) no son virtudes porque no nacen de la razón, pero predisponen a su sujeto hacia la virtud.

Más positivamente, y ya como un afecto activo, la alabanza de la compasión se entona —expresamente y por vez primera— desde su estrecha afinidad con la vergüenza: «como la conmiseración, así también la vergüenza, aunque no sea una virtud, es buena en la medida en que revela, en el hombre que está penetrado de ella, un deseo de vivir honrosamente» (ib.). A decir verdad, peor sería la vergüenza que la conmiseración, puesto que aquélla viene de la idea de alguna acción que imaginamos vituperada por los demás; o sea, depende de la opinión ajena y puede responder a la vanagloria. Pero la confesión más abrumadora de la índole provechosa de la piedad se deduce del juicio moral acerca de otro afecto que no puede darse sin aquélla. Nos referimos a la aprobación, que «no repugna a la razón, sino que puede concordar con ella y surgir de ella» (IV, 51). ¿Y cómo no habría de valer esta sentencia también para la conmiseración, si la aprobación es siempre la de la benevolencia hacia otro y tal benevolencia resulta ser, en primera instancia, producto de la conmiseración?

No hay, pues, una alternativa forzosa entre la razón y la compasión, así como tampoco existe una zanja insalvable entre la razón y los afectos. La compasión puede conducir hacia la razón y ésta, tras purificar los rastros irracionales de aquélla, debe exigir lo que la piedad ya oscuramente pedía. Ella es la que ante todo se adelanta al principal dictamen de nuestra razón para la vida humana: la búsqueda por todos los medios de la concordia. Así que lo que comenzó siendo propedéutica para el ejercicio racional o para la virtud acaba siendo su resultado, lo que era fruto de un conocimiento inadecuado o nacido de la servidumbre, ahora es obra del saber adecuado de lo que conviene a nuestra naturaleza y libertad. Primero razonable y luego racional, la piedad es una de las pasiones que preparan el tránsito de los afectos al reino de la virtud.

Y si esto es así, ¿cómo no ha de aprovechar la piedad, además de a la mayoría, también a esos escasos que aspiran a ser libres? Aun en el supuesto improbable de que alguien hubiera accedido a la cumbre de la virtud, ni siquiera tal estado le pondría al abrigo de las pasiones: tendría que recurrir muy principalmente a la conmiseración para sofocar otros afectos adversos. Más aún, ese hombre libre que vive entre los demás ni puede rehusar la compasión ajena, porque ninguna ayuda es más ventajosa que la humana (IV, 70, esc.), ni dejar de dispensarla. Miembro de una comunidad que le asegura sus necesidades, sus goces y su misma libertad (IV, 73), ¿acaso le bastaría su sola felicidad en medio de la infelicidad general? «El bien que apetece para sí el que sigue la virtud, lo deseará también para los demás hombres» (IV, 37).

La compasión racional, o sea, autoconsciente, se confunde con una razón compasiva. Sólo como afecto de pasión, la conmiseración se revelaba como un valioso auxiliar de la virtud en general o fortaleza, puesto que los síntomas de ésta son aproximadamente los mismos requisitos y productos de aquélla (IV, 73, esc.). Mirada ya como afecto de acción, la piedad virtuosa admite ser incluida bajo las dos especies que comprende esa fortaleza. La compasión es una clase de firmeza, esa virtud que se refiere a las acciones que buscan sólo la utilidad del agente, porque es la razón la que nos pide eliminar la desgracia del otro a fin de obtener la propia alegría y salvar nuestra potencia. Más particularmente aún, la compasión es una clase de generosidad, si ésta impulsa las acciones «que buscan también la utilidad del otro» (IV, 59, esc.), porque de modo consciente promueve indirectamente su felicidad.

Esa afectiva compasión racional, que era el móvil de la humanidad, crece hasta convertirse en el hábito de la misericordia, que ya es el «amor, en cuanto afecta al hombre de tal modo que se goza en el bien del otro y se entristece con su mal» (III, def. 24). Conmiseración y misericordia son las dos caras —pasiva y activa, actual y habitual— de un mismo afecto capaz de ser virtud.

2.1.3. *El riesgo de la heteronomía*

Antes que por ser una emoción triste, según Kant, lo moralmente reprobable de la compasión estriba ya en su mismo carácter sensible. Por gratificante que sea para quien la experimenta (o, mejor, en razón de esa misma complacencia), no puede invocar el título de virtud lo que es más bien entrega a la propia inclinación. La piedad nos deja sumidos en la *heteronomía* moral. Al final, sin embargo, el rigorismo kantiano —como el de Spinoza— resulta bien temperado y acaba rescatando para la compasión un lugar en la moralidad.

1. Vista como uno de los dos modos de la simpatía, esos «sentimientos de placer o desagrado (...) por el estado de satisfacción o de dolor ajenos» (MC, 2ª, 34), la compasión es un rasgo natural y específicamente humano (LE, 269). Pero que nadie se engañe: a pesar de su encantadora apariencia, ese sentimiento no es un sentimiento moral. Éste, el único principio subjetivo o móvil que la voluntad requiere para atenerse a la ley moral, sólo es el respeto a la ley. A su lado, los demás serán móviles espúreos, sentimientos físicos o *patológicos* suscitados por la materia particular de cada arbitrio, pero del todo ajenos a la forma universal de la voluntad. Mientras que la acción por deber es constrictiva, los sentimientos se vuelven sospechosos porque nos inducen con gusto a la acción. Así que éstos serán móviles necesarios, en modo alguno libres; constituirán motivos afectantes, pero jamás motivos determinantes de la acción moral. Al buscar la felicidad de su sujeto, a lo más procurarán la legalidad de sus actos, su conformidad con la ley moral, pero no su moralidad o fundamento en la ley misma.

De esta repulsa general no escapan ni siquiera las más limpias de nuestras inclinaciones. Cierto que «son mejores que nada» (F, 79), pero no pueden proporcionar principios racionales *a priori* para la acción; nos darán una máxima por la que tendemos a obrar, pero a costa de privarnos de la ley que nos obliga a ese obrar. Tanto es así, que el máximo valor moral de la acción por deber no radica sólo en emprenderla más allá de una inclinación favorable, sino incluso contra todo impulso expresamente contrario. Supongamos —dice Kant— «un hombre al que la naturaleza haya puesto en el corazón poca simpatía», dotado de un temperamento insensible y nada filántropo. Si, pese a ello, tal individuo atendiera a la miseria ajena, sería por haber encontrado en sí mismo un cierto germen «capaz de darle un valor mucho más alto que el que pueda derivarse de un temperamento bueno». Al compadecerse por deber, demostraría un verdadero carácter moral del que carece quien se regocija en su compasión (F, 34-36).

No se librará, pues, de tal rechazo esa llamada *humanitas aesthetica*, que consiste «simplemente en la *receptividad* para el sentimiento común de alegría o de dolor, que da la naturaleza misma». Si desde sus escritos más tempranos Kant no cesa de acumular toda suerte de sospechas sobre esa afección compasiva (*Mitleidenschaft*), se basa en que «*no es libre* y puede llamarse *contagio*» (MC, 2ª, 34). Lo que recuerda aquella observación de Séneca de que, así como «son ojos débiles los que lagrimean ante las lágrimas de otros», tan contagiosa es la compasión (*misericordia*) como la risa o el bostezo irreprimibles a la vista de la risa o el bostezo ajenos (SC II, 6, 4)... Pues bien, en cuanto que esa clase de piedad precede a la reflexión acerca del deber, éste consiste ante todo en detectarla —mediante la introspección— y despojarnos en lo posible de ella. Y como la virtud es la fuerza para no ceder a las inclinaciones, serán más bien el dominio de sí y la apatía, y no la compasión, los requisitos de los deberes para con uno mismo y los demás.

Pero de aquí se desprenden en cadena varias proposiciones al menos cuestionables desde el propio pensamiento kantiano. Quien soporta su desgracia con talante estoico, por ejemplo, se hará más acreedor de admiración (por su virtud) que de compasión (LE, 159 y 186). Mal puede cumplirse el deber de fomentar la felicidad ajena sin que nada nos importe su existencia (F, 103), si al mismo tiempo estamos sujetos —según se dirá después— al deber de *humanidad*. ¿Y cómo ha de supeditarse la compasión a la condición moral de su receptor (MC, ib.), que siempre conserva su dignidad humana, cuando es conveniente prestársela hasta a los animales? ¿Y cómo, en fin, sería posible hacer el bien por compasión (ni por ningún otro sentimiento) o hacer el bien a base de aumentar el mal (ib.)?

2. Que esta doctrina coexiste en Kant con otra de signo más benigno resulta evidente. Pues la compasión sería asimismo «una predisposición natural muy útil a la moralidad en relación con los demás hombres», «uno de los impulsos que la naturaleza ha puesto en nosotros para hacer aquello que la representación del deber por sí sola no lograría» (MC, 2ª, 17 y 35). Tal es la función moral subsidaria que la mera compasión sensible desempeña. Ésta parece la razón de que nuestro autor abandone un tanto el rigor exhibido y dé entrada por la puerta de servicio (pues a servir al deber vienen) a ciertas selectas inclinaciones. No serán directamente fundamentos de la virtud, pero merecen su nombre porque su proximidad las ennoblece. «De ahí que pueda denominarlas *virtudes adoptivas*, mientras que denominaré *virtud auténtica* a aquella que se sustenta en principios» (O, 47-48).

Tal vez ello obligaría a distinguir, en el orden de la legalidad, entre una conformidad con la ley que fuera producto del azar, de una intención contraria al deber o de una buena inclinación. Ninguna de sus acciones subsiguientes responde a motivos morales, pero algunos motivos al menos favorecen la moralidad (verbigracia, la compasión), mientras otros (como su opuesto, la alegría por el mal ajeno) nos condenan a la inmoralidad más completa. Y esta reflexión es tanto más decisiva para el individuo humano cuanto que, desprovisto de una voluntad santa, su querer subjetivo no coincide inmediatamente con el deber objetivo. Su ideal moral, desde luego, será la independencia frente a las inclinaciones en tanto que motivos determinantes del apetito, pero siempre a sabiendas de su «inevitable sujeción a esos mismos impulsos como motivos *afectantes*» (CRP, 166-167). En puridad, la apatía moral sigue siendo la condición básica de que todos los deberes se cumplan por ser buenos, y no por ser agradables. Pero sentimientos como la compasión, en su cometido de pulsión auxiliar de la ley de la razón práctica, conservan su validez *provisional* (A Iª, 111, 75) en tanto los resortes morales del deber no sean suficientes.

Aún mejor, y puesto que ese afecto —con tal de ser muestra de la fortaleza de la sensibilidad, y no de una endeble sensiblería (ib. Iª, II, 62)— ejerce un papel netamente instrumental con vistas a la acción en verdad moral, habría de demandarse en forma *regular y constante*. Esto vale en particular para esta afección compasiva o *humanitas aesthetica*, que ahora resulta ser una obligación hacia los demás como medio de alcanzar la verdadera piedad moral o *humanitas practica*. Ni sufrir ni alegrarse con los otros es un deber; pero «sí lo es, sin embargo, participar activamente en su destino y, por consiguiente, es un deber indirecto a tal efecto cultivar en nosotros los sentimientos compasivos naturales (estéticos) y utilizarlos como otros tantos medios para la participación que nace de principios morales y del sentimiento correspondiente» (MC, 2ª, 35). Hay más razones oblicuas que avalan este deber indirecto de la compasión sentimental. Si procurar la felicidad ajena (tanto física como moral) es un deber, también lo será el cuidar de ese afecto que nos hace inmediatos partícipes de su dicha o desventura. Y si, además, «las adversidades, el dolor y la pobreza son grandes tentaciones para transgredir el propio deber», habrá que compadecer la infelicidad del otro en tanto que obstáculo para la moralidad de su conducta.

Pero se acaba de anunciar que la única compasión que merece tenerse por auténtica virtud es la llamada por Kant *humanitas practica*, otra forma de la simpatía. Esta simpatía no ha de entenderse ya como un afecto basado en la inclinación o un amor de complacencia; su amor ha de concebirse, más bien, como regido por «una máxima de *benevolencia* (en tanto que práctica), que tiene como consecuencia la beneficencia» (ib., 25). Pues bien, la simpatía da lugar a un deber especial llamado *humanidad* (*humanitas*) cuando el sujeto se sirve de los afectos simpatéticos naturales «como medio para fomentar la benevolencia activa y racional» (ib., 34), que en rigor equivale a la beneficencia. Esa *humanitas practica* se define como «la *facultad* y *voluntad* de *comunicarse* entre sí los *sentimientos*» ; a diferencia de la mera afección compasiva, es libre y se funda en la razón práctica.

En suma, la humanidad estética y la práctica (o propiamente virtud de compasión) se relacionan entre sí de igual modo que la benevolencia y la beneficencia. Mientras los primeros conceptos de cada pareja corresponden a facultades pasivas, instintivas e instrumentales, cuyo ejercicio es un deber indirecto cultivar, los segundos son facultades activas y racionales, y un deber directo ejercerlas. Si aquéllas se confunden con deseos (que nada cuestan) tan ilimitados como ineficaces, sólo las otras están guiadas por máximas. La auténtica compasión —hemos señalado— coincide con la voluntad de participar activamente en el destino de los hombres, pero en concreto con esa voluntad de participación «que nace de principios morales y del sentimiento correspondiente» (ib., 34 y 35; véase LE, 241 y 279). Es aquí donde el lector de Kant tropieza con una notable incoherencia.

Esos principios a los que esta virtud se somete han de ser, objetivamente, la ley moral y, subjetivamente, la firme voluntad de obedecer sus mandatos por puro deber. Y como tiene que ser incondicional, al margen de cualquier contenido particular de la acción que limite la validez de su precepto, y *a priori*, o previa e independiente de todo resorte subjetivo del actor, esa ley tan sólo ordena la posibilidad de que la máxima pueda ser universalmente querida (F, 72). Si pues la compasión es un deber, lo será por ajustarse a este imperativo categórico, del que ella misma es en Kant uno de sus ejemplos más repetidos. De manera que podría haber una persona que, con capacidad para ayudar a otros en dificultades, deje a ellos mismos o al cielo esa tarea. «Pero aun cuando es posible que aquella máxima se mantenga como ley natural universal, es, sin embargo, imposible *querer* que tal principio valga siempre y por doquiera como ley natural, pues una voluntad que así lo decidiera se contradiría a sí misma, ya que podrían suceder algunos casos en que necesitase del amor y compasión ajenos, y entonces, por la misma ley natural oriunda de su propia voluntad, veríase privado de toda esperanza de la ayuda que desea» (F, 75-76).

La insistente reiteración argumental en este punto (ib., 103; LE, 81; CRP, 103-104; MC, 2ª, 30) no hace sino engrosar las dificultades para hallarle acomodo en la doctrina sustantiva kantiana. Parece difícil negar que este imperativo, en apariencia categórico por la universalidad de su forma, sea de hecho hipotético (en concreto, un principio asertórico-práctico) por lo particular y empírico de su contenido. ¿Qué es lo que viene a proclamar?: debes practicar la compasión *si* deseas recibirla cuando la necesites. Es la búsqueda de la propia felicidad, suma de todas las inclinaciones, lo que aquí está en juego y entonces su principio se retraería a una simple «regla de sagacidad».

Nuestro filósofo ya había sentado que el valor de las acciones benevolentes no estriba en sus efectos ni en la utilidad que proporcionan. La máxima que mueve el deber de compasión, empero, mira ante todo a las provechosas *consecuencias* que se derivan de adoptarla como regla universal de conducta (o de las nefastas que se seguirían de una máxima contraria). Kant ha sostenido que hay que prestar ayuda al necesitado «sin esperar nada a cambio» o bien mediante máximas que, por ser aptas para formar parte de una legislación universal, «no pueden ser egoístas» (MC, 2ª, 30 y 23). Pero ahora se viene a postular la posibilidad de universalizar el amor propio como prueba fehaciente del deber: «puesto que nuestro amor a nosotros mismos no puede separarse de la necesidad de ser amados también por otros (ayudados en caso de necesidad), nos convertimos a nosotros mismos en fin para otros, y puesto que esta máxima no puede obligar sino únicamente por su cualificación de convertirse en ley universal, por consiguiente, por una voluntad de convertir a otros también en fines para nosotros, la felicidad ajena es un fin que es a la vez un deber» (ib., Intr. VII, 2).

Sí, pero porque ante todo quiero que el otro me convierta en su fin, quiero después (y sólo como mediación necesaria) hacer del otro a su vez el mío. El argumento no sale del estrecho círculo del *do ut des* y serviría más bien para confirmar la maliciosa fórmula de La Rochefoucauld. Hasta tal punto se basan estos supuestos deberes altruistas en el amor propio, que es este último el que fija los límites de aquel altruismo (ib., 30-31). Nuestro deber de beneficencia alcanza hasta allí donde nosotros mismos comenzamos a necesitar de la beneficencia ajena.

¿Acaso viene así a reconciliarse lo que parecía inconciliable, esto es, la necesidad y particularidad del egoísmo con la libertad y universalidad del deber, el capricho de la inclinación y la ley de la razón, la afección compasiva y la piedad por principios? Tan sólo se ha universalizado —racionalizado, depurado— el recto amor propio y se ha puesto a la base de la moralidad un egoísmo ilustrado. Hasta aquí Kant no arranca de un principio *a priori* de la razón, sino de un dato insoslayable de la experiencia o de la naturaleza humana: la irrebasabilidad del amor propio. Yo no puedo querer algo distinto de lo que juzgo mi propio bien, porque querer es siempre quererme o desear mi felicidad y querer otra cosa sería, en realidad, un no querer, una mera ilusión de mi voluntad.

Para ello lo mismo habría valido recordar el fundamento antropológico, pero aún no moral, del que emana la piedad. El deber universal para los hombres de hacer el bien a los necesitados brota «precisamente porque ellos han de considerarse semejantes, unidos por la naturaleza en una morada para que se ayuden mutuamente» (ib.). Y así, mientras la naturaleza impone a cada uno su límite o necesidad, y con ello su radical semejanza junto a su mutua dependencia y comunidad, sólo la razón puede construir a partir y por encima de ellas su libertad.

Pues la razón descubre, más allá de la conveniente universalidad de la máxima egoísta, que el hombre es fin en sí mismo y que ello basta para sostener el deber de compasión. Otro enunciado del imperativo categórico me ordena que use la humanidad, tanto en mi persona como en la de cualquier otro, «*siempre como un fin en sí mismo y nunca solamente como un medio*» (F, 84). De modo que, si debo procurar la felicidad ajena, no será como condición de la mía y de tal manera que el otro se convierta en instrumento de mi propia felicidad. La misma compasión ya no se debe por una coincidencia casual con mi inclinación ni por el interés de obtenerla en justa correspondencia. Estos deberes no nacen de la pragmática máxima del *quod tibi non vis fieri*, sino de la dignidad misma de los otros, que eleva su humanidad a fin en sí (F, 86-87). Ya no hago míos sus fines *para que* el otro haga suyos los míos; la humanidad que ambos compartimos nos obliga a mirarnos como fines absolutos, sin atención a ninguna ulterior ganancia. Y siendo su felicidad el fin que debo hacer mío, también lo es, como su otra cara, el compadecer cualesquiera signos de su desgracia.

3. No se crea, con todo, que la doctrina ha quedado cerrada, porque Kant —sobre todo en sus *Lecciones de Ética*— somete todavía la compasión a muy severas reservas que aquí nos limitaremos a enumerar. Son recortes que, por afectar directamente a la naturaleza del mal digno de ser compadecido, limitan también la amplitud de sus posibles beneficiarios.

Y es que la piedad debe dirigir sus preferencias al mal *moral*, y no tanto al *físico*. El deber primario de la apatía pondrá buen cuidado en distinguirlos, puesto que la búsqueda de la felicidad es un fin condicionado, en tanto que será incondicionado la adquisición de una voluntad buena. Mayor mal, y por tanto más digno de compasión, será errar en este objetivo primordial que en aquel otro secundario. Por lo demás, sólo un talante estoico acierta a erradicar la ilusión sobre la felicidad y a comprender lo meramente relativo de las desdichas físicas (LE, l85).

Pero también a estas últimas atiende la compasión, para la que se exige ante todo que vaya guiada por una voluntad de eficacia. Y no podía ser de otra manera, porque éste era un rasgo que separaba a la virtud compasiva de su simple afecto, a la beneficencia de la simple benevolencia. Nada deplora más Kant que ese buen corazón, esa «filaucía moral» que reduce a un anhelo ocioso lo que ha de ser un deseo práctico: «cuando alguien se halla inmerso en la miseria, no debo contentarme con desear que se libre de ella, sino que debo intentar liberarlo» (ib., 243; véase 177, 244). Sólo que esa regla de la eficacia, en apariencia indiscutible, le conduce a conclusiones tan arbitrarias como son vincular la piedad únicamente a las *desgracias sociales* y, de entre ellas, a los *infortunios remediables*.

Que el mal de origen humano nos sea más accesible, eso para nada ordena desdeñar la desgracia natural y necesaria. En realidad, si sólo la primera debe ir asociada a la indignación, el carácter ineluctable de la segunda vuelve a toda desgracia aún más penosa. Pero es que Kant hace aquí explícitos dos presupuestos a todas luces insostenibles. De un lado, que la compasión o la benevolencia no son más que una máscara de la injusticia, un vergonzante sustitutivo de la justicia debida (ib., 238 y 282; véase F, 75-76; MC, 2ª, 31); de otra parte, y en consecuencia, que en un mundo en que reinara la justicia, la compasión estaría de sobra (LE, 237; véase 256). Emparentada con tales premisas, el empeño en reducir la piedad al infortunio remediable, y en caso contrario «darle fríamente la espalda y decir como los estoicos: este asunto no me concierne; mis deseos no pueden ayudarle» (ib., 243; véase MC, 2ª, 29 y 34)..., no es sólo proponer una compasión alicorta; es, sobre todo, pervertir su naturaleza. La piedad no puede reducirse a una técnica para superar o aminorar el mal ajeno, aunque deba perseguir con ardor ese resultado. Por chocante que resulte, el más exigible deber de compasión brota *precisamente* de una clara conciencia de lo irremediable de ciertos males que compadece y —sólo en este sentido— de su *inutilidad* misma como compasión.

2.2. LOS ARGUMENTOS DE LA DEFENSA

Pero los méritos de la piedad han contado también con muy prestigiosos abogados. Entre los clásicos, bueno será escuchar —y a un tiempo poner a prueba— las líneas de defensa que plantean al menos tres pensamientos representativos.

2.2.1. *Pedagogía de una* pitié *perfectible*

Aquella *moral del corazón* que invocaban las ultrajadas heroínas de Sade en súplica de piedad, y que sólo suscitaba la burla de sus verdugos, es justamente la moral propuesta por Rousseau. También la de su adversario Voltaire (FdeH VII, 37-38), añadamos de paso. Se trata de una moral que descansa en la anterioridad de los sentimientos y que hace de la compasión una de sus piedras angulares. Del todo opuesto a la doctrina anterior, para Rousseau la piedad es un afecto primario inscrito en la naturaleza humana y al que sólo las leyes o convenciones humanas —o sea, las formas del amor propio nacidas de la civilización— pueden sofocar.

Así como el hombre físico precede al metafísico o moral, así hemos tenido afectos antes que ideas. También en el estricto orden moral razón y sentimiento se reparten desigualmente sus cometidos: «*si c'est la raison qui fait l'homme, c'est le sentiment qui le conduit*» (NH III, 7). Al fin y al cabo, como diría su vicario saboyano, la conciencia se expresa primero en sentimientos, y no a través de juicios. Si las reglas morales están grabadas por la naturaleza en el corazón humano, no hay mejor juez de nuestros actos que las propias inclinaciones. Pues bien, basta examinar estas inclinaciones, la voz de la conciencia, para concluir que la bondad moral está conforme con nuestra naturaleza. «¿Qué nos es más dulce de hacer y deja en nosotros una impresión más agradable una vez hecho, un acto de beneficencia o un acto de maldad?» (Em, 388). Sólo el interés que ciega a los malvados o la insinceridad de algunos sabios, cuyo exponente sería Montaigne, puede inducirles a marrar la respuesta. «Hay pues en el fondo de las almas un principio innato de justicia y virtud por el cual, a pesar de nuestras propias máximas, juzgamos nuestras acciones y las de los demás como buenas o malas» (ib., 310). Y si tal principio o sentimiento natural del hombre en relación consigo mismo se llama amor de sí, el que regula la relación con sus semejantes es la piedad.

1. La piedad, define Rousseau, es aquel «principio (...) que, habiéndosele dado al hombre para suavizar, en determinadas circunstancias, la ferocidad de su amor propio o el deseo de conservarse antes de que naciera en él ese amor, templa el ardor con que mira por su bienestar mediante una repugnancia innata a ver sufrir a su semejante» (DD, 171). La *pitié* se define, antes de nada, en forma negativa. Primero, porque consiste en un rechazo del sufrimiento ajeno, porque delata más su carácter de aversión que de atracción hacia su objeto; después, porque se dirige con predilección a la debilidad humana; por último, porque su tarea peculiar radica en oponerse a otros sentimientos tan primarios como ella misma. La piedad surge para mitigar el amor de sí y el amor propio, desde luego, pero con las diferencias que marcan las distintas naturalezas de estos dos principios.

El *amour de soi*, que no es sino el deseo de la propia conservación, tiene en la piedad su contrapunto moderador, pero complementario; aunque sea susceptible de exceso, el amor de sí siempre es bueno y tan originario como la piedad. Ésta, en cambio, ostenta preeminencia moral sobre el *amour propre*, que es a la postre un sentimiento gestado en la sociedad, artificialmente derivado del amor de sí y raíz de todos los males que los hombres nos infligimos. Mientras un amor se contenta con la satisfacción de nuestras verdaderas necesidades, el otro, en su afán de que los demás nos prefieran a sí mismos, permanecerá siempre insatisfecho y rumiando pasiones rencorosas (Em, 205). En resumen, amor de sí y piedad —más que oponerse— se distinguen tan sólo por ser afectos de carácter individual y social respectivamente; piedad y amor propio se enfrentan porque, siendo ambos relativos o referidos a los otros (y no a uno mismo), aquélla es primera «según el orden de la naturaleza» y éste en el orden de la sociedad.

No son menos relevantes, con todo, los caracteres expresamente positivos de la compasión. Su utilidad es tal que, sin ella en apoyo de la razón, los hombres serían monstruos y «hace ya mucho tiempo que no existiría el género humano». Más allá de sus saludables efectos preventivos, la entraña virtuosa de la compasión se muestra nada menos en que «de esta sola cualidad dimanan todas las virtudes sociales». De modo que aquella repugnancia a *ver* sufrir a su semejante deja paso a la «repugnancia que todo hombre experimenta a *hacer* el mal», y ésta por fin al deseo de hacer el bien. Y se añadirá todavía, para acentuar su ventaja sobre otros sentimientos y virtudes, su naturaleza universal por irresistible. «Finalmente, a pesar de uno mismo, tenemos compasión de los infortunados; cuando somos testigos de su mal, sufrimos. Ni los más perversos podrían desprenderse por completo de esta propensión; a menudo los pone en contradicción consigo mismos» (ib., 389).

Todos esos rasgos se afianzan en la nota más decisiva de la piedad: su naturalidad o prerreflexividad. Tan natural es la piedad, supone Jean-Jacques, que hasta los animales en ocasiones la experimentan. De tal manera precede en el hombre al uso de la reflexión, que hubo de ser mucho más viva en el salvaje que en el civilizado. Si es la razón la que engendra el amor propio y la reflexión la que lo fortifica, entonces paradójicamente el filósofo, o el hombre cultivado en general, será el individuo menos piadoso (DD, 156)...

De haberse detenido aquí la meditación de Rousseau, su doctrina acerca de la compasión habría quedado señalada por una notable ambigüedad. Pues lo mismo que sustenta sus excelentes propiedades, a saber, su naturalidad, la confina también en los límites del sentimiento, y de un sentimiento tanto más raro cuanto menos primitivo. Encuadrar la piedad como una «virtud natural» parece, pues, incurrir en una gruesa incoherencia. No es esta facultad la que separa al hombre del animal, pues la *pitié* se revela como instinto común a todos ellos. Lo probaría esa involuntariedad que incita al piadoso a compadecerse *a pesar de sí mismo*. Pero entonces este afecto innato, más que una «disposición conveniente a unos seres tan débiles como nosotros», demostraría ser ante todo un reflejo inmediato de nuestra misma debilidad.

A decir verdad, contra este conflicto incoado en la piedad el autor de *La Nouvelle Héloïse* nos advierte a cada paso. Su potencia enternecedora, el exceso de sensibilidad que despierta, logran desarmar a Julie de sus más firmes propósitos (III, l8) y le obligan a confesar que «*c'est la pitié qui me perdit*» (I, 29). Si uno es sabio, hay que desconfiar de una pasión que, en su pereza habitual, se contenta con contemplar el mal ajeno (V, 2) y, cuando es activa, incurre en la injusticia de atender a las desgracias próximas y olvidar las lejanas (II, 2l). Este Jean-Jacques, que no pierde ocasión de dejar repetida constancia en sus *Confesiones* de su natural compasivo, al final de su vida reconoce de sí mismo estar siempre *demasiado afectado* por objetos sensibles y haberse dejado *arrastrar por estas impresiones exteriores* (EPS, 9º, cvas. mías).

Esa piedad rousseauniana, tan afín a la *simpatía* de los moralistas ingleses de su tiempo, sólo sería entonces una muestra más de la tendencia universal a la comunicación inmediata de las pasiones. Ya al poeta latino había escrito que, «así como el rostro humano sonríe a quienes le sonríen, así también llora a la vista de los que lloran...». Pero, si éste fuera su mecanismo desencadenante, la piedad vendría a ser una emoción cuyo automatismo y espontaneidad ante su estímulo adecuado en poco la enaltecerían sobre las demás pasiones. Siendo impremeditada y forzosa, mal podría aspirar legítimamente al título de virtud. Habría que rebajarla más bien a esa propiedad de la imitación de los afectos, según apuntó Spinoza (E III, 27), o a mero producto del *contagio afectivo*, como Kant (MC, 2ª, 34) y después Nietzsche (VP II, 368; Au II, 142) denunciaron.

2. Devolvamos la palabra a Rousseau, porque ha llegado el momento de referirse a la diferencia específica del hombre respecto del animal: la *facultad de perfeccionarse*, «facultad que, con ayuda de las circunstancias, desarrolla sucesivamente todas las demás, y reside en nosotros tanto en la especie como en el individuo» (DD, 159, n. X). Privado del instinto que rige a los bichos, el hombre suple esa carencia mediante su libertad, que es otro nombre para su ilimitada perfectibilidad. Este estado de inacabamiento lo mismo puede encumbrarle a las más altas cimas de la razón como hacerle descender por debajo del animal.

Esa perfectibilidad declara, por tanto, que las propiedades humanas naturales son cualidades potenciales o que el hombre es un ser en potencia. Su ejercicio, la humanidad en acto, corresponde tan sólo al estado civil o social del hombre, y no a su hipotético estado de naturaleza. Lo que el ser humano es virtualmente (o sea, naturalmente) sólo se plasma para bien o para mal a lo largo de su historia, no en su origen; no se manifiesta en su aislamiento, sino en su sociedad.

Como una de esas capacidades naturales, la piedad será asimismo una pasión perfectible. Ni está dada de una vez para siempre ni se agota en los modos que adoptara en aquel estado de naturaleza. Al contrario, este sentimiento, que igual puede acabar en vicio que en virtud, brilla por su ausencia entre los hombres primitivos. Éstos, diseminados, sin idea de fraternidad alguna que los uniera, recíprocamente temerosos por ignorantes, debían de ofrecer el aspecto de animales feroces. «Las afecciones sociales sólo se desarrollan en nosotros por medio de la inteligencia. La piedad, aunque natural al corazón humano, permanecería eternamente inactiva si la imaginación no la pusiera en movimiento. ¿Cómo nos dejamos conmover por la piedad? Trasladándonos fuera de nosotros mismos, identificándonos con el ser sufriente (...). ¡Imaginad cuántos conocimientos adquiridos supone esta transferencia!...» (OL, 92). El *homo homini lupus* es capaz de convertirse en *homo homini pius*.

Salta a la vista que Rousseau impone aquí dos severas correcciones a su doctrina precedente. De una parte, que el estado de reflexión sería *contra natura* —como llegó a insinuar— sólo si esta naturaleza humana fuera una entidad terminada, pero en todo concorde con ella desde su esencial carácter perfectible. Más claro aún resulta que la compasión sólo puede surgir de un estadio civilizado, en el que el vínculo social (y el desarrollo consiguiente de las pasiones) exige a los individuos su mutua comparación. En tanto que productos de este mecanismo asociativo, reflexión o imaginación y piedad se requieren la una a la otra. La reflexión nace de las ideas comparadas: «*Comparer c'est juger*». Faltos, pues, de término humano con que medirse, desconocedores del otro, de sus males, incluso de la muerte (DD, 161), los primeros hombres son tan impotentes para la reflexión como para la piedad. A fin de cuentas, la misma instancia social que hace posible el amor propio —la competencia, la vanidad— despierta también la compasión.

De modo que atribuir a ésta un carácter natural no implica considerar al hombre necesariamente y siempre piadoso. La «vejez u otros accidentes» pueden hacer perder a los individuos lo que su perfectibilidad les había permitido adquirir, como lo probaría el testimonio postrero de un desengañado Jean-Jacques (EPS, 6º y Ap., 161-162). Ni tampoco ese mismo carácter denota que el hombre sea *animalmente* compasivo. La piedad que el hombre desarrollado debe conquistar supera con creces el mero contagio afectivo del que tal vez ciertos animales dan muestras. Y es que la prerreflexividad de la compasión no equivale a su irreflexividad. Lo que es dado por la naturaleza sin reflexión es tarea humana perfeccionarlo por la reflexión. Lo mismo que el entendimiento humano debe mucho a las pasiones, éstas «recíprocamente le deben mucho a él (...) y su progreso se debe a nuestros conocimientos» (DD, 160).

Pero no se olvide ni por un momento el sustrato último del que, como cualquier otro afecto, emerge la piedad. Ése es el amor de sí, la fuente de nuestras pasiones y del que todas las otras no son más que modificaciones (Em, 283). He ahí, por cierto, una nueva corrección de su primera doctrina: la piedad deja de considerarse otro principio para volverse una forma del amor de sí. Afirmemos, pues, sin reparo la naturalidad de la compasión en la misma medida en que afirmamos su connaturalidad con el innato amor de sí: «Cuando la fuerza de un alma expansiva me identifica con mi semejante y yo me siento, por así decir, en él, *es por no sufrir por lo que no quiero que sufra; me intereso en él por amor de mí*, y la razón del precepto está en la naturaleza misma, que me inspira el deseo de mi bienestar en cualquier lugar en que me sienta existir» (ib., 315, n. 4, cva. mía). Pero eso no basta para asegurar su perfección positiva. Al igual que una reflexión permanente ha de impedir la degeneración de ese amor de sí, sólo una constante vigilancia sobre la piedad natural podrá librarla de las torpezas inmediatas que como mero sentimiento estará presta a cometer. En suma, hay que aspirar a una piedad que sea en verdad prueba de fuerza (una *humanité sans faiblesse*), alcance un ámbito universal y se traduzca en una beneficencia activa.

Buena parte del cuarto libro del *Emilio* está dedicada a trazar las líneas maestras de una *pedagogía de la piedad*. El discípulo, que ha comenzado a salir de sí mismo y a entablar relación con los demás, empieza también a sentir las primeras pasiones sociales: acaba de ingresar en el orden de la moralidad. Es el momento escogido por su preceptor para «poner orden y regla en las pasiones nacientes» y «animar en él los primeros movimientos de la naturaleza». Su método tratará de lograr que lo que en un principio aparecen como simples inclinaciones naturales se conviertan en «intenciones cultivadas (*penchants cultivés*)».

Pues bien, el punto de partida constata sin más que la piedad es la forma inmediata de la relación humana. Puesto que no nos une a los otros tanto el sentimiento de sus placeres como el de sus pesares, la compasión sería el modo más originario de nuestra sociabilidad, el «primer sentimiento relativo que afecta al corazón humano según el orden de la naturaleza». Pero este afecto permanecería latente de no mediar ciertas condiciones, y su estímulo más seguro es el conocimiento de la naturaleza humana. La lección que este saber nos depara es elemental: «Todos han nacido desnudos y pobres, todos sometidos a las miserias de la vida (...), a los dolores de toda especie; finalmente, todos están condenados a la muerte. He ahí lo que es realmente el hombre; he ahí eso de que ningún mortal está exento». Hay que conocer a los hombres «tal como son», no para odiarlos, sino para compadecerlos. Éste es, «en mi opinión, el sentimiento mejor entendido que el hombre puede tener sobre su especie».

Es en este punto donde la línea educativa de la piedad se bifurca. Acaso sin la conciencia expresa del propio Rousseau, asoman aquí dos caminos conducentes a otros tantos modos o grados de compasión: la piedad como sentimiento más o menos cultivado y la piedad ya como plena virtud. Su diferencia no reside sólo en el distinto motor que las anima, sino en el alcance dispar de los males que contempla así como en el diverso discernimiento, cuantitativo y cualitativo, de los objetos a los que se aplican. Si la emoción piadosa brota de la comparación inmediata con el otro, su virtud requiere la mediación de un profundo conocimiento del hombre. En un caso la piedad está aún teñida de amor propio; en el otro es ya hija legítima del amor de sí. En otras palabras, hay otra forma de compasión mucho más elevada que la contagiosa y mimética.

3. El mero sentimiento piadoso se acomoda fácilmente a las máximas que a su propósito enumera nuestro autor (Em, 298 y sigs.). No es propio del corazón humano ponerse en el lugar de quienes son más felices, sino más desgraciados, que nosotros. Pero en el reconocimiento de esa impotencia esta compasión sentimental viene a confesar su propio carácter mezquino, su cercanía a la envidia y al re-

sentimiento. Tampoco el hecho de que sólo se compadezcan en los demás los males de los que no nos creemos libres la eleva por encima de la sensibilidad. Un infundado amor propio que nos encumbrara sobre cualquier semejante daría lugar a una piedad despectiva, ésa en la que incurre Emilio al principio de su aprendizaje. Y, según la máxima final, la piedad del mal ajeno se mide por el sentimiento que atribuimos a quien lo sufre. Lo que certifica que nuestra respuesta afectiva al otro no depende tanto de lo real de su desdicha, sino del azar de nuestro propio afecto hacia él y, así, del sentimiento que en la imaginación le adjudicamos como suyo.

De ahí que este género de compasión, por desencadenarse ante los males más aparentes, sea entre los hombres asociados el más temprano y común. Se extiende al «aparato de las operaciones dolorosas» y, sólo más tarde, a la idea de la muerte, pero le pasan inadvertidas las aflicciones más sutiles (ib., 303-304). Su sensibilidad se limitará a sus semejantes, «y sus semejantes no serán para él desconocidos, sino aquellos (...) que el hábito le ha hecho queridos y necesarios» (ib., 313). Arrastrado por sus primeras impresiones, el piadoso sólo dedicaría su compasión a quien a sus ojos la merece, es decir, al pobre o al bueno, pero no al rico o al malvado (ib., 340). Demasiadas limitaciones que sólo se salvarán si se desplaza el análisis hacia el otro modo de piedad.

Porque existe aún, a juicio de Rousseau, otra especie de compasión que se libera de las servidumbres de la sensibilidad y asciende al grado de virtud. Éste es el estadio superior de su desarrollo en el individuo (y en la Humanidad), la meta a que aspiraba aquella pedagogía. Es una virtud que sólo puede conquistarse mediante un ejercicio permanente de la razón asentado en el conocimiento de la naturaleza humana y de los hombres singulares. La piedad es *enternecimiento y reflexión*, o, mejor aún, un enternecimiento que para ser valioso debe nacer de la reflexión. «No es tanto lo que [el verdadero compasivo] ve como su vuelta sobre lo que ha visto lo que determina el juicio que sobre ello tiene» (ib., 310). Si admitimos que, tan pronto como el hombre comienza a pensar, «ya no cesa» (ib., 342); si la sabiduría humana en el uso de las pasiones se resume en ordenar los afectos del alma para que caigan bajo el poder del hombre (ib., 293), entonces tal sabiduría consiste en que éste «sea *dueño* de dirigir su imaginación hacia tal o cual objeto, o de darle tal o cual hábito». La piedad permanece aún como pasión cuando su aparente sujeto es de hecho su objeto. Se alza por fin hasta la virtud cuando su sujeto la domina, cuando es una pasión libre.

Así gana esta compasión en calidad y cantidad de los males susceptibles de promoverla y, con ello, en el número de los seres dignos de recibirla. Ya no puede estar reñida con la simpatía o complacencia hacia la felicidad ajena, sino que es capaz incluso de apiadarse del que parece dichoso por lo que inevitablemente tiene de infeliz (ib., 299). Ya no hay mal del otro que no podamos compadecer, porque *sabemos* que de ninguno estamos a salvo. Ni siquiera los hombres más grandes se engañan sobre su estado, sino que su misma autoconciencia de lo que les falta les inclina a la compasión (ib., 329-330). Por eso, a la piedad virtuosa —menos común, más tardía— le afectan también pesadumbres más íntimas y soterradas.

Pero no hay virtud de la *pitié* mientras ésta no deje de ser com*pasiva* y se vuelva activa, hasta que no culmine en la beneficencia. Si su afecto se despierta por el espectáculo de la miseria (y de ahí su radical limitación), para la virtud de la piedad «*c'est l'existence et non la vue des malheureux qui la tourmente*»; en tanto que el uno se satisface con ignorar la desgracia ajena que no ve, la otra sólo descansa cuando sabe con certeza que no hay desgracia a su alcance (NH V, 2). En realidad va más lejos y, como a Emilio, la conciencia de poder contribuir a la felicidad ajena le ofrece un nuevo acicate para compartirla.

Y así es, en fin, como esta clase de piedad no hace acepción entre sus objetos humanos posibles y tiende hacia una universalidad sin reservas. Ya no se diluye en aquella vaga sensibilidad hacia el sufrimiento de los animales ni se conforma con atender al reducido sector de los allegados. El de veras piadoso, «sólo después de haber cultivado su carácter de mil maneras, *después de muchas reflexiones sobre sus propios sentimientos y sobre lo que observe en los demás* [cva. mía], podrá llegar a generalizar sus nociones individuales bajo la idea abstracta de humanidad...» (Em, 313). O, lo que es igual, extender el amor de sí es transformarlo en virtud. «Para impedir que la piedad degenere en debilidad es menester, pues, generalizarla y extenderla a todo el género humano. Entonces no nos entregamos a ella sino cuando está de acuerdo con la justicia (...). Por razón y por amor a nosotros mismos, hay que tener más piedad de nuestra especie que de nuestro prójimo» (ib., 339-340). De ser así, la compasión llega hasta donde alcanza la justicia y es virtud sólo en tanto en cuanto concuerda con ella.

Pero habrá que discrepar de Rousseau en la exacta medida en que, en este punto, Rousseau discrepa consigo mismo. A primera vista, y según la última conclusión, el malvado está expresamente excluido de los favores de la piedad y compadecerse de sus penas sería un gesto de crueldad hacia sus víctimas. En esta piedad incongruente caerían aquellos para quienes felicidad y desgracia se reparten por igual entre pobres y ricos, cuando lo cierto es que los males del rico son todos obra suya (ib., 302)... Tal vez, mas ¿no se estará estrechando en exceso la noción de mal para denotar tan sólo los pesares de naturaleza social? ¿No se recorta así la universalidad de la virtud compasiva para forzarla a ser nada más —aunque no sea poco— que una piedad política? La respuesta es, desde luego, afirmativa: «El hombre es el mismo en todos los estados (...). *Ante quien piensa* [cva. mía], todas las distinciones sociales desaparecen» (ib., 301). La piedad, por universal, se dirige a la especie humana porque comprende a *todo* prójimo; no sólo no cierra los ojos a los males individuales, sino que percibe el mal general bajo la apariencia de los males singulares. De modo que, esa compasión que ciertos hombres parecerían no merecer como malvados, se la ofrecemos tan sólo porque son hombres.

Aunque también se la debemos en su condición misma de malvados. Si la piedad virtuosa cubre con su manto incluso al próspero, su generosa amplitud le lleva a acoger asimismo al perverso. Al fin y al cabo, éste paga con sus males su propio mal; un mal que, por pertenecer a la clase menos visible de las penas humanas, queda oculto a la mirada del amor propio y sólo es accesible a la verdadera piedad (ib., 328-329). La compasión que suscitan las víctimas de sus fechorías, la indignación que clama por hacer justicia a sus autores, en nada prohíben la exigencia de una última piedad para con el malvado. Bien se ve, pese a ciertas tesis de tenor opuesto, que para Rousseau la piedad ni coincide con la justicia ni es una clase de ella. Dos personajes centrales de *La Nouvelle Héloïse* ejemplifican a la perfección la distancia entre ambas virtudes. Mientras Julie encarna la compasión, a su marido, Mr. de Wolmar, tan sólo le mueve un *amour de l'ordre* que no rebasa el plano de la justicia (NH IV, ll).

Se atisban entonces dos grados en la virtud de la piedad. En tanto que «raíz de todas las virtudes sociales», también lo será de esa virtud social culminante que es la justicia; la compasión conduce y queda subordinada a ella como su auxiliar necesario. Pero, de otro lado, la *pitié* lanza su mirada más allá de la justicia. Si ésta viene a ser la piedad hacia la especie, y puede por ello desentenderse de las desgracias singulares e incluso causarlas, la compasión en su grado más excelente se vuelve de nuevo hacia los males de cada individuo sin dejar ni uno.

2.2.2. *La simpatía como sentimiento moral*

Contra la reducción de toda virtud, incluida la compasión, al egoísmo (sobre todo en la versión de Hobbes y su popularizador Mandeville) se rebelaron los moralistas británicos del siglo XVIII. Sin dejar de reconocer el indudable impulso hacia nuestra autoconservación, y por encima de varias diferencias de detalle, este grupo proclama la presencia de otro instinto contrario —y no derivado, como en Rousseau— no menos innato y natural. A este instinto social o *sensus communis*, que ya ponderó el platonismo tardío y Cicerón, le llamaron de muchos modos: *natural affections* (Shaftesbury), *publick sense, sympathetick sense* o *sympathetick desire* (Hutcheson), *sympathy* (Hume) o *social passion* (A. Smith). Y en ese *moral sense* de simpatía o benevolencia hacia los otros, que se despierta espontáneamente sin expectativa de interés o temor alguno, hicieron éstos residir la fuente de toda moralidad.

1. A juicio de sus partidarios, la exposición habría quedado ciertamente truncada si sólo diera cuenta de que el dolor ajeno nos causa pesar sin añadir asimismo que el placer del otro nos afecta de alegría. Y que uno y otro, compasión y congratulación, no son sino expresiones de un solo principio más general: la simpatía. No es ésta, pues, una pasión como las demás o incluso la más principal, sino una cualidad o capacidad de la naturaleza humana que está en la raíz de todas ellas. Más en concreto, es la condición de posibilidad de la comunicación de las emociones entre sí. Tal es su naturalidad y principialidad, que la simpatía vendría a ser entre los hombres lo mismo que la atracción universal entre los cuerpos físicos. A quien le faltara, a quien careciera de esa respuesta ante las miserias y goces de los otros, habría que reputarlo de criatura contranatural y monstruosa.

Pero ése sería un hallazgo improbable: para Hume, no hay nadie tan insensible o depravado que sea indiferente a la suerte de los demás hombres (IPM V, II, 60). No se niega que, junto a ese principio de simpatía, perviva también el del egoísmo o amor propio; ni siquiera que éste sea más poderoso que aquél: «La simpatía, hay que admitirlo, es mucho más débil que el interés que sentimos por nosotros mismos, y la simpatía hacia las personas remotas es mucho más débil que la sentida por personas próximas y contiguas» (ib., 60). Lo que se afirma es la experiencia universal e indubitable de esta otra propiedad, que es la matriz de nuestra sociabilidad natural, la causa de que —más allá del interés privado— seamos también aptos para discernir lo útil para el bienestar público. Tan obvia le parece a Hume esta ley, que basta con constatarla sin que requiera una investigación ulterior (ib., 61); se trata de algo tan último que no puede ser resuelto en otro principio previo más simple.

El origen de la simpatía está en la conversión de una idea acerca de un afecto ajeno en una impresión propia mediante una asociación imaginativa que opera según leyes de semejanza y contigüidad. Esa simpatía, que rige en todo el reino animal, actúa aún más en el hombre, el ser dotado de mayor deseo de sociedad. Pues bien, si la piedad es una transmisión de los pesares entre los hombres (un «inquietarse por la desgracia ajena», según la define Hume), lo será como un modo particular de aquella comunicación de pasiones. La semejanza, que ya era capaz de reproducir cualesquiera emociones ajenas, «tanto más lo será con respecto a la aflicción y la tristeza, que tienen siempre una influencia más intensa y duradera que ningún placer y alegría». Sólo tales elementos bastarían para dar cuenta de la piedad, al contrario que esos «filósofos que derivan esta pasión de no sé qué reflexiones sutiles sobre la inconstancia de la fortuna y el hecho de que podamos vernos sometidos a las mismas desgracias que vemos en otros...» (TNH II, II, VII).

2. Reconociendo los aciertos de este otro modelo de compasión, habrá que rechazar lo que contiene de pretensiones excesivas o infundadas.

Si no hay sentimiento de piedad sin esa genérica simpatía, tampoco sin temor. Ciertamente aquel principio de comunicación de las pasiones la pone en marcha, porque despierta de inmediato la imaginación del dolor del otro; pero es impensable que esa facultad simpatética nos traiga la imagen de ese dolor sin representarlo *también* como temible. Puesto que todo lo relacionamos con nosotros mismos, y éste es el motor de la simpatía, por fuerza habremos de referir aquel sufrimiento al nuestro pasado o probable. Por eso conviene secundar aquí la tesis sobre la compasión de un representante principal de esta corriente, el obispo Butler, cuando a los elementos de pena ante la miseria ajena y también de algún grado de satisfacción (por estar exentos de ella) añadía: «y 3) como la mente pasa de lo uno a lo otro, no es extraño con tal motivo pensar en nuestra propia sujeción a la misma u otras calamidades» (WJB II, V).

Es que no resulta tan fácil hacer de la piedad virtud bajo la presunción de constituir un afecto desinteresado. No deben de andar muy lejos esos sentimientos de benevolencia respecto del propio impulso autoafirmativo si, como concede Shaftesbury, poseerlos es «tener los principales medios y el poder del contento de sí y la más alta posesión y felicidad de la vida» (IV II, p. I, sec. 3). Hutcheson mismo confiesa que la conciencia de la felicidad o miseria de los otros nos causa placer y dolor, y que son éstos a su vez los que nos conducen a «unos deseos de placer surgidos de la felicidad pública y a la aversión de los dolores nacidos de la miseria de los demás» (ENC, pág. 7).

Y tan sabedores son de la proximidad de este mecanismo causal al propuesto por la doctrina egoísta, que no ahorran esfuerzos para dar con ejemplos de inclinaciones humanas limpias de toda expectativa de placer o de cualquier otro interés. Así, Hume (IPM, Ap. II, 120) —que califica el altruismo de fenómeno inexplicable— cree encontrarlas en los afectos conyugales y parentales, en la gratitud o en el deseo de bienestar de los amigos..., que más bien probarían su procedencia de un amor propio que se satisface ante todo entre los seres más cercanos al sujeto; o bien aduce en su favor el hecho de que todos los hombres aprueban las acciones guiadas por la benevolencia..., olvidando que tal aprobación general manifiesta más bien el lógico interés de la sociedad por las conductas que le son beneficiosas y que una de las más acendradas propensiones humanas es el «afán de reconocimiento» por parte de los otros (Smith, TMS III, c. II).

Tampoco cabe considerar ese presunto sentido moral lo bastante universal y seguro. El propio Hume en su *Tratado* ya había enumerado varios factores que explican las ambigüedades y límites de la simpatía, y en particular de la compasión. Como se ha dicho, si la «generosidad limitada» restringe la validez de aquel principio —y vuelve imperiosa la necesidad de la justicia (TNH III, II; III, III, I)—, el no menos originario «principio de la comparación» trueca fácilmente aquella simpatía en los sentimientos opuestos (ib. II, VIII; III, III, II). O sea, igual que la comunicación del pesar ajeno puede colmarnos de malevolencia, la de su placer puede desatar nuestra envidia. Por una y otra vía, la simpatía se vuelve relativa y ha de admitir su forzosa mediación por el amor propio o por el rousseauniano amor de sí. Lo mismo que «los hombres aprueban naturalmente y sin reflexionar el carácter más parecido al suyo», y la preocupación por los más próximos corresponde a la que sentimos por nosotros mismos (ib. III, III, III), así también para A. Smith el amor propio resulta a la postre la medida del amor a los demás.

De modo que, conscientes de la precariedad de esa facultad altruista en el hombre, estos moralistas deben olvidar su presunto carácter dado e invocar lisa y llanamente alguna ideal norma moral. «Para que este deseo [de benevolencia] prevalezca sobre todos los afectos particulares —dice Hutcheson—, el único camino seguro es obtener una constante autoaprobación» (ENC, pág. 31). O bien, como Smith, han de postular para el hombre virtuoso la ampliación de ese afecto natural a los más lejanos individuos y grupos (TMS VI, II, III) hasta el punto de hacerse capaz de «querer que su propio interés privado sea sacrificado al interés público» (ib.). Pero no deja de ser llamativo que el autor de *La riqueza de las naciones*, a fin de salvaguardar el bienestar general, confíe tan sólo en los móviles egoístas con los que una fantasmal mano invisible sabrá servir al interés público...

En definitiva, lo rechazable es la pretensión de que este afecto pueda tomarse en sí mismo y sin disputa por un sentimiento *moral.* Acaso resulta exagerado sostener como Scheler que esa genérica simpatía, en cualquiera de sus formas y por principio, sea «ciega para los valores» (EFS, 22); lo seguro es que está expuesta a errar a propósito de ellos. La compasión es una especie de simpatía, pero entre ellas subsiste una asimetría notable. Mientras todos los placeres son bienes, pero no todos son bienes morales, no todos los sufrimientos son valiosos, pero todos reclaman compasión. O, lo que es igual, si la simpatía con la alegría sólo vale lo que vale esa alegría, la compasión del sufrimiento siempre es un valor. Y aunque ese sufrimiento fuera repudiable (por ejemplo, porque se cifra en el rencor por el bienestar ajeno), también merece compasión. «Compartir el sufrimiento de otro», dice Comte-Sponville (PTGV, 140), «no es aprobarlo ni compartir sus razones —buenas o malas— para sufrir: es rehusar considerar un sufrimiento, cualquiera que sea, como un hecho indiferente, y a un ser vivo, cualquiera que sea, como una cosa...».

2.2.3. *La identidad universal en el dolor*

Mención especial merece aún otro pensador que —en mayor medida que los anteriores— hace pivotar toda la ética sobre la compasión, pero tras dejar sentado igualmente que el valor moral sólo arraiga en la completa ausencia de amor propio o egoísmo.

1. Hablamos de Schopenhauer, que define la compasión como «la *participación* totalmente inmediata e independiente de toda otra consideración, ante todo en el *sufrimiento* de otro y, a través de ello, en la obstaculización o supresión de ese sufrimiento» (DPF, 16). Participación en el dolor ha de ser, y no en la alegría, pues la vida humana es un sufrimiento sin fin, una voluntad de vivir siempre insatisfecha. Pero esa piedad, cuyos grados serían la justicia y la caridad, resulta a un tiempo el requisito indispensable para la supre-

sión de ese dolor universal. Pues ¿qué denota la piedad sino el hecho de haber rasgado el «velo de Maya» que tiende el principio de individuación sobre el mundo fenoménico y descubrir así, más allá del sufrimiento propio del individuo, la cosa en sí o Voluntad única que habita en todo?

Tal es el significado ético-metafísico de la compasión, que nos aporta una doble enseñanza: el engaño radical en que se sustenta la conciencia individual en el orden de la representación, así como la consiguiente perversión moral afincada en el amor propio. La última verdad alcanzada gracias a la compasión es que cada uno reconoce su más profunda realidad en el otro. Y así, al desvelar en todo sufrimiento que *tat-twam asi* (*esto eres tú*), la piedad ha de desembocar en la total aniquilación de la voluntad de vivir, es decir, en el quietismo, ascetismo y misticismo.

Poner ahora de manifiesto los indudables aciertos de su teoría de la compasión —aunque sólo fuera el de haber subrayado frente a Kant los derechos de las emociones en la ética—, sería una labor excesiva. En cuanto al lugar preeminente que el dolor ocupa en la vida humana, nadie como Schopenhauer extrajo de este dato tantas consecuencias prácticas. El mismo positivismo de la construcción filosófica hegeliana, que pretende reconciliar mundo y espíritu, se viene abajo con la constatación del carácter perecedero del hombre. Éste es, en palabras de Horkheimer, su mejor título: «Al expresar —en plena oposición al positivismo— lo negativo, y al tenerlo presente en su pensamiento, se libera, y sólo entonces se libera, el móvil que impulsa a la solidaridad con los hombres y con los seres en general: el sentimiento de desamparo. Ninguna necesidad se ve jamás compensada en ningún más allá» (CH, 104).

2. Conviene, en cambio, airear las muy graves deficiencias de su planteamiento. Pues en verdad ese proceso que da lugar a la compasión sería, según él mismo admite, «asombroso y misterioso», «el gran misterio de la ética». Tal es la universalidad y desmesura del amor propio (DPF, 14) y tanta, por el contrario, la pureza exigida frente a todo gé-

nero de móvil egoísta (ib., 16), que la moralidad de cualquier acto y la misma compasión que ha de estar en su origen serían por principio *imposibles*.

Acojamos de buena gana con Schopenhauer que «el móvil principal y básico en el hombre como en el animal es el *egoísmo*, es decir, el impulso a la existencia y al bienestar», un impulso incondicional e ilimitado. Convengamos incluso que «ese *egoísmo* está estrechamente vinculado con su núcleo y esencia más íntimos y hasta es idéntico a ellos» (DPF, 14). ¿Qué habría que deducir de semejantes premisas? Que ese mismo egoísmo está a la base de *todas* las acciones humanas sin excepción, de las provechosas para su agente y de las contraproducentes, de las buenas tanto como de las malas. A fin de evitar tal conclusión, nuestro autor ha de introducir otro principio que impulse al individuo a un nuevo género de acciones opuestas: las acciones morales. «El egoísmo es, pues, la potencia primera y principalísima, aunque no la única [pero ¿acaso puede haber otras que no procedan de ella misma?, A.A.], que el *móvil moral* tiene que combatir» (ib.).

De donde resultaría, de una parte, que este excepcional móvil moral llamado compasión es ajeno a la esencia humana, contrario a la naturaleza del hombre. Pero también —y dado que el egoísmo brota del principio de individuación, de suerte que el individuo o el yo es el Mal— que el hombre se comporta moralmente tan sólo cuando se esfuerza en dejar de ser individuo; o, mejor, que en propiedad sólo es moral cuando deja del todo de serlo. Para venir a nuestro caso, la paradoja de la piedad radicaría en ser una virtud enfrentada a sus soportes individuales; un afecto cuyo carácter virtuoso consiste precisamente en provocar la anulación misma como individuos de su sujeto y de su objeto.

A fin de probar que se trata de una piedad contradictoria, podría ser grato servirse del argumento *ad hominem* contra un filósofo que declara su predilección por los animales y su profunda aversión hacia los seres humanos. Mejor que compasión, sólo repulsa merecería el sufriente si el hombre se define como «ese animal carnicero», «un ser compuesto de fealdad, trivialidad, vulgaridad, perversidad, necedad, malignidad» (PP, 321 y 326). Basta, sin embargo, advertir que el individuo y su dolor pertenecen al orden de la representación; basta caer en la cuenta de que Schopenhauer reduce el cometido primordial de la piedad a mostrar el carácter *aparente* de la diferencia entre yo y el otro, para concluir que la misma compasión sería ilusoria o sin sentido. Ni habría individualidad ni alteridad. «La disolución del yo en una masa universal de dolor excluye totalmente una *genuina* compasión» (Scheler, o.c., 79-90).

El rechazo absoluto del amor propio, pues, arruina la posibilidad misma de la compasión. Las dos grandes negaciones que subyacen a esta doctrina de la piedad —supresión del principio de individuación y de la voluntad de vivir— niegan de raíz toda piedad verdadera. Sin individuo, y sin individuo animado del afán de pervivir, no hay compasión. Es verdad que el sentimiento piadoso expresa y desvela la comunidad en el dolor que nos vincula. Pero, si quiere erigirse como virtud, ni eso común es sólo nuestra doliente miseria sino también nuestra dignidad y excelencia, ni diluye en el universo nuestra individualidad personal. Cada cual debe experimentar su *propia* desgracia sin que la conciencia de su participación en la voluntad dolorosa del mundo le consuele, porque también cada conciencia será única. Sólo el amor propio de uno acierta a comprender, y por tanto a compadecer, el amor propio contrariado del otro.

Ahora bien, no hay mayor contrariedad para la voluntad afirmadora de cada yo que la muerte. De nada sirve entonces que, adoptando el punto de vista de la naturaleza en su conjunto, se predique el carácter fútil de la muerte (y de la vida) del individuo porque la destrucción del fenómeno dejaría persistir nuestra esencia (MVR, Sup. al L.4º, XLI y XLII). Bien sabemos que nuestra derrota individual es el triunfo de la especie y que nuestra extinción viene a asegurar la inmortalidad de la naturaleza. Pero, como es nuestra vida y muerte lo que de verdad *nos importa*, no hay piedad para la especie sino para el individuo. Si el compasivo asumiera el punto de mira de la naturaleza, dejaría de serlo. Esa hipóstasis de una entidad impersonal en la que todo lo vivo se confunde e identifica resulta una vulgar abstracción. Su gran proeza es alumbrar una piedad del todo pasiva que nos disuelve en la Vida. Ahora bien, dirá Jankélevitch (TV II, 844-845), «no hay Vitalidad fuera de los vivientes, ni vitalidad en sí (...). La simpatía no descubre una comunidad preexistente, sino que crea esta comunidad a pesar del obstáculo de la alteridad y de las resistencias del egoísmo».

Lo extravagante de Schopenhauer es el haber ensalzado una compasión que, de inmediato, inaugura un mundo en el que la compasión misma carece de objeto y de fin. Extraño colofón de su sistema pesimista, la piedad es esperanzadora..., aun cuando la esperanza que trae se limite a pregonar una vida de seres que, esfumada la ilusión por la que se creían individuos, ni prestan ni requieren ya piedad. Así que la salvación transcendente del individuo supone la inmanente repulsa a su compasión. Esa especie de ilimitada piedad cosmológica, en definitiva, se revela falsa porque escamotea la debida piedad hacia los hombres.

Pues la verdadera piedad es una afirmación desesperada de la voluntad de vivir del individuo humano, no la ocasión de regocijarnos en una informe y anónima eternidad natural. Por eso la compasión ha de rebrotar a cada instante. No sólo porque —aun consciente de su fracaso— ese afán de pervivencia ni puede ni debe perderse, sino porque tampoco se resigna a aceptar como inexorables esos otros penosos indicios de nuestra finitud que los hombres nos encargamos de producir bajo cualesquiera formas de la injusticia. Nada más opuesto a la piedad que la renuncia; o es *activa* o simplemente no es.

Más parece aquí, pues, insinuarse la confusión de esa inalcanzable virtud con una cierta complacencia en el dolor ajeno, si la función última de la compasión estriba en manifestar la esencia sufriente del mundo. Y, si no complacencia, admítase al menos una real *indiferencia* hacia todo sufrimiento, en tanto que inelimimable y tan sólo subsumible en el dolor universal. A fin de cuentas, el carácter necesario de aquel dolor se limita a cumplir una función compensatoria de la insensatez humana y a ejecutar una misión expiatoria del pecado original de la individualidad (PP, 291 y sigs.).

La doctrina schopenhaueriana, y éste es su flanco menos defendible, descarga todo su peso en el valor de lo negativo del padecer como tal. Lo que destaca es el dolor universal del universo, y la piedad se agota en servir de ocasión privilegiada para experimentarlo. El sano sentido común aprecia también en la piedad la doble satisfacción que comporta: la resultante de compartir las vivencias ajenas, y con ella la posible dicha de una acción eficaz, y la que hay en recibir el auxilio del compasivo. Para Schopenhauer, en cambio, la enfermedad o la miseria representan tan sólo pretextos para que la piedad advenga; no es la disminución, sino la revelación del padecer, lo que constituye su valor moral redentor. Por eso su piedad aboca al quietismo y hasta delata un oscuro placer en el dolor ajeno. ¿Por qué no habría de llegar incluso a provocarlo? «Si Schopenhauer —sugiere Scheler (o.c., 78)— sacase *lógicamente* las consecuencias de los principios con arreglo a los cuales aprecia la compasión, la conclusión sería el forzoso imperativo de *hacer* padecer, simplemente a fin de *crear* sin interrupción la posibilidad de la vivencia del valor fundamental, la posibilidad del compadecer...». Tan al límite lleva esta prioridad del dolor, que no duda en conceder (contra opiniones mejor fundadas) mayor estima moral a la compasión que a la congratulación.

Pero es que ni siquiera la compasión, postulada por Schopenhauer como entraña de toda virtud e idéntica al amor *puro*, cumpliría los requisitos exigidos para ingresar en el reino de la moralidad. Bien lejos de mostrarla limpia de todo rastro de amor propio, se apoya expresamente en él como referencia y como motivo. En efecto —razona—, si todos los deleites que podemos procurarnos se quedan en la mera difuminación del dolor, tampoco seremos capaces de hacer por los demás otra cosa que aliviarlo, y a esto sólo puede movernos el conocimiento del sufrimiento ajeno. Ahora bien, este sufrimiento ajeno que nos empuja a las obras de caridad «nos resulta comprensible de inmediato desde nuestro propio sufrimiento, al que venimos a equiparar el ajeno, es decir, *en definitiva nos vemos motivados por el propio sufrimiento*, en la medida en que nos reconocemos a nosotros mismos en la persona ajena» (MCo, 8, cva. mía). El mismo fenómeno del llanto —del causado por la desdicha del otro— viene a corroborarlo, puesto que, «tras un largo rodeo, siempre acabamos llorando por nosotros mismos, en tanto que *nos compadecemos de nosotros mismos*» (ib., cva. mía). Las lágrimas derramadas en un funeral se explican mejor como fruto de «una compasión relativa al destino de la humanidad en su conjunto...» (ib., 9; MVR IV, LXVII). Pero de un destino desventurado que, como miembros de esa humanidad, es asimismo el nuestro.

Y si la piedad arranca del amor propio, no menos aboca de nuevo en él. Sería literalmente absurda una piedad que mitigara el sufrimiento ajeno, y con él el propio, a costa de suprimir a un tiempo la individualidad de uno y otro. Para empezar, entraría en franca oposición con esa misma virtud en cuyo ejercicio «en último término consiste toda satisfacción y todo bienestar y felicidad» (DPF, 16). Pero, sobre todo, esa compasión olvidaría lo que constituye a la vez su primer presupuesto y su resultado final: el reconocimiento del agente, de su verdadero ser propio, en la persona del paciente (DPF, 22). En suma, la compasión se funda inevitablemente en el amor propio del sujeto y al mismo tiempo por fuerza lo revela; pero, eso sí, con tal de entenderlo como un egoísmo esclarecido.

La tarea de erradicar el egoísmo —a la postre, el yo—, tal como la propugna nuestro autor, aparece en último término como un sinsentido. Pues ¿cómo lo que es expresión inmediata del principio de individuación y por ello causa principal del sufrimiento, el amor propio, iba a enfrentarse a ese mismo sufrimiento si no es para reproducirlo sin fin? Y si es el amor propio el que debe ser abolido, ¿qué o quién emprendería semejante hazaña, como no fuera otro amor propio más potente, otro Yo aún más ensimismado? (Savater, Sch, 36-37). No, la empresa de abolir el egoísmo por medio del egoísmo tan sólo guarda sentido si es un amor propio reflexivo el que se encarga de refrenar y transformar los ímpetus hostiles del amor propio salvaje. Conviene traer a colación de nuevo a Rousseau. Desde el supuesto egoísta como irrebasable, la cuestión moral no estriba en cómo renunciar a *todo* egoísmo, sino en qué hacer con *el propio* egoísmo (Savater, EAP): negar a los otros o promover su amor propio (por ejemplo, mediante la piedad) a fin de cultivar y expandir mejor el nuestro.

2.3. NIETZSCHE O EL FISCAL MÁS FIERO

Pero aún queda por proteger a la piedad de las renovadas invectivas de su crítico más extremo y punzante. Ése fue Nietzsche, cuya inacabable requisitoria reúne y culmina a un tiempo todos los desprestigios que varias doctrinas ya repasadas habían ido acumulando contra la compasión.

Pues si —a favor de La Rochefoucauld y tantos otros, en contra de lo que querían Hume o Schopenhauer— la piedad arraiga también en el amor propio, lo que la invalida como valor es el expresar enseguida un egoísmo del rebaño que la pone al servicio de los más mezquinos intereses de la comunidad. Como ya dejó escrito Spinoza, conviene abominar de esta triste emoción de tristes, escogida por el cristianismo para envenenar cualesquiera goces terrestres y sofocar nuestra voluntad de vivir. Aunque por distintas razones que las de Kant, aquí se afianza aún más la negativa a atribuir valor moral a lo que se presenta como efecto contagioso de una sensibilidad enfermiza y como multiplicador del mal en el mundo. Al igual que en Sade (al que hemos dejado fuera de nuestro repaso), este presunto sentimiento espontáneo o esta loada virtud resulta más bien fruto antinatural de la negación de nuestros instintos primigenios, producto convencional del torpe rechazo de la jerarquía natural entre los hombres, cuyo paladín fue Rousseau. En una palabra, Nietzsche concentrará y llevará al límite todas y cada una de aquellas condenas bajo el común denominador de la *debilidad* : la compasión es a un tiempo producto y reproductor de debilidad vital, síntoma y factor de la decadencia moral, expresión e instrumento privilegiado del nihilismo.

¿Dónde radica entonces la originalidad de la diatriba nietzscheana? No sólo en haber hurgado como nadie en la psicología del piadoso. Sobre todo, en considerar la piedad como una infección cuya responsabilidad recae íntegramente en la doctrina cristiana, en cifrar en ella la historia entera de la ética occidental, en aislarla como el valor más sobresaliente y venerado de la sociedad moderna. En último término, este valor por excelencia de los débiles representa el primer obstáculo para la venida del superhombre... Así y todo, y de modo parecido a otros detractores (pensemos en Spinoza y Kant) que al final abrieron en sus sistemas algunos huecos para dejar instalarse a la piedad, ¿no acabaremos por atisbar también una explícita *fórmula nietzscheana de la compasión*?

2.3.1. *El valor de los agotados*

Negar la moral puede cumplirse, según Nietzsche, de dos maneras: o bien mostrando que los motivos éticos aducidos por los hombres son meros pretextos, o sea, mentiras o «autoengaños»; o bien negando que los juicios morales se basen en verdades, en cuyo caso tildaremos a aquellos motivos de «errores» (Au II, 103). Para hacer un uso sucesivo de este doble punto de vista, comencemos por desvelar los auténticos móviles ocultos en la actitud compasiva.

1. La moral del sacrificio y la renuncia, esa exclusiva valoración positiva del olvido del yo en favor del otro, es mentirosa. Sólo el engaño subjetivo del agente le presenta como altruista lo que tiene su origen cierto en el egoísmo. No hace falta, con todo, que ese egoísmo irrebasable se equipare al mero instinto de subsistencia. «Algo vivo quiere, antes que nada, *dar libre curso* a su fuerza —la vida misma es voluntad de poder: la autoconservación es tan sólo una de las *consecuencias* indirectas y más frecuentes de esto» (MABM, 13). Al sujeto moral le pueden empujar móviles superiores, pero no por ello menos egoístas. Lo único que ocurre es que ese sujeto opta entre diversos propósitos de su amor propio, dejando unos y escogiendo el que más aprecia (HDH II, 57). Víctimas presuntas, su sacrificio es pura máscara.

Pero este engañado y engañoso egoísmo, que presume de donación gratuita, revela aún más su contradicción desde la óptica de sus mismos destinatarios. Nadie más interesado que quien predica al hombre moral el desinterés. Es el anhelado beneficio de los pacientes el que demanda una intención altruista a los agentes; de modo que la misma acción, moral por su supuesto desinterés, resulta inmoral desde el interés de quien la encomia. «Calificamos de *buenas* las virtudes de un hombre en consideración, no a las consecuencias que a él le produzcan, sino a las que suponemos que han de tener para nosotros y para la sociedad. ¡En el elogio de la virtud han sido siempre los hombres muy poco desinteresados, muy poco altruistas!» (GC, 21). Tan ausentes, en definitiva, están los móviles desprendidos en la conciencia de aquellos sedicentes virtuosos como en la de los predicadores de sus virtudes.

La piedad no es una excepción a esta regla. El mal ajeno nos apena porque significa para uno mismo una ofensa y el recordatorio de la propia miseria. Al entregarnos a la compasión, «no hacemos más que librarnos de este "sufrimiento personal"», sin responder al ajeno (Au II, 133), al tiempo que gozamos de la mostración de nuestra superioridad sobre el otro. En realidad, al manifestar sus desdichas, hasta el infortunado demandante de piedad cuenta también con un cierto poder: el de hacer daño a los demás (HDH II, 50). Nada se diga del dominio ejercido por el compasivo mismo, para quien la piedad es la ocasión para apoderarse del otro (GC, 14) y así humillarlo, un disfraz de su voluptuosidad (Z I, 91), una forma refinada de crueldad (VP II, 312).

Pero esta piedad tan sólo expresa, digámoslo enseguida, *el egoísmo de los débiles*. El lance de la compasión siempre tiene lugar entre seres más o menos depauperados. También el fuerte que la dispensa manifiesta con ello que su fortaleza es relativa; por mucho que le reporte algún placer, el espectáculo de la miseria ajena no puede menos que deprimirle y envilecerle (MABM, 41, 222). La enfermedad piadosa proviene de una imaginación en exceso irritable y de un insano afán de curiosidad, fomenta el disimulo, su prolongación fatiga. Es piadoso quien profesa un odio mortal al sufrimiento, compadece el que no está dispuesto a padecer. La piedad predica una especie de religión del bien-estar por puro pánico al dolor que entraña la existencia humana (*passim*, por ejemplo: Z III, 240, 249, 257, 260). Producto de una sensibilidad enfermiza, la compasión del prójimo tiene como reverso «la profunda sospecha frente a todos los goces del prójimo». Más aún, necesita del sufrimiento de los otros, porque sólo en la miseria puede prosperar: «La piedad no se siente a su gusto sin un poco de polvo, basura y lodo» (VS, 62 y 178). La compasión, en fin, nos malea.

Nietzsche no agota con éstos, ni mucho menos, su arsenal de improperios. Hasta aquí se ha limitado a bucear en las honduras del alma piadosa para descubrir esa piedad como pretexto y, desde sus verdaderas intenciones, calificarla de mentira. «La condición de existencia de los buenos es la *mentira*; dicho de otro modo, el no-*querer*-ver, a ningún precio, cómo está constituida en el fondo la realidad, a saber, que *no* lo está de tal modo que constantemente suscite instintos benévolos» (EH, pág. 126). Un paso más todavía, y corresponde ahora contemplar esa compasión y sus juicios como un *error*. Mejor dicho, como el error que está a la base de la entera moralidad occidental, al que hay que hacer frente mediante la transvaloración y el inmoralismo.

«Lo que a mí me importaba era el *valor* de la moral» (GM, págs. 22-23). La cuestión esencial es determinar el valor de los valores, la valoración última que les presta su valor; o sea, la creación o el origen de los valores. Pues bien, con el bisturí del análisis psicológico en la mano, lo mismo hay que negar la posibilidad de una conducta no egoísta como la presencia de libertad y por tanto de responsabilidad en nuestras acciones. Ya sólo por eso los sistemas morales de Kant y Schopenhauer se vienen abajo: «Si sólo conceptuamos morales, según una definición, los actos realizados a favor del prójimo y nada más que a favor del prójimo, no hay acciones morales. Si sólo llamamos morales, como quiere una definición, los actos realizados bajo la influencia de la voluntad libre, no hay tampoco actos morales» (Au II, 148).

Pues moral es simplemente aquello que se considera de utilidad general en vista de la conservación de una comunidad (HDH II, 95 y sigs.). Las normas y valores que en ella se dicten, reprimidos unos instintos en beneficio de otros, una vez trocados en hábitos placenteros por la costumbre y la obediencia, alcanzarán el rango de virtudes. Las tablas de valores serán otras tantas jerarquías de bienes correspondientes a los diversos modos del egoísmo grupal. La moral es así el instinto de comunidad en el individuo, al que domeña hasta hacerle función del rebaño e insta a no atribuirse más valor que el derivado de ese cometido. Estas evaluaciones básicas de las que emanan los valores son, en última instancia, juicios en pro de la vida. ¿Y qué es la vida sino voluntad de poder, es decir, voluntad de expandir la vida, de superarse a sí misma como mera vida? (Z II, pág. 172).

Cuando es plena, esa voluntad de poder es la que nos exige ante todo la afirmación gozosa y exaltada de la vida, la fidelidad a la tierra, el *amor fati* o la aceptación de la necesidad, el sí al sufrimiento y al carácter peligroso de la existencia, la reconciliación con nuestra finitud. «"¿*Esto* era la vida?", quiero decirle yo a la muerte. "¡Bien! ¡Otra vez!"» (Z IV, pág. 422). Ella es también la que enseña al hombre a amarse primero a sí mismo si desea amar de veras al prójimo, la que llama al juego y a la danza. Es ella la que pide respeto a la jerarquía natural entre los individuos según el grado en que encarnen sus dictados, la que los clasifica en superiores e inferiores, señores y esclavos; la que les otorga sus desiguales derechos y ordena el curso del progreso como una selección de las naturalezas aristocráticas (Ant., 57). Y como la grandeza del hombre está en ser puente, y no una meta, ella es, en fin, la que postula el eterno retorno y ansía la venida del superhombre.

Pero la voluntad de poder tanto puede encauzar el ascenso o la declinación vital, manifestar el impulso de los sanos como el de los enfermos. La voluntad de poder puede querer también... la impotencia. Tal sucede cuando no son los pastores los creadores de la moral, sino la propia grey la que impone sus valores a sus dueños naturales; sólo en este sentido es la piedad una virtud de rebaño (VP I, 32, 60; II, 216, 284-285). Hubo sociedades primitivas que auparon a morales los recios valores afirmativos de la vida, la audacia y el coraje, la crueldad y la ambición. La historia posterior en su conjunto ha sido la de una moral enfrentada a la vida, la de una adoración de los no-valores como valores y de los vicios como si fueran virtudes. Y si el cristianismo ha sido el gran responsable de esta perversión, la virtud que mejor la resume es la piedad. «¿Qué es bueno? Todo lo que eleva el sentimiento de poder, la voluntad de poder, el poder mismo en el hombre. ¿Qué es malo? Todo lo que procede de la debilidad (...). ¿Qué es más dañoso que cualquier vicio? La compasión activa con todos los malogrados y débiles —el cristianismo» (Ant., 2).

2. El cristianismo es, sobre todo, «la religión de la compasión» (ib., 7). Sabemos que la piedad ha de ser invención de quien requiere ser apiadado; esto es, de ese ser

inferior que, falto de instintos poderosos, transforma su endeblez en rencor y juzga su miseria como lo más digno de ser valorado. La compasión siempre ha sido el veneno destilado por el resentimiento. Pero sólo en el cristianismo ha recibido su entronización suprema, porque ninguna otra moral ha agudizado tanto como él la hostilidad contra la vida. Si su enseñanza revela nada menos que la muerte de todo un Dios por piedad hacia los hombres, su mensaje invita a la muerte del hombre por piedad hacia los demás y hacia ese Dios mismo. Con esta religión irrumpe incluso en la historia «una nueva especie de piedad», la compasión hacia los seres irremediablemente condenados a las penas eternas (Au II, 77). A fuerza de vincular tanto la desgracia como la suerte a las ideas de culpa y falta, hasta los no miserables resultan dignos de conmiseración. Así logran los desgraciados infectar de su misma piedad a los afortunados y convertir el resentimiento de los unos en mala conciencia de los otros (GM, pág. 144). Interiorizada por todos una culpa y una deuda infinitas, todos se vuelven por igual objetos de una insaciable y recíproca compasión.

Pero es inútil tratar de resumir debidamente un pensamiento que se desfoga contra nuestra virtud en centenares de alusiones. Ya es bastante saber que los ideales ascéticos del sacerdote cristiano —ese médico enfermo, ese «predicador de la muerte»— propagan la enfermedad piadosa. Que esta «religión para dolientes» se ha propuesto, por piedad, la conservación de lo que debe perecer y, por tanto, refrenar el progreso de la humanidad (MABM, 62; Ant. 7). Que esta gran calumniadora de los instintos se complace, por compasión, en igualar lo desigual y rebajar todo lo superior. Si la debilidad era su secreto, esa misma debilidad será también su resultado manifiesto. Además de conservarlo, la compasión «aumenta el sufrimiento en el mundo» (Au III, 134, 137); pues, lejos de juzgar nuestra vida desde los ojos del prójimo (lo que sería más razonable), juzgamos de la desventura ajena como si fuera la propia nuestra, y así nos cargamos de un doble dolor y de una doble sinrazón. Y no es la menor de sus paradojas, por cierto, que esa misma compasión que ahonda y difunde el dolor brote justamente de una voluntad que ya no lo soporta (ib., 174).

Pues bien, ése es el ideal que se ha cumplido plenamente en la cultura europea moderna; aquí reina, como moral del día, la moda de la compasión. No importa que los dogmas cristianos se hayan ido desvaneciendo. Schopenhauer, Wagner, Stuart Mill, Comte, Tolstoi..., todos ellos con su canto fervoroso a la piedad han «sobrecristianizado» al mismo cristianismo (ib., 130-133). La civilización antigua, para la que la compasión era un vicio, sabía gozarse mejor. En cambio, ¿cuál es la piadosa promesa de la ciencia moderna sino la reducción del dolor y la prolongación de la vida?; ¿y cuál el tono dominante en su filosofía, como no sea el pesimismo y el reproche de la vida al menor asomo de miseria? (HDH III, 128; GC, 48). ¿Qué mejor moralidad para una sociedad comerciante, en la que domina el instinto social del temor, que la de juzgar bueno sólo lo que tiende a la seguridad general, al contradictorio «bien común»? No nos hemos vuelto más morales, sino más blandos; nuestra moral es la moralidad de la decadencia, una moral decadente (CI, págs. 111-113).

Ese triunfo moderno de la compasión no es más que el triunfo de la mediocridad. Los mal llamados «espíritus libres», que ven en la sociedad la causa de toda miseria, que repiten la cantilena de la «igualdad de derechos» y de la «compasión con todo lo que sufre», no pasan de ser *niveladores*. Para éstos, el individuo debe morir para que viva la sociedad. La piedad consuma la supresión de «el incomparable» y deja su lugar al ser gregario, «la única especie permitida de hombre» en Europa (MABM, 199). Democracia (o *mediocracia* : GC, 377) y socialismo, con todas sus variantes, representan otras tantas formas políticas de la piedad de nuestros días, es decir, distintos modos de afincarse en la moral de los esclavos. Ambas «coinciden (...) en el clamor y en la impaciencia de la compasión (...), en la creencia en la moral de la compasión *comunitaria*, como si ésta fuera la moral en sí, la *alcanzada* cima del hombre...» (MABM, 202).

Toda esta degeneración de nuestra cultura, este palpable espectáculo de una vida humana declinante, se expresa en una sola palabra: *nihilismo*. Nihilismo es voluntad de poder dirigida contra la vida. Los que en verdad ya nada valen, pregonan que la vida no vale nada. Ahora bien, como conservadora y multiplicadora de todo lo miserable, en virtud de su mismo efecto persuasivo de entregarse a la nada, «la compasión es la *praxis* del nihilismo» (Ant., 7). Ya sea el instrumento privilegiado de un nihilismo activo al modo cristiano, o de otro pasivo y fatigado como el budista, la piedad se enemista con la vida. Contra ella habrá que erigir un nihilismo reactivo que niegue esa negación, que aniquile aquel nihilismo.

3. Es hora de concluir que la piedad, en lugar de ser un valor e incluso el *summum* de los valores, encarna el contravalor por excelencia. Lo que ha regido —y hoy más que nunca rige— como el signo mismo de lo moral ha de considerarse la inversión y el vaciamiento de la moral, el cenit de la inmoralidad alcanzado en nuestro tiempo. Sólo por ese predominio indiscutible en la conciencia del hombre moderno se entiende que la compasión represente el mayor peligro para la humanidad. Ni siquiera Zaratustra se libra de tamaña tentación: también para él la piedad es «el abismo más profundo», «el máximo peligro», «el último pecado» (Z III y IV). Junto a este riesgo, que acecha a la mayoría, el propio Nietzsche se atribuye para sí otro opuesto: el asco hacia el hombre. Aquello de lo que hay que huir como de los dos peores contagios son, en fin, «*la gran náusea respecto al hombre, la gran compasión hacia el hombre*» (GM, págs. 141-145).

¿Y por qué ellas solas habrían de condensar todo el peligro del presente? Porque impiden descubrir o ejecutar la primera tarea que incumbe al hombre moderno, a saber, dar paso al superhombre. «El hombre es algo que debe ser superado» (Z, Pról., págs. 34 y sigs.), y tanto la náusea como la compasión más prorrogan su decadencia que contribuyen a superarla. Ha llegado el momento del gran desprecio de lo que hoy es el hombre, de implantar una nueva virtud y un nuevo conocimiento; en suma, de transmutar los valores para hacer posible el advenimiento del hombre nuevo. El dispuesto a embarcarse en semejante empresa, fundadora de una nueva moral, debe comenzar por distanciarse del enfermo de compasión y desprenderse de su propia querencia hacia la piedad. Puesto que «la compasión apesta enseguida a plebe», hay que contar «entre las virtudes *nobles* la superación de la compasión» (EH, págs. 27-28).

Contra compasión, conocimiento; contra aquella moralidad instintiva, instauremos una moral de la razón: tal es la reiterada consigna de Nietzsche (VS, 45; Au II, 134; MABM, 171). Hay que conquistar una clase de objetividad que no se limite a sufrir ante el sufrimiento —y, por tanto, a ablandarse y ofuscarse—, sino que sepa evaluar en todo momento quién es uno mismo y quién su prójimo. Ya el que proclamó que sólo cabe amar al hombre por amor a Dios no confiaba en que ese hombre, por sí mismo, fuera acreedor de piedad. Sólo una inclinación superior, que traspase el orden de lo humano, puede justificar una benévola disposición hacia la humanidad. Hay que mirar «más allá del prójimo»; se trata, a fin de cuentas, de cultivar *otro amor al prójimo* (Au V, 471). Al contrario de la afición compasiva, será un amor hecho de alegría, armado de coraje, nutrido de la amistad entre iguales, destinado a preparar la llegada del hombre que debe venir. «Más elevado que el amor al prójimo es el amor al lejano y al venidero...» (Z I, 98-100).

2.3.2. *La transvaloración de la piedad*

¿Y si esta encarnizada voluntad de destruir y refundar tuviera también su arranque en una especie de compasión más honda y hasta hoy desconocida? «Oh, alma mía, te he enseñado el despreciar que no viene como una carcoma, el grande, amoroso despreciar, que ama máximamente allí donde máximamente desprecia» (ib. III, 305-306). Si, al decir de Nietzsche, el filósofo está llamado a definir el valor de la existencia y a legislarlo; si él mismo pone su mayor fe en «que se determine de nuevo el peso de todas las cosas» (GC, 269), ¿cómo iba a vetarse —tras repudiar tan abruptamente sus viejas formas— propugnar un nuevo valor y sentido a la piedad, una compasión bien diferente y a la altura moral que le corresponde?

Pues lo cierto es que, ante lo descomunal de su apuesta, nuestro pensador vacila. «Vivir significa: rechazar de continuo algo que quiere morir (...). ¿Significará vivir no tener compasión de los agonizantes, los desgraciados y los viejos? ¿Significará ser asesino incesantemente?» (ib., 26). No, la compasión que viene a predicarnos no se regodea en el asesinato o en el sufrimiento, pero tampoco en la blandura ni en la indulgencia hacia el otro. Si la proveniente de una filosofía pesimista o de una sensibilidad enervada se estremecía ante las miserias imaginarias, la piedad que ahora asoma se ocupará de «las miserias de veras» (ib., 48). Será una piedad para con el sufrimiento de aquello que en el hombre hay de creador, y no como criatura: «¡Compasión para con *vosotros*! no es, desde luego, la compasión tal como vosotros la entendéis (...). *Nuestra* compasión es una compasión más elevada, de visión más larga (...). —¡Así, pues, compasión *contra* compasión!» (MABM, 225).

1. He ahí, por fin, la compasión verdadera propuesta por Nietzsche, la única piedad digna de ser tenida por valor. Merecería llamarse *la piedad de los fuertes,* que ni nace como solapada argucia ni se asienta en una falsa concepción de la moral. No se halla a disposición de los débiles y de su deseo de ponerse a resguardo de su poquedad, sino tan sólo al alcance de los que con riesgo aspiran a sobrepasarse. Ahora se trueca en virtud porque reconoce estar al servicio de la vida y de su voluntad de poder. Ésta es, en ver-

dad, la única piedad acorde con la muerte de Dios, una de las primeras lecciones extraídas de ausencia tan incolmable. Si no detenta el valor más elevado, al arraigar en todo caso en una valoración más acertada resulta siquiera compatible con los más altos valores. Esta compasión entrevista se compadece *de*, y sobre todo se levanta *contra*, aquella decadente compasión anterior. Pendiente del esfuerzo por acceder a una humanidad más cumplida y perfecta, se apiada de los dolores que aguardan a los individuos a la hora de este colosal alumbramiento.

Han quedado en la sombra, desperdigados aquí y allá, ciertos rasgos propios de la compasión que habría que preservar como materiales útiles para la nueva obra. En este organismo tan complejo no se detectan tan sólo debilidad y postración, pena y temor, reproche y autodesprecio. También alberga, como ya adelantamos, un «impulso de alegría» y el «placer del reconocimiento» (Au II, 133 y 138); no menos infunde dicha. Por rechazable que resulte, hasta la extremada compasión característica de la doctrina hindú termina por adquirir un valor conservador de la vida y antídoto del suicidio. Cierto que será una *dicha relativa*; «la dicha, sin embargo, cualquiera que sea, nos proporciona el aire, luz y libertad de movimientos» (ib., 136). Y si ya es parcialmente gozosa para su sujeto, ese goce se desborda al procurar el bien para su paciente. ¿Acaso será éste el menor prodigio de la piedad? «Las sensaciones sexuales, tanto como las de piedad y adoración, tienen de especial que al experimentarlas el hombre hace bien a otro hombre por placer; no se encuentran ya tantas de estas disposiciones en la naturaleza» (ib., 76; véase V, 422). Justamente por eso, guardemos con ella las cautelas precisas; pero ¿bastará semejante recelo para rehusar a la compasión su cercanía a la «virtud que regala», esa su capacidad expansiva por la que vale más dar que poseer? (Z II, 136; VS, 320).

Claro que recuperar estos aspectos olvidados para injertarlos en otra actitud piadosa de nuevo cuño exige antes liberarlos de su marca cristiana. No será una labor imposible, pues hay fundamento para sospechar que la moral del cristianismo ha ignorado la naturaleza misma de este y de otros sentimientos: «¿Cómo, bajo la presión de la moral ascética de la renuncia a sí mismo, los sentimientos del amor, de la bondad y de la piedad, y aun los de justicia, de la generosidad, del heroísmo, fueron precisamente desconocidos?: Capítulo principal» (VP II, 388). La compasión no es, en definitiva, de raigambre cristiana, como la historia de la ética ha hecho parecer. Digamos mejor que a lo largo de los siglos el cristianismo se ha adueñado ladinamente de la compasión, la ha pervertido de raíz..., y que una de las tareas del presente estriba en rescatarla.

2. Para distinguirse de su aborrecida forma convencional, la nueva deberá ser ante todo una compasión animada *por otros motivos*. «Yo no niego, como es natural —si admitimos que no soy un insensato—, que sea preciso evitar y combatir muchas acciones que se denominan inmorales; del mismo modo que es necesario realizar y fomentar muchas de aquellas que se denominan morales; pero creo que hay que hacer ambas cosas "por otras razones" que las antiguas y tradicionales...» (Au II, 103). Algunas de tales razones ya han comparecido en estas páginas, pero habrá que recordarlas.

En primer lugar, será una piedad, no sólo reconciliada con el amor propio del piadoso, sino del todo consciente de brotar precisamente de ese egoísmo. Se debe persistir en la opinión de que la benevolencia y los favores hacen al hombre bueno; «pero no dejemos de añadir: "a condición de que comience por servirse de su benevolencia y de sus beneficios con respecto a él mismo"». De lo contrario, si huye de sí o se detesta, tratará de salvarse en los otros a fuerza de hacerles daño (ib. V, 516; véase EH, pág. 62). ¿Y cómo va a socorrer a otro quien no sabe socorrerse y va a agradar el disgustado consigo mismo?. El que ama porque ante todo se ama, no ignora que de ese amor a los demás obtiene él su óptimo beneficio. De suerte que las tornas cambian hasta erigir a la piedad en un cierto requisito del amor propio: «Comenzamos por olvidar a amar a los demás y acabamos por no encontrar nada en nosotros digno de ser amado» (ib. IV, 40l; véase Corr. A P. Gast, pág. 264).

La compasión celebrada por Nietzsche procede, asimismo, de una voluntad que quiere *también* com-padecer la alegría. Se confunde con un afán que no renuncia a participar de las dichas ajenas, una vez que comprende que la comunicación de la tristeza es moralmente inferior a la de las alegrías (Z II, pág. l36). Mientras hasta el animal más bajo puede imaginar el dolor ajeno, sostiene, «imaginar la alegría ajena y regocijarse con ella es el mayor privilegio de los animales superiores y, entre éstos, sólo los ejemplares más selectos gozan de él, es decir, un "humanum" raro» (HDH II, 62). Así que la compasión sólo es genuina cuando va del brazo de la congratulación y se pospone a ella. La piedad, para serlo de verdad, tiene que aprender a reír: no sólo se enfanga lastimera (y satisfecha) en la miseria del hombre, sino que contempla a la vez su posible grandeza. Pese a sus constantes pesares, y en tanto que necesarios para su crecimiento vital, acepta esos dolores en un inmenso *sí* a la vida (EH, 54). Por añorar la eclosión de una humanidad más poderosa, más humana, es una piedad que reafirma la vida en los mismos sufrimientos de que se apiada.

Para hacerse presente, esta enriquecida piedad ha de venir escoltada de ciertas actitudes imprescindibles. Por de pronto —recuérdese—, deberá ser una piedad autocrítica, fundarse en una «razón escogida», en la «facultad de escoger lo más sutil» y dotarse de «una fuerte disposición a la medida». A falta de ellas, el sujeto se abandona a su puro instinto compasivo y vuelve a los de su alrededor más negligentes y sentimentales (VS, 4l). Puesto que tiende a arrebatar el sentido último del padecimiento ajeno, una compasión más delicada deberá envolverse siempre en un velo de recato. Así como antes de brindarla hay que adivinar si el otro quiere nuestra compasión (Z I, pág. 93), cuando se presta ha de cuidarse de no causar vergüenza al compadecido (ib. II, pág. l35; IV, pág. 355; EH, pág. 27). Ni exhibida ni apenas notada, habrá de ser una compasión pudorosa y a distancia. Pero también, por último, no exenta de dureza (MABM, 82; CI, pág. 139).

Hablamos, en fin, de una compasión que es rebosamiento del amor propio, que contribuye a la creación y a la alegría. Pero decimos que «contribuye», porque sólo el gran amor accede a esa plenitud de crear y alegrarse. La compasión la prepara, mas «todo gran amor está por encima incluso de toda su compasión: pues él quiere además —¡crear lo amado!» (Z II, pág. 138). Al lado de la empresa de forjar un hombre de otra estirpe, la más sublime piedad quedará depreciada (VP I, 26). Si crear es redimir el sufrimiento (y redimirse de él), compadecer es todavía someterse a ese sufrimiento, atarearse en la cuestión de la felicidad. El gran amor va siempre más allá: «Mi sufrimiento y mi compasión —¡qué importan! ¿Aspiro yo acaso a la *felicidad*? ¡Yo aspiro a mi *obra*!» (Z IV, pág. 433; véase Pról., pág. 35).

2.3.3. *¿Compasión por el prójimo o amor hacia el lejano?*

Cuesta trabajo resistir la tentación de adentrarse en el alma del filósofo para acaso detectar en ella la clave tanto de su condena de la piedad como de su afán por renovarla. Nada sería más lícito que hacer pasar esta prueba a quien concebía la filosofía como «la autoconfesión de su autor y una especie de *mémoires* no queridas y no advertidas» (MABM, 6; véase EH, págs. 17, 129). Nos encontraríamos con la sorpresa de un Nietzsche tanto más piadoso cuanto más consciente de que su misión acarrearía a la humanidad sufrimientos indecibles. «Ya lo sé, y sé también que yo tengo que sufrir por partida doble: por un lado, *a causa de la compasión que me inspira su dolor,* y por otro a causa de la venganza que ejercerán contra mí» (Au V, 467, cva. mía). ¿Y no iban a iluminar asimismo su doctrina sobre la piedad las confesiones de quien reconoce penar espantosamente cuando carece de la simpatía ajena, su incapacidad para

querer y aceptar ser querido (Corr, págs. 264-265, 325-326)
o su temprana conciencia infantil de que nunca llegaría hasta él «una palabra humana»? Pero será mejor que un pudor
distante nos detenga aquí. A la vista de este cuerpo quebra-
dizo y de este alma solitaria y torturada como pocas se nos
despierta aquella «compasión trágica» que Thomas Mann
decía experimentar hacia Nietzsche.

En lo que atañe a nuestro propósito, su pensamiento
nos lanza un doble desafío. Primero, el problema del valor
de la compasión tal como se ha entendido y practicado hasta los tiempos presentes. Y luego, la cuestión del valor de
esa *otra* piedad —la asignada a los fuertes— que él mismo
preconiza. Convengamos que son retos capaces de intimi-
dar a todo el que en nuestros días pretenda reponer la estima de la piedad y exponerla ante sus contemporáneos
como virtud.

1. Habría que empezar por disentir de ese diagnóstico
que interpreta la entera historia occidental —de su sociedad
o de su moral— como un progreso imparable en la vigencia
de la compasión. Ni el antropólogo ni el historiador de la antigüedad certificarían seguramente en las sociedades por
ellos estudiadas la exaltación valiosa de la crueldad. Tampoco vale reducir la historia intelectual moderna a los paladi-
nes de nuestra virtud con olvido de doctrinas no menos in-
fluyentes, en las que aquélla encuentra un acomodo cuando
menos reticente. Y tan falso es contemplar el curso real de
Occidente como una interrumpida decadencia moral que
entenderlo como un constante crecimiento de la piedad. Es
cierto que de ella han emanado muchos de los principales
avances de la Humanidad: desde la prohibición de las conductas más sanguinarias hasta el anhelo de justicia social o la
proclamación universal de los derechos humanos. Pero esa
piedad más bien ha *atemperado* el rigor de los valores contrarios, los de los fuertes. En modo alguno ha eliminado su vigencia, según mostraría el espectáculo de tiempos tan despiadados como los de este siglo que se acaba.

¿Y qué decir de ese reblandecimiento contemporáneo de los sentimientos, de esa cobarde impotencia para aguantar el dolor, tenidos por Nietzsche como causa y efecto del éxito de la moral de la compasión? Que suena a extraño que lo que en general parece síntoma palmario de ganancia en humanidad sea contabilizado como una pérdida segura. ¿O no había propugnado también nuestro autor que «el sentimiento de justicia se refuerce en todos y se debilite el instinto de violencia» (HDH I, 452)? El paso de la dictadura de la fuerza al reino del derecho (Kant), el dominio civilizatorio de los instintos más brutales mediante costumbres más suaves (N. Elías), habían de agudizar la sensibilidad hacia el dolor causado por la injusticia. Y, respecto de los ordenados por la Naturaleza, ¿es que pueden ser siquiera soportables los dolores hoy superables? Acaso para los antiguos cualquier mal estaba justificado con tal de que un dios se complaciera en mirarlo (GM, págs. 78-79). Muertos los dioses, ¿dónde hallaríamos el sentido del padecer humano?

Aun así, argüiría tal vez el nietzscheano, el pecado original de la piedad es que nos empequeñece. Vueltos impotentes para sufrir, los mediocres contemporáneos somos también incapaces de aspirar a grandes ideales. Pocas décadas antes que Nietzsche, ya Tocqueville había dibujado un cuadro muy parecido del «estado social democrático», pero no dejó de subrayar asimismo su *contrapartida*: «Las almas no son enérgicas; pero las costumbres son benignas y, las legislaciones humanas, etc.». Y puestos a juzgar del valor comparativo de esta sociedad, ¿cuál sería la presumible sentencia dictada por Dios? «Parece natural pensar que lo que más satisface las miradas de tal creador y conservador de los hombres no es la prosperidad de unos cuantos, sino el mayor bienestar de todos; lo que me parece una decadencia resulta entonces a sus ojos un progreso (...). Quizá la igualdad sea menos elevada; pero es más justa y la justicia constituye su grandeza y hermosura» (DA II, 278-279). Mucho más osado, desde la expectativa del superhombre

Nietzsche emite la evaluación contraria. No es ocioso preguntarse qué podría responder, entonces, a los lamentos surgidos de la inacabable procesión de triturados sin piedad a lo largo de la historia.

Todo lo cual no obsta para ver en él sin reservas al más penetrante psicólogo de la moral y, en concreto, de la moral de la compasión. De esta última, empero, escrutó con preferencia sus *bajos fondos*. Obsesionado por la decadencia traída por el cristianismo como inversión de los instintos, el filósofo llega a contradecirse. Pues, si la supuesta primacía de la crueldad hubiera cedido ante la de la piedad, ello sólo probaría que tan instintiva es una como la otra y que un instinto se ha impuesto sobre el contrario. Al fin y al cabo, ¿qué querría decir que la compasión sea el máximo peligro, sino que se trata del instinto último y más enraizado? Si no hay fuerza humana más básica que la de la generación, la piedad es ese mismo instinto evolucionado: «Todas las virtudes son realmente pasiones refinadas y estados de exaltación. *La compasión y el amor a la humanidad, como evolución del instinto genésico*» (VP II, 255, cva. mía). Y en ese refinamiento de una «*piedad filtrada por la razón*» (ib. IV, 353) deberá radicar su virtud.

Al contemplarla sólo tras su bautismo cristiano, Nietzsche partía ya de un forzado presupuesto condenatorio. Sólo al término de su empresa, en alguna anotación de *La voluntad de poder* (II, 388), llegó a atisbar que la fe y la esperanza cristianas por fuerza habían de excluir la piedad. De modo que hay que liberar a la compasión de ciertas instancias a las que se ha adherido, de funciones sociales que la tradición le ha encomendado, de demasiadas ficciones. Hay que pregonar, al contrario, que ella no sólo es forma de la voluntad de poder, sino de *esa voluntad de poder que afirma la vida*.

Pues sería contradictorio que el compasivo sintiera o actuara según el criterio de que «la vida no vale nada». Eso sólo puede pensarlo el cruel o el escéptico. El piadoso no valora por sí misma como buena la desgracia; para él, al revés, ésta sólo adquiere valor —pero negativo— por ser negación de la vida. La piedad no es condena de la vida, sino condena de lo que condena a la vida. No es un amor a lo que declina y termina en la vida, sino a una vida que declina y termina. Y, sobre todo, es afirmación de la vida *humana* precisamente porque, en tanto que consciente voluntad de poder, es la más preciosa (Z II, l72). Con respecto a los demás seres vivos, el hombre —y no sólo el individuo (GC, l20)— es *el incomparable.* Cuando le compadecemos, nuestra piedad es la afirmación de una vida también incomparable.

2. Así que parecería que hemos dado con el fundamento más sólido de la compasión. De los muchos móviles que la animan (verbigracia, los indicados en Au II, l33), uno entre ellos merece ser recogido por la reflexión: aquellos «indicios de la incertidumbre y de la fragilidad humanas» que detectamos en la desgracia ajena. Sea «la garantía insuficiente de nuestra inmortalidad», sea «lo perecedero de la dicha humana» o la autoconciencia de la finitud y «la perspectiva cierta de la muerte» (VS, 268, 271 y 322), ahí van otras tantas razones que conspiran en favor de la piedad. Hasta se diría que, a mayor fidelidad a la tierra, más amplio territorio para la compasión y, a más profunda conciencia de la muerte de Dios, mayor necesidad de compasión para el hombre mortal.

Pero la piedad de Nietzsche es *otra piedad.* Será, frente a la piedad de los esclavos, la de los señores, en lugar de la vulgar, una superior y más elevada; contra la cristiana, la poscristiana. Si la primera ha sido el síntoma más notable de la debilidad humana, la nueva se ofrece como la prueba expresa de su fortaleza. En realidad no se trata de una piedad propuesta para el futuro, sino para el presente; la que ha de prestarse a los hombres actuales por los padecimientos, y sólo por ellos, sufridos en su deber de alumbrar al superhombre. Es la piedad que ha de regir hasta que éste venga y con vistas a su venida.

Ése es el primer pilar de la compasión nietzscheana: la propuesta de superar el individuo moderno y, con ella, la tesis del eterno retorno. El otro, paralelo al anterior, consiste en el refrendo incondicional de la vida como gozosa aceptación de su sufrimiento y de su sentido.

La duda estriba en si el primero no es ya el postulado de un creyente y si, desde esa encendida fe en el hombre del porvenir y aquella esperanza en el eterno retorno, no ha de resultar otra especie de nueva caridad: la singular compasión que ahora se proclama. Cuál sea su exacta figura depende, desde luego, de cómo se interprete aquel críptico principio del eterno retorno. Pues si significa la vuelta tan sólo de lo mejor y más florido de la vida, las penurias de los individuos que la preparan reclamarían una piedad muy atenuada. Pero el caso es que «¡el hombre pequeño retorna siempre! (...). ¡Demasiado pequeño el más grande!» (Z III, 301-302 y sigs.). Y, entonces, si todo lo miserable y sufriente está también condenado a regresar, ese retorno indefinido sólo puede divisarse desde una compasión literalmente infinita. No hay hombre capaz de albergar piedad tan sobrehumana...

Comoquiera que sea, lo único seguro es que en este trance, al igual que en el caso de Schopenhauer, desaparece el individuo y lo primero que se devalúa es su dolor. Así lo expresa uno de los más lúcidos estudiosos de Nietzsche: «Una visión optimista de la vida debe apoyarse en la contestación del individuo: esto no es una paradoja. Si el individuo es inesencial e ilusorio, igualmente lo será su perecer, su muerte (...). Éste es el fundamento del eterno retorno, que desvela la muerte como algo ilusorio, instrumental, no definitivo. Eliminado el horror de la muerte, también el dolor se transfigura...» (Colli, 77). Desde tal presupuesto, todo cuadra a la perfección. Como la existencia tiene sentido siempre que el dolor lo tenga en la existencia (SchE, 5), y Nietzsche se lo otorga sin dudarlo, entonces el sufrimiento ha de ser incluso amado. *Amor fati.*

Pero nuestro filósofo no distingue entre los dolores *sintomáticos*, que serían indicio de que un hombre más pleno se acerca, y las miserias innecesarias que tan sólo dan fe de

una inhumanidad creciente. Si podría llegar a entenderse
—nunca sin piedad— la afirmación gozosa del dolor exi-
gido por la vida humana que asciende, un *sí* indiscrimina-
do a todo sufrimiento será siempre aberrante. La comparación con Marx, casi su coetáneo, resulta más que obligada.
Si es que poseyó órganos para captarla, Nietzsche fue un
testigo satisfecho de la miseria proletaria, cuya revuelta se
limitó a interpretar bajo la cómoda falsilla del resentimiento. Su enconada pugna con la piedad ¿no acabó por hacerle traidor a la causa de la tierra? Tan enorme interrogante
debería figurar al lado de toda su obra y de su *inmoralismo*.

Son inmensos los abismos que bordean a esta novedosa
piedad que formula. Amor al lejano, mejor que amor al prójimo, eso quiere decir: apiadarse del prójimo únicamente
por amor al lejano, pero también, sin duda, amar al lejano
en lugar de compadecerse del prójimo. En cualquiera de los
casos, la compasión hacia el hombre se justifica más por lo
que éste *llegará a ser* que por lo que ahora mismo *es*. Aquella
piedad del pasado, denunciada como un ficticio sacrificio
del piadoso, deja su lugar a un género de piedad que exige
el sacrificio real de casi todos. «La grandeza de un "progreso" *se mide* (...) por la masa de todo lo que hubo que sacrifi-
carle; la humanidad en cuanto masa, sacrificada al floreci-
miento de una única y *más fuerte* especie hombre —eso *sería*
un progreso...» (GM, pág. 89).

La propuesta nietzscheana ¿no viene así a representar
una extraña contrarréplica del mensaje cristiano? Si fue la
piedad de Dios hacia el hombre la que le llevó a la muerte,
ahora es el deseo del superhombre el que debería empujar
a casi todos al matadero. Pues compasión sólo habrá para
unos pocos, hacia aquellos fuertes que se empeñen con
uno mismo en sobrepasar al hombre. Frente a aquella otra
presuntamente torpe piedad que no discierne entre sus
destinatarios, la única compasión redentora ha de comenzar por ser selectiva. A estos escogidos, a los amigos, «quiero enseñarles lo que hoy comprenden tan pocos, y menos
que nadie los predicadores de la compasión: no el dolor co-

mún, sino la común alegría» (GC, 338). ¿Y no sería más justo predicar a la vez lo uno y lo otro?

De lo contrario, además de reducir al mínimo el círculo de sus beneficiarios, la piedad se vuelve incongruente. Al evangelista le faltaría tiempo para recordar lo imposible de amar a quien no se ve sin compadecer al que se tiene delante. La pregunta se dispara, entonces, con toda su crudeza: y esa mayoría de mediocres ¿no merecerá *por sí misma* ninguna compasión? Desde la altiva mirada piadosa de Nietzsche, se diría que sólo le está reservado el desprecio.

A partir de sus propias premisas, sin embargo, no hay que desechar una sentencia más favorable. Y es que, cuando la voluntad de poder *humana* se tropieza —en uno mismo o en la visión que el otro le ofrece— con su última impotencia, con lo que la resiste y contradice, esa voluntad (y la piedad de la que es capaz) se pone a prueba en el modo como afronta esa incapacidad. Si claudica ante ella o la esquiva, ahonda aún más su impotencia. Si la abraza a fin de festejarla, como signo de la única potencia de Otro y de nuestro futuro triunfo ultramundano, o sea, por infidelidad a la tierra, entonces se trata de una perversa voluntad de poder de la que sólo cabe esperar una compasión también perversa por resentida. Pero si, en fin, la acepta, aunque sin culpar a nadie ni a sí mismo de la flaqueza de esa voluntad; dando fe de que tal es la condición humana y que en ese límite reposa su más firme comunidad con los otros; y, no obstante, sin renunciar a ganar terreno a la fatalidad, por más que sepa la batalla perdida..., en tal caso estamos ante la voluntad de poder digna del virtuoso. En el hombre habita una voluntad de poder esencialmente compasiva.

3

Intermedio: de la emoción a la virtud

¿Habremos recuperado el crédito perdido, o al menos tan rigurosamente puesto en entredicho, de la compasión? No es como para estar seguros, a la vista del pesado fardo de acusaciones y sospechas que espíritus nada desdeñables han cargado sobre ella. Pero ha llegado el momento de arriesgar aún más sugerencias acerca del *valor* de nuestro objeto. En la medida en que hayamos absuelto a la piedad de tanta insidia y recelo, nuestra pretensión última es probar su carácter de virtud.

1. En tanto que mero sentimiento, la compasión no es desde luego una virtud y hasta cabe admitir que, si no siempre denota un vicio, pudiera fácilmente acabar en él. Y es que, en efecto, esta emoción *puede* no traspasar su umbral psicológico y quedarse en simple contagio afectivo, ser muestra de debilidad, nacer como fruto de un amor propio exarcebado, incurrir en toda suerte de parcialidades, provocar la humillación del otro y engendrar una conciencia infeliz e impotente en el piadoso mismo. Ni siquiera Rudolf Hoess, el comandante en jefe de Auschwitz, se libró de experimentar este sentimiento (Todorov, FE, 204). Y uno de sus más desgarrados supervivientes, Primo Levi, ya sabía que «la piedad y la brutalidad pueden coexistir, en el mismo individuo y en el mismo momento...» (HS, 50).

En la emoción piadosa cuenta sobre todo el instante: el dolor o la desgracia ajenos y el afecto compasivo son más o menos simultáneos, siempre precisos y coyunturales. Esta compasión es, pues, *pasajera*. Por lo mismo que la promueve más bien un padecimiento visible y depende del grado de proximidad de su observador, ha de ser por fuerza *selectiva, parcial, unilateral, superficial*. Como le afecta ante todo un infortunio particular (y, aunque sea general, sólo lo contempla *sub specie particularis*), será una compasión *limitada*. Puesto que requiere en el piadoso imaginar la desdicha del otro como probable o segura para él mismo, siempre encierra alguna dosis de miedo: este afecto es *temeroso*. Por eso, al ser una tristeza de la que deseamos liberarnos, porque nos apena, deseamos también la liberación de la pena ajena. Si esta piedad demanda aliviar el pesar del otro, en definitiva, es para así quitarse uno mismo un peso de encima. Se trata de una emoción *directamente interesada*.

Más aún, en la medida en que exige la comparación del mal ajeno con el sentimiento relativo de bienestar propio del compasivo, la piedad brota de ese cierto desnivel y sólo mediatamente reconoce su igualdad de naturaleza con el sufriente. Estamos ante una emoción de carácter *unidireccional* y *jerárquico*. Se diría que no va sin una parte de desprecio o, al menos, sin el sentimiento de una cierta superioridad en quien lo experimenta. Y, claro está, su estrecha dependencia de los sentidos hace de la piedad algo esencialmente *pasivo* y *reactivo*, de carácter *involuntario* e *inconsciente*. No es una conquista de nuestra libertad, sino tan sólo una de nuestras dotaciones naturales. No merece la consideración de hábito, porque cada uno de sus actos como tal es irreflexivo. En lugar de disponer a su sujeto para la meditación y la acción deliberada, le embarga y embota. De modo que su valor moral podría ser nulo. Al fin y al cabo, «¿qué valor tiene la compasión de un hombre, si en general no está en situación de rechazarla?» (Horkheimer, Oc, pág. 126).

Aun así, incluso en su versión sentimental más pedestre, sería precisa una mirada demasiado torcida para reducir la piedad a sólo eso, para confundir la compasión con sus peores riesgos. Ella ciertamente comienza por ser algo espontáneo y natural, pero puede ser racionalmente educada. Revela sin duda el amor propio de su sujeto, pero no por fuerza un egoísmo desbocado, sino también ese que cuenta con el egoísmo del otro y sabe promoverlo. Se muestra como una pasión triste, pero en la misma proporción en que denuncia la alegría perdida o la que nos es radicalmente negada. Parece destinada a rebajar al compadecido, pero sólo si este mismo y el compasivo olvidan su comunidad más honda en su dolorida condición humana. Por mucho que durante siglos haya vestido un ropaje cristiano, no está escrito que tal sea su figura acabada. Tanto puede ser síntoma de *infirmitas* en el piadoso, como de una íntima fortaleza que —por encima de su propio mal— es capaz de acoger el mal del otro. Como pasión, desde luego, resulta tan inmediata como la venganza o la crueldad; pero su virtud se impone al final, cuando se ha *comprendido*.

Convengamos, entonces, en que la piedad es una pasión *ambigua*, cuyo reflejo es la misma ambivalencia con que la historia del pensamiento en general la ha abordado. Hasta el partido de sus defensores ha debido recurrir a la distinción entre dos géneros de piedad, el uno emotivo y el otro ya virtuoso. Para San Agustín, la verdadera compasión se opone a aquella otra piedad que sólo busca el placer propio en el dolor ajeno, que se satisface en los dolores superficiales, que no discierne entre sus posibles objetos, que se desentiende de toda acción en favor del necesitado (C III, II). También para Charron «hay una doble misericordia: la una fuerte y buena, que tiene por voluntad y por efecto socorrer a los afligidos sin atribularles ni afligirse uno mismo (...); la otra es una pasión del alma débil, una piedad estúpida y femenina que procede de la languidez» (vol. I, XXXII, 9l). Parecida diferencia establece Descartes entre la compasión del gran hombre y la de la gente corriente, a la que corresponden asimismo dos clases de tristeza del todo distintas (T, l87 y l91). El propio Rousseau se encargó de separar la auténtica piedad de la falsa: de un lado, de esa *pitié barbare* por inactiva, «que se contenta con apartar los ojos de los males que podría aliviar»; del otro, de la dispensada por los *dévots de profession*, fruto del orgullo desmesurado con el que miran a los demás (NH II, l4; V, 2; VI, 8).

Esta última especie que se fustiga es una *piedad peligrosa*, tan admirablemente descrita por Stefan Zweig. Ese vago, doloroso, agotador, excitante sentimiento que nos vuelve sus víctimas y prisioneros; ese veneno, esa piedad funesta, malsana y destructora: «Y la piedad volvió a apoderarse de mí, una vez más me sumergió aquella maldita ola de compasión, que me quitaba toda fuerza y toda voluntad» (PP, l34). Ésta es la tierna y sensiblera, «que no es en realidad sino la impaciencia del corazón para librarse cuanto antes de la penosa emoción que nos embarga ante el sufrimiento del prójimo» (ib., l55), un instinto defensivo del alma contra el dolor ajeno. A ella hay que oponer con denuedo una «piedad creadora, que *sabe* lo que quiere y está decidida a perseverar hasta el límite de las fuerzas humanas» (ib.).

Pero al fondo de la negativa a que la piedad se revista del manto de la virtud y se presente como un ideal moral laten hoy además unas pulsiones colectivas que habría que sacar a la luz. Por ejemplo, la convicción de que el hombre ni es capaz de ofrecerla ni digno de merecerla. Y con ella, como se dice, un cierto deseo de curarse en salud y de precaverse o excusarse de antemano —ante sí mismo y ante los otros— frente a su exigencia. Que no se nos pida, pues, ser compasivos porque nada bueno cabe esperar de uno mismo, que es a la postre como los demás. De este modo nos aseguramos también alguna comprensión hacia el maltrato, desidia o indiferencia que dedicamos al otro en desgracia. O incluso podría contener un larvado resentimiento: si aquél no es mejor que yo, que me reconozco malo, tampoco ostenta mejores títulos para recibir compasión. ¿Habrá que olvidarse aquí de ese afán tan contemporáneo de búsqueda de la excelencia en la mediocridad, como el que tal vez llevó a Rimbaud a ocultarse en Abisinia? Y hasta, contradictoriamente, bien pudiera ser que se estuviera recabando una piedad en exclusiva para uno mismo; es decir, para ese que sufre más que nadie en la misma medida en que se jacta de haber prescindido de toda piedad...

2. Sea como fuere, cuantas deficiencias se achacan en tiempos modernos a la piedad proceden de haber sido fijada las más de las veces (con las sonoras excepciones de Rousseau y Schopenhauer) tan sólo como una emoción, y aun esto de manera parcial y sesgada. Pues, por más que subrayemos sus probables riesgos, parece difícil negar que a éstos les superan sus beneficios seguros. Claro que entonces se dirá que, siendo un sentimiento, esa compasión no es susceptible de convertirse en deber: se siente o no, eso es todo, y nada hay que solicitar o reprochar a su respecto. Y, sin embargo, los sentimientos no nos reservan un destino al que hayamos de resignarnos; pueden ser orientados y transformados mediante nuestra voluntad. Hasta el propio Kant, siquiera fuere como un medio auxiliar de acceso a la virtud, juzgó que era un deber indirecto cultivar en uno mismo la capacidad de experimentar esta compasión sensible (MC, II, 35). Lo cual no es sino un modo de admitir que, en esa conquista de la moralidad que a la par nos aleja y nos apropia de nuestro ser natural, no es preciso renegar de todos nuestros impulsos.

O, por decir mejor, sería imposible. El moralista más riguroso ha de contar con las inclinaciones humanas, y no para sofocarlas, sino para conocerlas, depurarlas, encauzarlas y contrapesarlas con vistas a la perfección del hombre. La moral que las olvide o las relegue será una moral abstracta, esto es, inhumana, predicada tan sólo a un etéreo ser racional. Su seguro fracaso no estriba en la dificultad de discernir en cada acto moral el peso de una u otra inclinación y, por tanto, de calibrar a ciencia cierta su valor. Estriba más bien en la imposibilidad misma de sostener como criterio de valor el absurdo de un deber cumplido sin inclinación alguna. La razón práctica *pura* que así lo exija no es, desde luego, nuestra razón. Si la virtud consistiera sólo en la fuerza victoriosa sobre nuestras emociones, o sería una virtud improbable o no habría siquiera virtud. No es fácil distinguir en una persona la serena actitud fruto del auto-control y la que resulta de la incomprensión o de la insen-sibilidad, así como tampoco cabe oponer por principio sus sentimientos a su razón. Se diría que Hannah Arendt pen-saba en la piedad cuando escribió: «La ausencia de emo-ción no está en el origen de la racionalidad ni puede refor-zarla (...). Para reaccionar de manera razonable [ante una grave tragedia], es preciso primero estar "tocado por la emoción"; lo que se opone a lo "emotivo" no es de ninguna manera lo "racional" (...), sino más bien la insensibilidad, que es con frecuencia un fenómeno patológico, o incluso la sentimentalidad, que representa una perversión del sen-timiento» (DMV, 173).

La virtud no se despliega en la negación de nuestras in-clinaciones, por tanto, sino en su correcto ejercicio para nuestra perfección. No hay virtud sin interés, porque la vir-tud es nuestro mejor interés y se muestra justamente en el esfuerzo de descubrirlo y fomentarlo. Escindir en el hom-bre razón y emoción, autonomía e inclinaciones, conduce a la quimérica escisión del hombre entre su ser sensible y el inteligible. Tal vez la razón, desembarazada del agobio de sus pasiones, logre descansar entonces en su refugio il, su refugio ilu-sorio; pero el individuo, ajeno a un marco tan artificial, per-manece abandonado en medio de su conflicto consigo mis-mo. El hombre es una «inteligencia deseosa» o un «deseo inteligente», diría Aristóteles (EN VI, 2); su razón, en pala-bras más recientes de Alquié, una «conciencia afectiva» o, en las de Marina, «una inteligencia sentimental».

Porque —venga aquí Feuerbach en nuestro apoyo— «un ser *sin pasión* es un ser *sin ser*» (TPR, 43). Lo real se nos da primero como objeto del sentido, y no del pensamiento, que nos ofrece nada más que su fría representación. Sólo existe lo que puede afectar a nuestros sentidos, y el hombre mismo goza de tanta existencia y acapara tanta realidad cuanta su ser apasionado le permite exhibir para otros o disfrutar para sí. Pues «sólo la pasión es el signo verdadero de la existencia. Únicamente lo que es *objeto* —posible o real— de la *pasión existe*» (PFP, 33). La pasión es ya ella misma un juicio de realidad, porque la entidad de algo para nosotros se mide por su resonancia en la esfera afectiva. Más aún, real es lo que excita nuestro interés. La pasión es por ello también un juicio de valor, un detector de lo que nos resulta valioso y deseable: «Sólo *existe* aquello cuyo *ser* te procura alegría y cuyo *no ser* te provoca dolor». Y si la pasión resulta el signo de nuestra existencia humana, adelantemos la pregunta: ¿no será la sim-patía la señal de la solidaridad última que enlaza nuestras vidas y, la com-pasión en particular, el índice de una más específica complicidad en el dolor de esta existencia? Y, así las cosas, ¿no será ya la compasión o la piedad por sí misma una virtud?

Vayamos más despacio. Las pasiones son algo propio de la naturaleza humana, pero «ninguna de las virtudes éticas —dice Aristóteles— se produce en nosotros por naturaleza» (EN II, 1). La virtud, que es una acción, no puede ser pasión. Las pasiones son «afectos que van acompañados de placer o dolor» (ib. II, 5); no virtudes o vicios de la naturaleza humana, nos previene Spinoza, sino «propiedades que le pertenecen como el calor, el frío, la tempestad, el trueno y otras cosas por el estilo a la naturaleza del aire» (TP I, 4). Más en concreto, son aquellos mismos afectos de alegría y tristeza referidos al hombre en tanto que desea y padece. Si a sus componentes afectivo y desiderativo le añadimos el cognitivo (una creencia o pensamiento sobre la realidad), ya tenemos el triple ingrediente que entra a formar parte de toda emoción o pasión (Oakley, c. 1).

Pues bien, la virtud o el vicio no coinciden con ninguna pasión en particular ni con un conjunto de ellas ni mucho menos con su ausencia parcial o total. Virtud y vicio consisten más bien en un cierto *uso* o *administración* de las pasiones, en un cierto *conocimiento* de sus causas y efectos, en una cierta *conducta* con respecto a ellas. No somos buenos o malos por nuestros sentimientos, pero nos hacemos o llegamos a serlo según lo que hagamos con ellos. Obramos bien o mal (y así nos construimos como sujetos virtuosos o viciosos) según el modo como padezcamos. Toda virtud (y todo vicio) corresponde a un afecto y lleva el nombre de su tendencia, pero como tal él mismo es formal y moralmente indiferente. Si la emoción, el sentimiento o la pasión nos son en buena medida dados, la virtud es algo de lo que debemos apropiarnos y hacer nuestra segunda naturaleza. Pero esto puede decirse —y aplicarse en particular a la conversión del sentimiento compasivo en virtud piadosa— al menos en dos claves dispares. Que Aristóteles y Spinoza nos presten sus respectivos instrumentos, aunque nos sirvan para abocar a conclusiones alejadas de las suyas.

En términos aristotélicos, la virtud o excelencia humana sería ese hábito que forja un carácter bueno, o sea, que perfecciona al hombre en su función propia (ib. II, 6 y 9). La materia básica de su acción son las pasiones, pero, a diferencia de ellas, la virtud moral procede del ejercicio en actos voluntarios (que exigen deliberación y elección), promueve disposiciones a actuar y no a ser pasivamente afectados, y, en último término, viene determinada por la razón. Es ésta, mediante la virtud intelectual de la prudencia, la que decide en cada caso el qué, el cómo, el cuándo, la medida (en una palabra, el término medio) que ciertas emociones (no todas, porque algunas sólo darán en vicios) han de satisfacer para convertirse en la virtud que les corresponde. La virtud es, pues, la excelencia de esa pasión en la acción del hombre.

Y así la piedad, que *es* inmediatamente un sentimiento, *puede* (y *debe*) *ser* también una virtud. Ese pesar por el mal ajeno que uno mismo también esperaría sufrir, esto es, que nace o se acompaña del temor..., sólo será virtuoso si tales afectos se dejan conducir habitualmente por la prudencia a su justo término. Un exceso en ese pesar llevaría a una tristeza inactiva, a una impotencia contraria a la verdadera *filautía*. Su defecto equivaldría al desdén hacia el dolor del otro y podría movernos a la crueldad. Sólo aquella justa compasión merecería llamarse virtud y, sus extremos opuestos, sus vicios.

La doctrina de Spinoza subraya aún más el papel de la razón a la hora de discernir entre pasiones y virtudes. Pasión es el afecto que nos domina como una idea inadecuada o confusa engendrada por la imaginación. Expresa nuestra impotencia. La virtud, al contrario, es la potencia misma del alma frente al poder de esos afectos y se muestra en su conocimiento, en su capacidad de convertirlos en ideas adecuadas. «Un afecto que es una pasión deja de ser pasión tan pronto como nos formamos de él una idea clara y distinta» (E V, 3). El alma padece tanto menos y, por consiguiente, desea tanto mejor y actúa (o se autodetermina) tanto más, cuanto más conoce. Conocer los afectos, y por ello liberarnos en lo posible de su servidumbre, significa comprender su afinidad o conflicto con nuestra razón y, así, disponerlos de forma que nos conduzcan a una perfección siempre superior. Este conocimiento es, ante todo, el de la propia naturaleza humana; y sólo ese conocimiento propicia (y es ya) la virtud, pues ésta consiste en «actuar según las leyes de la propia naturaleza» que ordenan siempre el esfuerzo por conservar el ser. «Cuanto más se esfuerza cada cual en buscar su utilidad, esto es, en conservar su ser, y cuanto más lo consigue, tanto más dotado de virtud está» (ib. IV, 20).

No volvamos ahora a debatir con el maestro si la conmiseración debe aspirar al rango de virtud. Él mismo acaba aceptando que, al igual que otros afectos —que, aun siendo malos, son más útiles que dañosos—, también la piedad, pese a no provenir de la razón, puede concordar con ella (ib. IV, 58, esc.). Rechacemos al menos que merezca ser expulsada del reino de la virtud por el hecho de ser una pasión de tristeza, pues la tristeza es capaz de convertirse asimismo en una potencia (ib. III, 37 y dem.). ¿Acaso no vale para ella lo que Aristóteles ponderó de la valentía, a saber, que se trata de «una virtud penosa, pues valientes son los que soportan lo penoso» (EN III, 9)?

Pero, sobre todo, ¿de dónde procede esa pena peculiar de la piedad como no sea del contenido ideal que transporta, de ese conocimiento confuso que a la razón le toca clarificar para así transformarla en virtud? Pues habrá que recordar con Feuerbach, de nuevo, que «los sentimientos humanos no tienen ningún significado empírico o antropológico en el sentido de la vieja filosofía transcendente; tienen significado ontológico, *metafísico* : en los sentimientos, hasta en los más corrientes, se hallan ocultas las verdades más profundas y elevadas» (o.c., 33). Así se formula la hipótesis que acariciamos: que la verdad de la compasión, oculta aún en su simple sentimiento y ya desvelada en su grado de virtud, apunta a la finitud humana tanto como a su dignidad. Dicho de otro modo, es la verdad estremecedora que dice que un ser digno sufre por y de ser mortal. Pero también la que más nítidamente indica dónde residen los lazos más poderosos de nuestra común humanidad.

Y ello significa, por cierto, que esa piedad (como toda virtud) muestra mayor cercanía a la pasión, más duradera y conativa, que a la emoción, de carácter más abrupto y efímero. Como la razón para Spinoza, la virtud no puede menos que ser apasionada. Pero, del mismo modo que la tendencia pasional está inscrita en toda emoción, así hay ya una virtud naciente en los buenos sentimientos. La compasión, al cabo, ostenta el privilegio de prender a la vez en los campos del sentimiento y de la virtud, y hasta de procurar el tránsito entre ambos. Es ella «la que permite pasar de lo uno a lo otro, del orden afectivo al orden ético, de lo que se siente a lo que se quiere, de lo que se es a lo que se debe. Se dirá que el amor también procura este paso. Sin duda. Pero el amor apenas está a nuestro alcance; la compasión, sí» (Comte-Sponville, PTGV, 156-157). La virtud de la piedad es su afecto mismo llevado a su excelencia.

3. Es decir, depurado de sus obvias limitaciones afectivas, de la sensiblería que la degrada, de la ignorancia que la entorpece; pero, también, desplegadas las promesas que ya como afecto espontáneo encierra. La piedad ingresa en el orden de la virtud cuando es producto de un saber y ejer-

cicio reflexivos. Porque sólo entonces puede dar en un hábito, nacido de una elección fundada en razón, y por tanto postulable como un deber universal. La compasión será un sentimiento, pero un *sentimiento moral*, que no sólo refrenda después por su agrado la conciencia del acuerdo entre nuestra acción y la ley, sino que predispone e incita a la voluntad para su cumplimiento. Y será asimismo un *sentimiento moralizado*, de forma que lo que nos prepara la naturaleza queda asumido y elevado por nuestra libertad.

Pero, si queremos apurar las reservas críticas, hagamos nuestra la observación de Jankélévitch (TV II, cap. 7) de que ésta, así como cualquier otra virtud, expresa un ideal cuyo cumplimiento se sitúa en el infinito. Que, por tanto, será bueno sospechar de toda presunta excelencia actual como indicio de un pronto decaimiento: la virtud siempre está expuesta a invertir su esfuerzo y a recaer en la emoción de partida. No hay hábito virtuoso, sino que toda virtud es esencialmente precaria, tentada en cada instante a desfallecer ante la certeza de lo fatal. Sólo el aguijón del descontento de sí la mantiene en tensión. Su ser se agota en la creación continua, en la recuperación incansable de la intención que la hizo nacer. La virtud —también la piadosa—, si se origina en el coraje, sólo persevera por la fidelidad...

Así las cosas, ya no es sólo la desgracia momentánea, sino el estado mismo desgraciado del hombre, lo que ahora despierta esta otra piedad virtuosa. Si es tal, lo es gracias a estar en ejercicio *permanente*. El último pensador citado diría que la continuidad virtuosa se impone sobre la intermitencia estética: mientras el sentimiento es «espasmódico», la virtud es «crónica» (ib., 285). Como en cada uno de los sufrimientos individuales atisba al fondo el sufrimiento de todos, esta compasión no hace distingos; al contrario, es *universal y absoluta*. Para su puesta en marcha, el piadoso ni siquiera exige la presencia palpable de una desgracia cualquiera; le basta conocer el fondo azaroso y precario de la existencia humana desde el que se recorta su dignidad siempre en peligro. Lo mismo quiere atender al dolor del próximo como al del más lejano, al del justo que al del injusto (aunque aquí se acompañe de la indignación), a la desdicha espectacular igual que a la más recóndita y guardada. Hasta puede compadecer también la alegría ajena, en la medida en que sabe de su fragilidad e inconstancia. En todo caso, estamos ante una compasión *profunda*.

No viene tanto con el temor a sufrir una desventura similar a la del otro (ni, según eso, tampoco con la vana esperanza de guardarse de ella), cuanto más bien con la lúcida desesperación de que la común finitud nos aboca a la misma desventura. De ahí que, a diferencia de su mero sentimiento, sea ésta una piedad *mediatamente interesada*, pero *inmediatamente comunitaria*. En cada individuo sufriente que acoge, quiere abrazar a la humanidad entera: es una piedad por todos nosotros. Porque es, en definitiva, una virtud *trágica*, la que brota como fruto de ese saber de la tragedia humana, de la quiebra insalvable entre su mortalidad y su excelencia. Por eso, en tanto que su emoción era compatible con el talante religioso, esta virtud representa su exacto reverso.

Ha de subrayarse entonces que la piedad es esencialmente *igualitaria*, horizontal. Su puerta de acceso es la conciencia de la semejanza radical, no sólo en aquella finitud sino también en dignidad, que a todos nos une. El compasivo de sentimientos se apoya en esta misma semejanza, pero, inconsciente de ella, o presta su piedad con indebidas reservas o la extiende por igual a otros seres no humanos. Así que nada más lejano a este carácter moral que el desprecio o la suficiencia hacia el compadecido. En realidad, no va sólo de un polo al otro de la relación, sino que recorre asimismo el sentido inverso. Es, pues, *recíproca*: el desgraciado ha de saber que también quien le compadece comparte, si no idéntica desdicha particular, desde luego su desdichada suerte definitiva. Más que reactiva, la piedad virtuosa es *reflexiva* y, por lo mismo, puede anticiparse al mal sin esperar a que se presente. Contra la pasividad en que suele complacerse el simple sentimiento, sólo demuestra su excelencia cuando se torna disposición *activa* contra ese mal en cualquiera de sus formas. Si aquél acostumbra a resignarse o como mucho aspira a lo posible, ésta sabe bien que quiere empecinadamente lo muy costoso o lo imposible.

SEGUNDA PARTE

LA VIRTUD PIADOSA

Iniciemos, pues, ahora el esfuerzo por elevar a la piedad desde el plano psicológico al ético. La piedad alcanza su verdadera potencia o virtud cuando se reflexiona sobre sus últimas condiciones de posibilidad, y éstas no son otras que ciertas estructuras últimas y universales del ser humano. Como ya se deslizó al final de la parte anterior, dos parecen los cimientos en que puede asentarse: el concepto de dignidad humana y la autoconciencia de su finitud. Sólo desde ellos podrá esbozarse con algún fundamento una teoría de la naturaleza moral de la compasión y del papel que desempeña en la Ética.

4

El doble asiento de la compasión

La piedad no se ceba únicamente en la miseria humana, no posa su mirada tan sólo en lo común del dolor y de la desgracia del hombre. Tiene también los mismos ojos para su grandeza. De hecho, si todo en el hombre fuera bajeza, ¿por qué la piedad?, ¿de dónde iba a brotar algo que no fuera repulsión y condena o, a lo sumo, una circunspecta indiferencia? La piedad requiere de ambas como su condición conjunta de posibilidad: sin grandeza humana no habría lugar a lamentar su penuria mortal y, sin esta pequeñez, sería insensato ponderar su excelencia amenazada o en camino de perderse. Si la dignidad del hombre es su fundamento mediato, en la finitud humana reposa su resorte más próximo e inmediato; privada de cualquiera de ellas, la compasión se esfuma. Ésta tanto recuerda la maravilla del individuo humano en medio de su mediocridad como su pobreza en tiempos de abundancia; contempla siempre a la una desde la otra. Lo mismo sirve, pues, para consolar al humillado que para rebajar al engreído. Un Pascal habría dicho que sirve ante todo para ver al hombre en su justa medida: grande en (y a pesar de) su miseria y miserable en (y pese a) su grandeza (P, 314). Lo que la piedad revela no es sólo la desgracia, sino la distancia o el abismo entre esa desgracia y la gracia o el bien opuestos, la tensión entre aquella desdicha del hombre —en último término, su finitud— y su vocación de excelencia.

Así que dignidad y mortalidad humanas, además de coexistentes, han de tenerse en un sentido por complementarias, porque una lleva a la otra. La razón que nos dignifica es enseguida conciencia de nuestra finitud y nuestra

esencial contingencia nos propone la dignidad como tarea.
Pero no menos, en otro sentido, por excluyentes. La una
nos eleva, la otra nos abate; mientras aquélla remarca nuestra excepcionalidad y carácter «divino», la otra nos recuerda
nuestra condición demasiado humana. Una señala el proyecto del que la otra certifica su fracaso. Pero si —por separado— de la primera nace el respeto y la admiración, y la
otra no pasaría de suscitar sin más el horror o el desprecio,
de una mirada conjunta sobre la dignidad y la finitud humanas brota en rigor la compasión. Ésta se negaría como
virtud si afincara su reflexión en la nada del hombre con olvido de su ser. La mejor expresión piadosa no es el «no somos nada», si no se añade al instante que lo somos todo. En
lugar de musitar a la vista del enfermo o depauperado
«¡Con lo que *era este* hombre!», el compasivo más bien exclama: «¡Con lo que *todo* hombre *es...*!». De modo paralelo,
cuando ve al triunfador en medio de su gloria, la piedad
—sin renunciar a la alegría debida— no puede por menos
de compadecer ya su futura derrota.

4.1. LA DIGNIDAD DEL HOMBRE

1. Si en el hombre sólo hubiera miseria, entonces paradójicamente no sería en verdad miserable, o sea, digno
de conmiseración o de ser compadecido. Lo es porque,
además de miserable, es otra cosa; porque no se agota en su
real deficiencia, pobreza o perversidad. En suma, sólo porque el hombre posee también dignidad se vuelve susceptible de compasión. Carente de aquélla, ni el hombre podría
ser afectado por la miseria, ni llegaría a conocerla ni siquiera algo humano debiera ser calificado de tal. Sin esa
dignidad previa que le atribuimos, tampoco habría *qué*
compadecer en él, ni *quién* le compadeciera ni *por qué* o *desde dónde* compadecerle. Recuérdese que Aristóteles se habría acercado a constatarlo cuando dejó escrito: «Se es
compasivo, además, sólo si se cree que existen personas

honradas, porque el que a nadie considere así pensará que todos son dignos de sufrir un daño» (R II, 8). Más allá del papel emotivo de esta creencia, la alusión a la universal dignidad humana parece el referente obligado de la piedad.

En efecto, es por contraste con esa excelencia, con su elevación e infinitud de posibilidades, como se muestra la miseria individual: lo que degrada, trunca o contradice a su real (y a un tiempo potencial) dignidad. Ningún hombre coincide con ella; o, mejor, si no hay ser humano que coincida consigo mismo, es por estar dotado de dignidad, por disponer de una capacidad y un destino literalmente indefinidos. De suerte que el hombre es mísero precisamente por gozar de semejante valor, y tanto más miserable cuanto mayor distancia manifieste su vida (singular y colectiva, material y espiritual) con respecto a aquella dignidad. Sin ésta, la compasión no encuentra tarea ni sentido.

La negación de esa excelencia origina el rechazo más tajante de la piedad, que aparecería entonces como un sentimiento o una virtud *inadecuados*, algo que el hombre no merece. Desde la inane condición de su destinatario, la piedad resulta una emoción o virtud errónea y desencaminada, indebida; en todo caso, como una pasión *excesiva*. A quien no la tribute, lejos de tildarlo de inhumano, habrá que felicitarle por una lucidez que se niega a hacerse ilusiones de la humanidad. Y es que la compasión otorga al hombre un valor que no tiene. Sea cual fuere la ocasión en que se manifieste, no se dirige al individuo real, sino a un ser imaginario y ficticio. En lugar, pues, de dejar a la espontaneidad —y peor todavía al afán deliberado— que dispense alguna piedad, nos corresponde más bien reprimirla para no traicionarnos a nosotros mismos y hacer justicia al otro. Frente a unos seres tan rebosantes de vacío, el ejercicio de la compasión contribuiría a la falsedad de creernos mejores de lo que somos. La muerte sólo viene a zanjar la vida de quien no debía existir: acaba con lo que no debía haber empezado y, en suma, da al hombre *su merecido*. Si nos hemos conocido siquiera un poco, ¿cómo entristecernos con la desdicha de quienes se nos parecen?... El lector ya habrá adivinado en estas líneas una vertiente de las reflexiones de Cioran. Para éste, el hombre es un animal inaceptable; nos liberamos cuando le detestamos (HU, 92-93; LS, 99).

Aceptemos al hombre, y entonces, además de requisito objetivo, la dignidad es también condición subjetiva de la piedad. Si los hombres no fueran excelentes, si fueran sólo seres naturales, tampoco serían compasivos. Un ser digno puede apiadarse de otro ser digno porque únicamente aquél es capaz de reconocer su valor, y reconocerlo a un tiempo como vejado o negado para así compartir su desgracia. Sólo un ser consciente puede descubrir a la vez la humanidad en cada persona y la pena que por fuerza la acompaña. Así como la dignidad atropellada del otro le hace ante mí compadecible, así también mi propia dignidad me vuelve piadoso. A la postre, la compasión será una de las muestras de mi dignidad.

Nada más necio, por tanto, que una dignidad encastillada, esa dignidad «digna» y «respetable» tras la que su portador se parapeta a fin de evitar en lo posible el roce de sus semejantes. Pues su voluntad incomunicadora no le lleva más allá de un mero porte externo, de la careta con la que pretende pasar por más valioso que el otro y preservar su propia persona del contagio con lo aparentemente indigno. Pero lo primero que ha de revelar una autoconciencia de la dignidad es su igual participación por todos los humanos; y lo siguiente, que se halla impedida o contrariada por su miseria real y que, entonces, le conviene la piedad ajena. El retador «usted no sabe con quién está hablando» resulta tan despreciable como su paralelo «yo no necesito de su compasión». Quien más ha cultivado la conciencia de su propio valor (y ésta viene a una con la del valor del otro), mejor percibe la injuria humana o la finitud natural que lo contrarían y, por ello, más dispuesto está a dar y recibir compasión.

2. «Muchas cosas asombrosas existen —exclama el coro de *Antígona* (332)— y, con todo, nada más asombroso

que el hombre». A eso propio del hombre que provoca la admiración del hombre mismo lo llamamos dignidad. Se deposite en su capacidad de palabra, en su creatividad técnica o espiritual o en su fecundidad de recursos de todas clases, siempre será la señal de su superioridad sobre los demás seres vivos. Esa *caña pensante*, según Pascal, es la más frágil de la naturaleza; pero «aunque el universo le aplastara, el hombre sería todavía más noble que lo que le mata, puesto que sabe que muere, y el universo no sabe nada de su ventaja sobre él. Toda nuestra dignidad consiste, pues, en el pensamiento» (P, 264). Lo mismo aprecia san Juan de la Cruz: «Un solo pensamiento del hombre vale más que todo el mundo» (DLA, 34). Esa dignidad es el colmo de la excelencia humana.

De entre sus varios significados o contenidos, dos han ocupado sobre todo a la filosofía. Ese valor eminente del hombre estriba, de una parte, en su posibilidad de llegar a ser todo. Dignidad equivale a posibilidad, esto es, a ruptura, negación o liberación de la férrea necesidad natural; a variabilidad y apertura a un campo infinito de formas. A diferencia del animal, ser perfecto o terminado, es la imperfección con la que la naturaleza le echa al mundo la que obliga al hombre a perfeccionarse, o sea, a acabarse. La misma indeterminación en que queda ante la llamada del instinto es la que le permite ser libre u optar entre múltiples respuestas posibles. Desprovisto de las propiedades que le amarren a su medio y le aseguren su pervivencia, sólo podrá sobrevivir ingeniando renovados recursos de adaptación. Su limitación le vuelve ilimitado, es cultural porque no es natural. Su carencia, en definitiva, es la madre de su riqueza.

Éste es el núcleo del mito de Protágoras (320 c) que después harán suyo varios pensadores renacentistas. Para Pico de la Mirándola, el hombre no recibió como propia una naturaleza contraída a ciertas leyes prescritas, sino una «forma indefinida» para que se modelara según su particular decisión. Así «le fue dado tener lo que desea, ser lo que quisiere».

El hombre, pues, es un «camaleón», dotado de una naturaleza multiforme, transformadora de sí misma y mudadiza. Pero si esta excepcionalidad le convierte en el ser más digno de admirar, le encomienda también la mayor de las responsabilidades: sólo a nosotros nos corresponde la «ambición de no contentarnos con lo mediocre, sino anhelar lo sumo y tratar de conseguirlo (si queremos, podemos) con todas nuestras fuerzas». Otrotanto viene a decir el español Pérez de Oliva, según el cual el hombre es «cosa universal, que de todas participa», hasta el punto de reunir en él la perfección del mundo. Su dignidad reside en su capacidad de componer su propia figura, pues al fin «tiene la libertad de ser lo que quisiere». Esa poderosa libertad para alcanzar una siempre creciente universalidad: tal es la señal en el hombre de la predilección divina. En lenguaje laico, a ella se refirió después Rousseau cuando hizo de la *perfectibilidad* la diferencia más distintiva del hombre respecto del animal. Hegel y la izquierda hegeliana llamarán *genericidad* a ese rasgo por el que el hombre somete a sí a todas las especies animales particulares para erigirse en un ser universal.

La otra gran concepción de la dignidad la cifra en la autonomía o libertad del hombre como ser racional. Son bien conocidas las páginas de la *Fundamentación* (82 y sigs.) en las que Kant expone esta doctrina. La dignidad de un ser racional consiste en que «no obedece a ninguna otra ley que aquella que él se da a sí mismo»; o sea, se funda en su autonomía respecto de todas las leyes naturales. Mientras los seres sometidos al dictado de estas leyes son *cosas*, y por eso siempre medios, el ser autolegislador es *persona*, capaz no sólo de proponerse fines sino de ponerse a sí mismo como fin. La autonomía de su voluntad es su única ley. El hombre, como persona, se eleva así sobre el resto de seres físicos en su calidad de ser moral. Sólo tiene dignidad la humanidad en cuanto que sólo ella es capaz de moralidad, es decir, de participar en esa legislación universal que rige el reino de los fines del que el hombre es miembro en razón de su libertad.

Su libertad es la capacidad de todas sus capacidades, «aquella propiedad que subyace, como fundamento y condición necesaria, a todas las perfecciones» (LE, 161). Esa dignidad de su libertad (de su autodeterminación) constituye su «valor interno», un valor absoluto, algo que no tiene precio: «Aquello que tiene precio puede ser sustituido por algo *equivalente*; en cambio, lo que se halla por encima de todo precio y, por tanto, no admite nada equivalente, eso tiene una dignidad». La dignidad representa así el valor último de la humanidad en cada hombre, la excelencia de la personalidad en cada persona singular, la prerrogativa del individuo humano sobre los individuos físicos, lo que hace del ser humano algo único en el mundo y a cada hombre un ser único entre los demás hombres. Hasta el punto, dirá Kant, que vivir no es algo necesario, pero sí lo es vivir con dignidad (LE, 192). Ella es la que nos propone como deber incondicionado la búsqueda de la perfección moral (LE, 301-303; MC II, Intr.). Si en ella descansa la propia autoestima moral, de los demás exige el *respeto*.

3. Se le podrá reprochar a Kant que, habiendo captado lo esencial, dejara sin subrayar lo bastante dos dimensiones incoadas en aquella dignidad. Por un lado, su aspecto dinámico y expansivo, y con él, su innegable alcance cultural o histórico. Verdad es que ya lo había apuntado: «El arte y la ciencia nos han hecho *cultos* en alto grado. Somos *civilizados* hasta el exceso, en toda clase de maneras y decoros sociales. Pero para que nos podamos considerar *moralizados* falta mucho todavía...» (*Idea...*, en FH, 56). La dignidad del hombre no es una propiedad ya cumplida y lista para ejercerse, sino —como la libertad o la igualdad— una cualidad *in fieri* de la que nos apropiamos en un proceso inacabable. Su significado es tan descriptivo como normativo, tanto designa una realidad actual como potencial. Esa dignidad humana es, ella misma, la exigencia de dignidad para el hombre. *Ser dignos significa hacernos a cada momento dignos de nuestra dignidad*. Pero entonces su contenido varía y se expande según los requerimientos de cada época y

cada grupo, a tenor del grado de desarrollo material, social, político o espiritual alcanzado.

En resumidas cuentas, decir que la vida humana está dotada de dignidad es un modo de hablar performativo. No relata tanto lo que existe, cuanto el propósito de instaurar una situación humana (por ejemplo, la expansión de derechos) más deseable. Pero ese mismo propósito, esa capacidad como tal, es síntoma y prueba a la vez de la eminencia humana. A la par realidad y proyecto, el imperativo emanado de la conciencia del propio valor del hombre tanto le dice «sé lo que eres» (*esto vir*) como «llega a ser lo que eres», o sea, confirma y alcanza tu dignidad.

Y, por otro lado, se echa de menos la dimensión interpersonal o comunitaria de aquella dignidad. Para evitar caer en una falsa medida acerca de nuestro propio valor, observa Kant con razón que «la autoestima moral, que descansa en la dignidad de la humanidad, no ha de basarse en la comparación con los demás, sino en la comparación con la ley moral» (LE, 167). Pero no es menos cierto que el valor de cada cual está en relación necesaria con el de los demás. Si la dignidad propia exige el respeto del otro, es porque no puede darse sin la dignidad ajena capaz de prestarle tal respeto. La dignidad sólo es pensable como propiedad individual una vez que sea también susceptible de ser crecientemente apropiada por los miembros del grupo. Dignidad equivale a reciprocidad en el reconocimiento de la dignidad de todos. Uno puede ser valiente en una comunidad de cobardes o generoso rodeado de avaros. Pero es imposible que alguien pueda ser verdaderamente digno en medio de seres privados de su dignidad, ni humano en un entorno de inhumanidad.

Por lo demás, no es preciso presumir ninguna intención o designio de una Naturaleza providente a la base de nuestra dignidad (como varios textos de la kantiana *Filosofía de la historia* insinúan), a menos que hagamos de la autonomía moral un resultado previsto de la necesidad. Si nuestra libertad estuviera contenida en el plan de esa Providencia, sería una libertad aparente; si nuestra dignidad fuera un producto otorgado o una tarea decretada por aquélla, a ella sola, y no a nosotros, le correspondería tal prerrogativa. Ni hay tampoco que caer en la tentación de suponer dos reinos, el sensible y el inteligible, para ubicar adecuadamente a este ser a un tiempo físico y moral, natural y sobrenatural. El hombre es lo segundo sin dejar de ser lo primero o, mejor dicho, gracias a serlo; está por encima del resto de seres naturales, pero no fuera de la naturaleza. Con palabras más precisas: en su naturaleza física está ya incoada la posibilidad de su autonomía y moralidad. Pero esa misma posibilidad, repetimos, coincide enteramente con su dignidad.

Aquí se conjugan los dos contenidos mayores de la dignidad humana. Poder de universalizarse y libertad o personalidad moral se subsumen en la posibilidad: éste es nuestro atributo *exclusivo*. Nuestro valor consiste en que somos *seres de posibilidades*, no sólo necesarios, y la dignidad misma es nuestra más alta posibilidad. La excelencia humana sobre todas las criaturas se mide por su exceso de potencia sobre ellas, y no sólo por el ejercicio actual de esa potencia. La posibilidad misma de la dignidad es también nuestra dignidad entendida como posibilidad. El primer deber del ser humano es el deber respecto de las potencias que alberga, así como el único compromiso con los hombres es el compromiso con su excelencia, o sea, con sus posibilidades como hombres. Si el derecho se asienta en la dignidad humana, es porque a nuestras posibilidades deben corresponder nuestros derechos (Marina EPN, 104 y sigs.).

Pero ya se oye la amarga carcajada de Nietzsche, para quien el hombre ha sido criado por cuatro errores: una conciencia de sí incompleta; la autoatribución de cualidades imaginarias; una falsa relación con los animales y la naturaleza; por último, la invención de tablas de bienes siempre cambiantes, a las que durante algún tiempo considera eternas y absolutas. «Réstese el efecto de estos cuatro errores, y se habrán restado a la vez la humanidad, el humani-

tarismo y la "dignidad humana"» (GC, 115)... Al revés, nos
apresuramos a replicar, todos y cada uno de esos presuntos
errores le ennoblecen en la misma medida en que marcan
su diferencia; es decir, porque construyen su humanidad,
fundan el humanitarismo (el deber de la compasión) y resumen su dignidad. Esta dignidad no será sólo algo apropiado en el futuro por ese ser más pleno que ha de venir,
sino que reside ya en el hombre con *poder de alcanzar* tal plenitud. Y siendo el hombre el valorizador por excelencia,
¿cómo no iba a ensalzarse por encima de todas las cosas? A
fin de cuentas, tal ejercicio de evaluación sería otra de sus
posibilidades, y por cierto la más decisiva, porque determina el valor peculiar de todas las restantes.

Claro está que ese concepto de su propio valor es un logro, no de cada individuo, sino de la Humanidad ilustrada
en su historia. No siempre ha habido una conciencia de la
Humanidad (del común género humano) ni de la humanidad del hombre. A lo largo de ese interminable proceso de
autovaloración los hombres han abundado más en atribuirse
su valor de manera indirecta y, sobre todo, religiosa. Ha sido
la suya una dignidad secundaria y como por delegación, por
vía de filiación divina. Sólo en calidad de *isotés*, de semejante
a Dios o de objeto de su predilección, ha acertado el hombre
a darse un valor absoluto, que en su mismo carácter enaje-
nado confesaba ser relativo. Pero este largo rodeo para hacerse cargo de su valor, ¿no pondera ya bastante su eminencia? Ninguna obra humana como la religión ofrece tan alto
testimonio de la idea que el hombre se forja de sí mismo.
Ésta es su presunción más desmedida: nada menos que
creerse criatura de Dios, la última y la preferida, cuyo resca-
te merece hasta la misma muerte de su Hijo. Es cosa que maravilla la dignidad —aunque humillada— que se concede
esa pobre vieja que en el rincón de la iglesia cree firmemen-
te tener a todo un Dios pendiente de sus rezos...

Ha hecho falta mucho tiempo y mucho pensamiento
secular para que el hombre se atreviera a asumir una dignidad sin mediaciones, sin remitirla a una instancia superior

que le enalteciera por su omnímoda voluntad y capricho. A costa de sumirse en la incertidumbre y en la oscuridad, desde luego, pero ha recuperado las propiedades que había alienado en Dios. Dios es ahora —si así valiera decirlo— el *isantropós*, el semejante al hombre, y éste, el dios para el hombre mismo. Esa dignidad, su posibilidad real, ha de hacerla suya o él mismo ha de hacerse digno de ella. Y tanto más intenso será su dolor, y con él la compasión que se le debe, cuanto mayor sea el intervalo entre la dignidad proclamada o posible y la de hecho ejercida o conquistada.

4.2. LA FINITUD HUMANA

Por muy alta que sea la dignidad que ostente, sólo el ser que sufre y al final muere merece piedad. El Dios cristiano sólo se vuelve compadecible cuando, tras su encarnación, experimenta el dolor y la muerte. No son dos instancias, el dolor y la muerte, netamente distinguibles salvo en el plano del tiempo: el uno viene antes, la otra después. Componen una sola realidad, la finitud, de la que el dolor es su prefiguración y la muerte su cumplimiento total. Burke observó que «lo que hace a la pena misma más penosa, si se me permite explicarme así, es que se la considera como un emisario de esta reina de los horrores [la muerte]» (IF I, VII). Y un contemporáneo nuestro lo remacha: «El dolor remite a la muerte, porque es su profecía más o menos lejana» (Jankélévitch, AAS, 184). Sólo es verdadero dolor el irremediable, el que está abocado a la muerte. De modo que la piedad no se dirige a un ser que sufre, sino al ser que sufre porque está llamado a morir.

1. Este morir al que atiende la compasión es un destino definitivo, y no un estado provisional del que quepa esperar su salida, regreso o cualquier otra clase de pervivencia. Aunque sufran, ni el Dios hecho hombre en verdad muere, puesto que resucita, ni tampoco el creyente en Él, porque

confía en que revivirá para siempre. Y es que, en fin, sólo muere *propiamente* quien *sabe* que ha de morir del todo. Tal vez los animales experimenten dolor, pero en todo caso en medio de su sufrimiento carecen de la conciencia de su muerte. Así que, a diferencia de la simple extinción que sucede a los demás seres vivos, la muerte es una propiedad humana. Esa misma conciencia que reviste al hombre de su peculiar dignidad, es inmediata conciencia de su mortalidad. No hay otro ser que en verdad muera, y por ello haya estrictamente que compadecer, más que el hombre.

La piedad es una actitud ante el mal del otro en el que reconocemos nuestro propio mal. Pero mal es todo lo que limita o impide nuestro bienestar (mal físico o el dolor) y lo que contraviene a las exigencias de nuestra dignidad (mal moral o la falta); a resultas de ambos, mal es sobre todo lo que priva de sentido a la existencia humana, a su historia y al orden del mundo (mal metafísico). Si hay males relativos, por subsanables, ciertas experiencias-límite nos ponen ante el mal absoluto que no admite atenuante alguno. Ya puede el idealista invocar la conciencia como su adecuado remedio, que no haremos más que agravar el mal precisamente por ser entonces, además, pensado. Adquirir conciencia del mal supone poner en cuestión el valor de la vida, vivir en la angustia de una vida condenada al fracaso y al sinsentido. La más honda y universal experiencia humana es la del mal, así como el más firme y primitivo deseo humano estriba en librarse de él. La aspiración al bien, sea éste la felicidad o la perfección, adquiere primero un enunciado negativo: bien es la privación del mal, bueno es lo que arruina o impide lo malo. Tal vez fuera éste el comienzo de la filosofía (la angustia más que el asombro), y su objeto no tanto el esclarecimiento acerca del ser y la nada, sino sobre el bien y el mal, el sentido o el sinsentido.

Así las cosas, ¿no será la muerte del hombre la figura para él más acabada del mal?. La muerte no es sólo el mayor de los males, como quería Aristóteles, «porque es un límite y más allá de ella nada parece ser ni bueno ni malo para el muerto» (EN III, 6); constituye, antes que eso, el símbolo y el compendio de todo mal. Aquello a lo que por naturaleza apunta todo dolor, eso que impulsa a cometer la falta moral y la enmarca, lo que instaura el absurdo en el espacio de la vida humana... resulta ser la muerte. Ella es lo primero (o lo último) evocado por el mal. «En el fondo —dice Marcel—, tan pronto interviene el mal, la muerte comienza inevitablemente su tarea; el mal anuncia la muerte, es ya la muerte» (FTC, l88-89). Una banalidad insignificante desde el orden natural, la muerte representa para el hombre la mayor tragedia: Jankélévitch llama a nuestra finitud «la enfermedad de las enfermedades» (PM, 25-26). Su misma desmesura lleva a Canetti a calificarla de «el único hecho» (CP, 23). Viviendo bajo la permanente amenaza del mal que en ella se resume, la vida humana sólo se explica como una lucha sin tregua contra la muerte y cualesquiera de sus múltiples signos.

Ahora bien, entender esta muerte y esta finitud como la mayor desgracia para el hombre, desde la cual todas las otras aparecen como meros síntomas y anticipaciones, plantea un grave problema. A saber, si —en este caso, el único en el que la cuestión cobra sentido— la vida es el bien supremo, dado que su privación sería el mayor mal, o si hay por el contrario bienes superiores a los que la vida humana ha de subordinarse. Por la segunda de las alternativas se habría inclinado sin vacilar Kant: «La vida en sí y por sí misma no representa el supremo bien que nos ha sido confiado, ni por lo tanto el que debemos atender en primer lugar. Existen deberes de rango superior al de la supervivencia cuya puesta en práctica conlleva a veces el sacrificio de la vida» (LE, l95). Pero también aquel Nietzsche que denostaba, por cierto, la ética de la compasión precisamente por apoyarse en una religión del bienestar incapaz de aguantar las dosis de dolor que la vida exige. Ya el clásico nos previno contra la tentación de echar a perder las razones que avalan la vida por el bruto afán de vivir: *et propter vitam vivendi perdere causas*...

Pero si la muerte no fuera tenida por un mal, y el que condensa todos los males, ¿cabría siquiera hablar del mal?, ¿habría males para el hombre? Todo lo que éste experimentase como dañino sería puro espejismo o barrunto insensato de no se sabe qué plenitud presentida o deseada. Conocimiento del bien y del mal, es decir, capacidad para determinar qué sea lo uno y lo otro: he ahí lo que distingue al hombre, al «animal creador de valores». Y así atribuye valor a la vida y lo niega de la muerte y de cuanto la anuncie.

Hay que evitar la argucia de abstraer, primero, en la vida del hombre lo biológico respecto de lo propiamente humano, para concluir después que lo humano está por encima de la simple vida. La vida humana es una unidad y, en tanto que humana, es decir, consciente y libre, ya un valor por sí misma; su muerte tampoco será un hecho bruto, sino un contravalor. La vida humana no es, pues, el espacio neutro o el indiferente decurso temporal en los que el hombre inventa y cultiva valores: es más bien valiosa por ser *la posibilidad de valor*, y un valor que transciende a la vida misma. Por eso la muerte no es tan sólo la pérdida en cada ser humano de la vida, sino la pérdida para él mismo y para el Universo de la vida *humana*, esto es, la aniquilación del valor.

Para Hermann Broch la muerte representa el *summum malum*, «el más terrible y temible suceso de la vida» (PI, 290). Ella es el *mal absoluto*, y tan contraria al valor como que el ámbito de lo valioso se define por su frontal negación: «Todo lo que es definido como valor y todo lo que merece ser definido como valor apunta hacia la eliminación y superación de la muerte. La muerte es la carencia de valor en sí misma, la falta de valor en contraposición al valor de la vida» (ib., 391). Sin ese mal, no habría tampoco valor ni sistema de valores alguno; frente a la luminosidad de los bienes que queremos, la muerte concentra la oscuridad de todo lo que tememos: «si no hubiera muerte, no habría temor sobre la Tierra».

Abrumada por los horrores de la segunda gran guerra,

H. Arendt (quien ya había advertido que la muerte es sólo un «mal limitado». LOT, 658) replicará que hoy sabemos que ella ni es lo peor que un ser humano puede causar a otro ni aquello que más mortifica al hombre. Pues, junto a la muerte, aparece el dolor, «y este dolor, en su forma extrema, sería insoportable para el hombre de no existir la muerte». Lo terrible del infierno estriba en ser la amenaza de un castigo sin fin mucho más temible que la muerte eterna. En lugar de restaurar la de la muerte, sería bueno descubrir la dignidad filosófica de la experiencia del dolor. (*Introducción* a H. Broch, PI). Pero ese dolor, y tanto más cuanto más intenso, ¿acaso puede ser otra cosa que una premonición de la muerte, un recordatorio de nuestra finitud?

Habrá que distinguir, entonces, entre el mal y su sufrimiento. El de la muerte no es el peor sufrimiento si por él esperamos librarnos de otros que estimamos mayores. Pero es sin duda el peor de los males, puesto que siega de raíz cualquier bien real, del que el mayor de los dolientes goza en alguna medida; y también porque arrebata todo bien posible, una esperanza a la que hasta los más afligidos no pueden sustraerse. Elegir la muerte es optar por la renuncia a todo bien por huir de un mal. Si la muerte parece preferible a soportar el dolor o la ignominia, será porque éstos se juzgan insuperables, es decir, porque se da por cerrada toda eventual mejoría; a poca que se vislumbrase, se optaría sin duda por seguir viviendo con vistas a alcanzarla. Cuando esa minúscula posibilidad se agota, si nos quedamos sin nuestros posibles, en realidad somos ya muertos en vida y la muerte deseada sólo vendría a confirmarlo. Pero, mejor aún, incluso desear la muerte es una señal de vida y de su superioridad en valor. Nadie puede querer la muerte por sí misma, como un bien, sino sólo como medio para algún bien. Así que la muerte no es un valor ni siquiera «cuando la muerte sólo puede ser superada por ella misma, cuando la propia muerte es la que elimina la muerte» (Broch, ib., 391). La vida humana, en cambio, no puede ser medio para otra cosa, es un fin en sí misma; vivir humanamente es requerir seguir viviendo como hombre. Pero sólo él puede hacer de ella un fin. Por eso mismo *sólo para el hombre* puede la muerte ser el mayor de los males, porque sólo él puede *querer* la vida como bien, aunque sobre este fin deba proyectar la conquista de fines o bienes todavía más valiosos. Y entonces, sí, el hombre es capaz de preferir una vida digna a una vida menos humana.

2. Si la maldad del mal se resume para el hombre en su muerte, la primera nota específica de esta muerte (ya lo hemos dicho) es la de ser *sabida* y, por eso mismo, anticipada, prevista. Toda biografía individual es la crónica de una muerte anunciada. Esa «reflexiva expectación del futuro», que constituía para Kant la más notoria prerrogativa humana, explica que los hombres «anticipen con temor algo que también les ocurre a todos los animales pero que a ninguno preocupa: la muerte» (FH, 74-75). La única criatura capaz de asombrarse de ser, ha de ser la única en extrañarse también de su fatídico y venidero no ser. En realidad, sería más bien la segura expectativa de su muerte, inducida a partir de la pérdida de los otros o de su larvada presencia en uno mismo, la que obliga al hombre a prevenir el futuro. El resto del Universo, como advierte una fábula de Borges, vive en la inmortalidad: «Ser inmortal es baladí; menos el hombre, todas las criaturas lo son, pues ignoran la muerte» (*El Aleph*, OC, 540). Terrible facultad ésta por la que el hombre experimenta su finitud tantas veces cuantas la anticipa en su imaginación, por la que en cierto modo muere —o, mejor, remuere— cada vez que revive su muerte. En cierta ocasión propuso Heidegger sustituir la fórmula cartesiana del *cogito sum* por el *moribundus sum*.

No es bastante, pues, decir que lo que en los demás entes vivos no pasa de ser —a lo que parece— un suceso inconsciente, signifique para el hombre el acontecimiento supremo de su existencia. Claro que lo es, incluso si se lo compara con su polo opuesto, «puesto que en el nacimiento la nada está antes, mientras que en la muerte está después», y eso cambia todo y vuelve incomparables aquel comienzo y este término (Jankélévitch, PM, 18-19). Pero es mucho más: antes de que se presente como un hecho, la muerte del hombre es sobre todo *conciencia de la muerte,* o sea, autoconciencia de su ser mortal. Ignorada por los pueblos primitivos, que no perciben con nitidez la diferencia entre el individuo y su clan, la conciencia de la mortalidad va a la par de la progresiva individuación humana (Landsberg, 17-19; Morin, 49 y sigs.). A una con la ganancia en individualidad, crece en intensidad también la intuición de su pérdida definitiva. O, lo que es igual, la muerte aparece como el signo más notorio de la vulnerabilidad y precariedad esencial del hombre: allá donde detectamos un riesgo, allá se esconde en lo más profundo la muerte.

Así que nada más engañoso que reducir esta mortalidad consciente al hecho bruto del morir, igual que nada más torpe que entender esta muerte humana como un puro dato biológico, punto final de un proceso vital, algo exterior a nuestra existencia. Aquella célebre fórmula epicúrea, según la cual nuestra experiencia y nuestra muerte jamás podrían coincidir, era tan bienintencionada como falsa. Para todos valdrá menos para el hombre, para quien la mortalidad opera como una *estructura a priori* de su existencia. El hombre es el único que se sabe ser-para-la-muerte, el ser en cuya experiencia la vida está dirigida en cada punto temporal (pasado, presente, futuro) hacia la muerte (Scheler, MS, 27 y sigs.).

Otra cosa es que, en su representación ordinaria, ella se ofrezca a la mayoría de los hombres como algo que sólo tiene que ver con la vida por vez primera y única en el instante de su llegada. «Pero en realidad —escribe Simmel— la muerte está ligada a la vida de antemano y desde el interior» (IL, 56). Por el solo hecho de que el morir está ya presente en nuestra conciencia la vida humana recibe una *forma,* una determinación sin la cual la existencia de cada individuo sería distinta. «Ante todo, esto aclara la significación configuradora de la muerte. Delimita, esto es, conforma nuestra vida no sólo en la hora de la muerte, sino que es un momento formal de nuestra vida que tiñe todos sus contenidos: la delimitabilidad de la totalidad de la vida por la muerte pre-actúa sobre todos sus contenidos e instantes; la cualidad y forma de cada uno sería distinta si pudieran sobrepasar esta frontera inmanente» (ib., 57).

Morir para el hombre (*sterben*) no equivale a extinguirse, desaparecer o dejar de vivir (*ableben*), apunta aquí la imprescindible reflexión heideggeriana (ST, 2ª, c. l, 46-53). Eso último es el sucedáneo con que el mundo cotidiano, el «se» impersonal de la habladuría, trata de eludir la muerte y reducirla a un accidente que ocurre a todos en general y a nadie en particular, que sucede a otros pero *aún no* a uno mismo. Este habitual esquivarse ante la muerte nos mantiene en una relación *impropia* con ella. Pues la muerte no es para el hombre, como el ente al que le es consustancial el llegar a ser (o sea, el ser posible), el mero *aún no* o lo que falta al cumplimiento total de su vida. Es un modo de ser del hombre, el «ser *relativamente a la muerte*» entendido como un «ser relativamente a una posibilidad». Y no a una posibilidad cualquiera, sino a la más peculiar, irrebasable, cierta, si bien indeterminada posibilidad del hombre. Éste está siempre en la inminencia de dejar de ser, bajo la permanente amenaza de una posibilidad que consiste en la imposibilidad absoluta de su ser.

Y así, como en cada momento *somos* los que van a morir, cada individuo es enteramente desde la muerte: todo lo hacemos porque morimos y, en verdad, para no morirnos. Luego la muerte, además de limitar nuestra vida en el tiempo y un mal día truncarla, la impregna en todos sus poros; lo serio, por ejemplo, resulta el indicio más seguro de su implícita o expresa comparecencia. Para resumirlo en palabras de Jankélévitch, «comprendemos perfectamente que sin la muerte el hombre ni siquiera sería un hombre, que es la presencia de esta muerte la que construye las grandes existencias [y las pequeñas, A.A.], la que les da su fervor, su ardor, su tono. Se puede entonces decir que lo que no muere no vive» (PM, 20-21). He ahí la aparente paradoja de que, aquello que va royendo a cada instante nuestra vida para al final arrebatarla (*Vulnerant omnes, ultima necat*), eso mismo —ya intuido, ya pensado— la marca y ordena desde un principio y a lo largo de su transcurso. Por eso no resulta disparatado concluir que «la muerte es la que da un sentido a la vida al tiempo que le priva de ese sentido» (ib., 40).

3. Qué quiera decirse con esto, es algo que habrá que examinar más adelante. De momento, la razón pregona que la muerte humana representa un sinsentido, por más que la creencia pueda hallarle significado en alguna forma de supervivencia del espíritu (Scheler, MS, 69 y sigs.) o la difumine en una apariencia cuyo núcleo de verdad fuera el poner a prueba la riqueza almacenada por cada individuo (Jünger, Ra I, *passim*)... Aunque la muerte sea para el hombre cosa sabida, no la conoce sólo como indeseable; antes todavía la sabe, valga la paradoja, como inconcebible. Ciertamente está en la más concreta proximidad de la vida, pero al mismo tiempo aparece como algo «inconcebiblemente ajeno a la vida»; en su realidad de frontera, deja que la angustia metafísica tenga una presencia física en la vida del hombre (Broch, ib., 290). La muerte es un absurdo, por de pronto, porque se nos presenta desprovista de la suficiente inteligibilidad, como un escándalo racional. Nos es imposible aceptar que la rotura de un mecanismo del cuerpo pueda acarrear la extinción del espíritu, porque no hay homogeneidad o proporción razonable que vincule aquella causa con este efecto. Aunque el espíritu pudiera suponer la hipótesis de que la muerte sea un designio divino o de la vida, no es capaz de reconocerse en ella.

Con palabras del sofista, pues, su propia aniquilación es para el hombre impensable y, en caso de que fuera pensable, sería de seguro indecible. Jankélévitch observa que «el lenguaje mismo no está tallado para expresar la muerte» (o.c., 107). Las palabras que la mentan, quiéranlo o no, se refieren siempre a realidades empíricas, y así hurtan en lo posible su horror al tiempo que buscan consolarnos: el *otro mundo,* un mundo muy diferente del nuestro, pero aún un mundo; el *más allá,* donde hay otro género de existencia, aunque todavía digno del nombre de existencia; y, ante todo, el *paso de una vida a otra.* «Pero la muerte no es el paso de lo uno a lo otro, sino el paso de algo a nada en absoluto. No es un paso, es infinito, es una ventana que no da a nada». Y como el pensamiento de nada es una nada de pensamiento, ese movimiento de ingreso en la nada (que no es un algo) no halla idea ni palabra capaces de traducirlo.

En esa misma previsión de su muerte emerge en el hombre la vivencia desgarrada de constituir a la vez un ser natural y sobrenatural. Natural, desde luego, ya que perece como todo ser vivo; pero asimismo sobre-natural y anormal, porque sabe que muere, y este carácter de excepción le sitúa por encima de la norma de la naturaleza... a la que al final no obstante queda sometido. Pese a este destino compartido con lo no humano, el hombre no puede considerarse a sí mismo como un ser físico; «pues —citamos a E. Borne— ¿cómo podría decirse natural este existente mortal, que muere sin cesar y sin cesar niega la muerte, si hasta tal punto está en contradicción con la naturaleza de las cosas?» (PDM, 26). Esta profunda brecha que alumbra la conciencia de su mortalidad informa al hombre de cómo la sinrazón surge de un orden racional. Ciertamente el ritmo de nacimiento y muerte hace de la naturaleza un orden real de sabiduría por el que la desaparición del individuo resulta útil para la continuidad de la especie. Sólo que, más allá de lo que esta economía natural pueda parecerle al atribulado individuo *humano,* hay una fisura por la que aquella racionalidad, sin dejar de serlo, se derrumba. Pues aquí «una conciencia, es decir, lo más precioso del ser universal, la luz o la llama gracias a la cual es reconocido o creado todo valor en nuestro mundo, se encuentra destinada a la destrucción (...). La sabiduría de un mundo en orden no se desmiente, desde luego (...), pero esa sabiduría se convierte de golpe en locura» (ib., 27). Lo que es razonable desde el interés objetivo de toda especie viva, incluida la humana, deja de serlo para el único ser propiamente individual y como tal capaz de proponerse objetivos ajenos y hasta contrarios a los de su especie: el hombre.

Ya Kant había sentenciado que, a diferencia de los demás animales (y tal vez de los habitantes de otros planetas), en quienes el desarrollo completo de sus disposiciones naturales podía alcanzarse en la vida de cada individuo, entre los hombres tan sólo la especie debía aspirar a tal perfección (*Idea...*, FH, 42, 45-46, 65 n. 1). El individuo humano siempre estará por debajo de sus posibilidades específicas, aunque sólo fuera porque los fines de la humanidad como especie moral difieren y quedan lejanos de sus fines como especie física. Precisamente de esa diferencia y distancia emerge la cultura, una prueba de cómo la duración natural del individuo resulta del todo insuficiente para el despliegue de sus potencias. La razón que nos distingue necesita tanteos, ejercicio y aprendizaje. «Por eso, cada hombre tendría que vivir un tiempo desmedido para poder aprender cómo usar a la perfección de todas sus disposiciones naturales...» (ib., 43) y, asimismo, para alcanzar sus metas morales. ¿Cómo no ha de ser, entonces, abrumadora la previsión de su muerte en aquel a quien nunca abandona la conciencia doliente de su carácter incompleto frente a la plenitud entrevista? Nuestro desconcierto proviene de que, aquello que nos concede la preeminencia sobre todos los seres naturales, eso mismo nos condena en otro sentido a la inferioridad suma y nos impone la mayor de nuestras desgracias. Toda vida humana ha de calificarse de esencialmente *fallida* o *truncada*, así como la muerte de cada individuo siempre será *prematura*.

Claro que nos referimos al hombre dispuesto a pensar su mortalidad. Los otros, los ciegos para la muerte, los que llevan una vida sólo ligada al presente y al fluir indistinto de lo cotidiano, una vida simplemente vivida, ésos viven aún en la animalidad. Más que ignorarla, el animal se adapta a la muerte, o sea, a su especie; es ésta la que conoce a la muerte y la que se conserva y protege mediante el incesan-

LA VIRTUD PIADOSA

te sacrificio de los individuos. El sujeto humano, en cambio, que mira por y para sí, no se pliega por las buenas a esa voluntad impersonal. En él su conciencia de finitud, fruto de su saber individual y no de una inteligencia específica, es a la vez dolorida conciencia de su ruptura con su especie. La tragedia humana se fragua en esa voluntad inusitada por parte del individuo de apropiarse de la inmortalidad propia de su especie. Y así la inquietante pregunta de E. Morin no para de resonar al fondo: ¿es el hombre un ser inadaptado a la muerte o acaso está más bien la muerte inadaptada al hombre? (HM, 94).

4.3. Preciosos y patéticos

Dignidad y finitud: tales son las dos notas primordiales que, en su unidad, constituyen al hombre. «Una nada con respecto a lo infinito, un todo en relación con la nada», decía Pascal (P, 84); si se nos permite el brinco, no anda lejos Cioran cuando adjudica al hombre ese «sentimiento de ser todo y la evidencia de no ser nada» (I, 155). Tales son también los últimos apoyos de la piedad que merece y de la que es capaz. Pero esa compasión es de diferente naturaleza (o se muestra en dos grados bien diversos) según se ponga el acento en la dignidad o en la finitud. Mejor aún, según contemplemos esta dignidad humana finita como un todo reconciliado o como una unidad de contrarios en tensión.

1 La dignidad humana, decíamos, provoca *admiración*: a juicio de Kant, una de las dos cosas que debe llenar el ánimo de admiración es «la ley moral en mí» (CRP, 223). Como tal, ella exige *respeto* o reconocimiento del otro. Pero el sufrimiento causado al hombre por la falta de respeto hacia él engendra nuestra *compasión*. Al brotar de ese dolor, más que garantía positiva de ejercicio de la dignidad del hombre (despliegue de sus capacidades de autonomía), la compa-

EL DOBLE ASIENTO DE LA COMPASIÓN

sión se presenta como su garantía negativa (prohibición o reparación de las injurias contra aquella dignidad).

Una clase particular de compasión, como veremos, pero al fin compasión si se dirige al sufrimiento ajeno. Es la piedad que mejor se adecua a la definición aristotélica, por tratarse del pesar causado por el daño inmerecido del otro. Y como ese daño —para ser en rigor indebido— ha de venir por iniciativa humana, la piedad correspondiente tendrá que ver con la justicia. Piedad, dignidad y justicia muestran aquí su íntima conexión: la compasión se sitúa como el término medio entre las otras dos. Presupone la dignidad humana, cuya ofensa o humillación es la primera en delatar en el dolor ajeno. Pero precede a su vez a la justicia, porque esa misma piedad es el sentimiento y la virtud capaz de ponerla en camino de reparar aquella ofensa. Precisamente por su vínculo con la justicia (e injusticia), será una piedad que viene de la mano de la *indignación*, pues el daño inmerecido del uno habrá sido producto o productor del «éxito inmerecido del otro».

No es fácil determinar la naturaleza del mal contra el que se levanta este movimiento de piedad. Pues, siendo en principio un mal moral, lleva inexorablemente aparejado también el mal físico. Las miserias originadas por la tiranía, la explotación o la guerra no son menos penosas que las que acompañan a la enfermedad y la muerte: «lo absoluto son los tormentos que los hombres se infligen unos a otros» (E. Guinzbourg). Ambos géneros de mal se entremezclan, pero, cuando su combinación se da en su grado máximo, estamos en presencia del *mal radical*. ¿No habría que hablar entonces, como su contrafigura apropiada, de una compasión también radical, y tanto que para semejante iniquidad no habría justicia posible?

Formulado así por H. Arendt (aunque otros pensadores del Holocausto no son ajenos a la idea), el mal radical designa ese límite literalmente inverosímil del horror totalitario por el que sus víctimas son declaradas inexistentes y los hombres mismos resultan superfluos. Allí donde no sólo todo está permitido, sino donde todo es posible, el absoluto desprecio de la dignidad humana ha sido cumplido como no hubiera podido soñar el más acabado demente de la historia. Esa empresa de dominación total hasta convertir a los indidivuos en «cadáveres vivientes» comienza por matar en ellos a la persona jurídica, sigue con el asesinato de su persona moral y culmina en el brutal exterminio físico. Si conviene hoy recordar semejante grado de inhumanidad, es porque la tentación de reemprenderla todavía es posible (LOT III, 652-68l) y demasiadas atrocidades contemporáneas ya la han reproducido. Que —según se corregirá después su autora—, en lugar de radical, haya que hablar mejor de *mal banal*, de un horror que el hombre «normal» es capaz de instaurar simplemente por «pura ausencia de pensamiento» (EJ), eso lleva al límite el riesgo de lo inhumano. Pues ¿cómo no ver en esta normalización y universalización de lo tenido por excepcional la amenaza más extrema para nuestra dignidad?

Pues bien, frente a la amargura de tanta ignominia, la compasión viene a reclamar para los «ofendidos y humillados» el reconocimiento de su dignidad ultrajada. Mejor dicho, lo que proclama es su pertenencia a la comunidad de los dignos, de la que nunca debieron ser apartados..., pero una comunidad de la que tampoco *nadie* puede con razón ser excluido. No sólo, claro está, el inocente o la víctima de la injuria; tampoco el autor del crimen, el que ha atentado contra su propia dignidad al atentar contra la del otro. Ni siquiera este infame ha perdido del todo su valor de hombre. Y así, con Kant, diremos que «puedo tener complacencia en la humanidad, aunque no en el hombre. Puedo tener semejante complacencia hasta en un malvado, si distingo convenientemente al malvado de la humanidad; pues incluso en el mayor malvado persiste aún un germen de buena voluntad» (LE, 240). Al revés que la justicia o la indignación, que son su compañía, la piedad más honda no se atiene a la distinción entre inocentes y culpables.

Según eso, ¿también para los crímenes inexpiables, los

que superan toda escala humana, cabrá el perdón de la compasión? Sí —contestará Jankélévitch—, con tal de que los culpables, confesándose tales, se adelanten a solicitarlo de sus víctimas: «Sólo la aflicción y el desamparo del culpable darían sentido y razón de ser al perdón (...). Nuestro horror ante lo que propiamente el entendimiento no puede concebir, ahogaría la piedad a su nacimiento... si el acusado pudiera inspirarnos piedad» (Im, 52-53). Mientras tanto, la piedad sería una escandalosa indulgencia y, el perdón, una traición postrera a los sacrificados.

Sin llegar a estos extremos, cuando contraponemos esa dignidad potencial otorgada en principio al género humano y la real que cada individuo por su esfuerzo conquista, ¿no estaremos acaso ante otra —más mediata y compleja— especie de piedad? Será una virtud que exige órganos más finos para ejercerse, pues no mira a los individuos sólo en su estado de dolientes de alguna humillación, sino en tanto que más o menos satisfechos con ella. Es la virtud que se despierta ante la perversión moral del otro, ante la renuncia a su dignidad posible. Que en un sentido tal desgracia íntima emotivamente concite menos compasión, puesto que de ella cabe hacer responsable a su sujeto, no quita para que, siendo su mal más grave por ser voluntario (o, lo que es aún peor, tantas veces inconsciente), requiera de una piedad también mayor.

No desechemos esta elevada modalidad de compasión, con tal, eso sí, de arrebatársela a esa prédica religiosa que parece tener ojos sólo para ella. Y a condición, para no volverse sospechosa de angelismo, de que venga precedida tanto de la piedad por el infortunio de las víctimas como de aquella otra más universal que clama por la desdicha de nuestra mortalidad. Al fin y al cabo, también esta forma más espiritual de compasión se inscribe en el horizonte de nuestro límite definitivo, bien sea porque tal vez el saber anticipado de nuestra condena nos hace peores o bien porque no hay perversión del hombre que no pudiera corregirse en una vida ilimitada. Por eso escribe Canetti que, «si la muerte no existiera, sería imposible que alguien fracasara realmente en algo; probando una y otra vez podría reparar flaquezas, deficiencias y faltas. Lo ilimitado del tiempo le daría a uno un coraje ilimitado» (PH, l02).

Porque una cosa deberá tenerse en cuenta: que, mientras podemos ciertamente crecer en valor o disminuir nuestra carga de miseria moral, no está en nuestra mano restar un ápice la limitación última que nos niega. Aquella dignidad humana universal es ya acreedora de respeto, pero el nivel de excelencia alcanzado por cada cual puede aumentar ese respeto debido y hasta trocarlo en franca admiración. De igual manera, aceptado que nuestra connatural penuria (a la postre, nuestra finitud) sea por sí sola merecedora de compasión, parece que ésta debería acrecentarse en tasas diversas. Pues, desde extremos opuestos, la desgracia del ser humano se vuelve aún más hiriente. Más o menos dignos según la humanidad efectivamente lograda, su dignidad básica les hace siempre indignos de morir y por eso dignos de compasión. Pero, en un caso, nos compadecemos en mayor medida porque desaparece lo que ha llegado a ser tanto; en el otro, porque muere lo que aún no es bastante humano, lo que ha llegado a ser tan poco.

2. Pero la dignidad humana se revela insuficiente ante la infelicidad, que es la huella más regular de nuestra finitud. Somos dignos, pero infelices, y nuestro propio valor no es sino requisito obligado de nuestra infelicidad, aquello que forzosamente ha de engendrarla y dilatarla. Al igual que se decía de su particular finitud, diremos ahora que no hay felicidad ni desdicha más que para la humanidad, porque sólo ella es conciencia de tal felicidad o desdicha. Así que lo mismo que nos eleva al máximo rango entre los seres vivos y nos concede la facultad exclusiva de desear la beatitud, es también garantía segura de nuestra exclusiva desgracia. La apropiación de mi dignidad está en nuestras manos: depende de mi propia autoestima y del reconocimiento del otro; aunque me sea en parte despojada, siempre cabe la esperanza de recobrarla. La feli-

cidad, en cambio, cae por principio fuera del alcance del hombre.

Define Kant la felicidad como «la satisfacción con la propia situación, *en la medida en que hay certeza de que perdurará*» (MC II, Intr., cva. mía). Ya sólo esta última reserva excluye la felicidad de ese ser que es consciente de su sometimiento a la variable fortuna y a lo ineluctable de su fin. Tal vez nos sea accesible esa felicidad moral, consistente en la satisfacción con la propia persona y su comportamiento (o sea, «con lo que se *hace*»), porque estas condiciones están en nuestro poder como sujetos morales. En realidad, no son sino confirmación de la dignidad de cada uno, de mi perfección posible. Pero la felicidad física, esa satisfacción en lo que se *disfruta*, a la que inevitablemente tendemos también como seres morales, resulta inalcanzable en razón de nuestra caducidad.

Siendo ello así, la doctrina kantiana de los deberes ofrece demasiados flancos débiles. «¿Cuáles son los fines que son a la vez deberes? Son la *propia perfección* y la *felicidad ajena*» (ib.), y en modo alguno cabe intercambiarlos. Pero esta felicidad ajena sólo puede referirse a la física (pues la moral, la perfección propia, es deber sólo para el propio sujeto), y ya sabemos que tal clase de felicidad resulta inaccesible. Ante la frustración necesaria de aquella felicidad del otro, seguirá siendo deber de uno mismo el promoverla..., pero sabedor de que su objetivo quedará incumplido. La virtud será por principio ineficaz frente a esa ansiada felicidad, entre una y otra siempre persistirá un hiato insuperable. De otra parte, la búsqueda de la propia perfección es el deber para conmigo mismo, pero para ejercerlo conviene estar libre de «las adversidades, el dolor y la pobreza»; o sea, lograr una felicidad física suficiente resulta ser condición o medio para la conquista de la propia felicidad moral. Antes que materia del deber, la felicidad es entonces objeto del deseo; un deseo, por cierto, del que ni el otro ni yo podemos prescindir, pero a cuya satisfacción nuestra radical finitud nos obliga ya a renunciar.

De modo que la virtud o el deber tienen que ver con mi dignidad, no con mi felicidad. En cuanto a ésta, advierte Kant, sólo nos toca hacernos *dignos de ser felices*. La felicidad será algo aparte y añadido a mi dignidad, un fruto o un premio exigidos por mi conducta moral, la esperanza de una concesión graciosa en manos de un Ser perfectísimo. Pero esto ya es una confesión paladina tanto de lo imposible de esa felicidad en esta vida como de que el ser natural, por muy moral que sea, se satisfaga con su sola dignidad. Ésta se definía en términos de autonomía y de poder. Ahora se ve que, mientras aquélla es ilimitada, éste se topa con un límite infranqueable. Por lo demás, ¿qué importa que los individuos no sean capaces de aportar sino imágenes empíricas de felicidad, y por ello particulares, si para fundar universalmente el imperativo moral ha de sacrificarse el imperativo de la felicidad?. El hombre puede tardar en descubrir su dignidad, pero siempre y desde el principio quiere su felicidad. Si también la razón, además de su inclinación, la demanda, ¿por qué no habrían de conjugarse ambos mandatos? Sólo porque la conciencia de nuestra mortalidad lo prohíbe.

Debida o no desde su propio desarrollo moral, la felicidad es para el hombre no sólo deseable sino también ajustada. El mero hecho de que sólo la virtud *merezca* expresamente la felicidad es un índice de que la satisfacción nacida del bien moral no es completa. Ni siquiera el sabio estoico es feliz, eso cuando no es el más infeliz de los mortales. Saber que sólo su representación *depende* de él, pero no la felicidad misma, no le cura de tamaña impotencia. Pues quien es capaz de concebir la idea de ese bien perfecto, dota a su deseo de una profundidad infinita, de una intención de totalidad. Una dignidad congruente consigo misma debería entonces incluir, como su más alta posibilidad, el acceso a una beatitud condigna. Es la finitud la que, al clausurar de raíz ese posible, contraviene aquella dignidad. Según P. Ricoeur, la idea de totalidad que inspira al querer humano se convierte en «el origen de la "desproporción" más extrema: que es la desproporción que anida en la *actividad* humana tensándola entre la finitud del carácter y la infinitud de la felicidad» (FC, 118).

Dada tal desproporción, resulta explicable que el hombre pueda optar por perseguir su felicidad en detrimento de su dignidad. Ciertamente no será la razón la que le aconseje una empresa que significa de inmediato declinar el ejercicio de su distinción racional. Pero tampoco parece justo animarle a conformarse con ser digno sin esperanza fehaciente de felicidad. Una felicidad indigna no sería propia del hombre; una dignidad infeliz es manca y está expuesta a echarse a perder. La tensión desaparecería si dignidad, finitud y felicidad pertenecieran a planos diferentes. Pero si la dignidad humana incluye la dignidad de la felicidad, y ésta queda o negada o indefinidamente pospuesta por nuestra precariedad, la tensión se muestra irresoluble.

Porque el hombre no pide tan sólo ser respetado en su valor; exige ese respeto, no a costa de su felicidad o al margen de ella, sino por la cuota misma de felicidad que entraña. Y, puesto que su ser-para-la-muerte se la rehúsa de antemano, esa dignidad impotente e infeliz exige entonces la compasión como único sustitutivo.

3. Más que una tranquila coexistencia, dignidad y finitud llevan, pues, en el ser humano una pugna feroz, una tensión que sólo acaba con su muerte. De nada sirve optar por uno u otro término de esa unidad de contrarios mientras esté en vida, porque ambos tanto se requieren como mutuamente se repelen.

Y, sin embargo, puesto que al final triunfa la muerte, todo hace suponer que es el punto de vista de la finitud el que debe imponerse. Aquella unidad queda así rota en beneficio de uno de los polos, la colisión sólo subsiste de manera ilusoria: la mortalidad del hombre mataría también su presunta dignidad. Si el hombre es mortal, en nada sustantivo se distingue de los demás seres vivos. El privilegio que le otorga su conciencia es pasajero y, por si fuera poco, le sirve más para aumentar su desdicha y su pesar ante la muerte que para resguardarse de ella. De modo que el ex-cepcional valor que el hombre se atribuye vendría a ser un engañoso paliativo sin más objeto que procurarse una tor-pe compensación de su insoportable precariedad. Frente a su real finitud, aquella dignidad ficticia se presentaría en-tonces como el primer producto de su miedo, como un fru-to de su piedad para consigo mismo. Si de algo hubiera que compadecerle, será tan sólo de su inútil obsesión por com-padecer y compadecerse.

Eso sería, en efecto, si valor fuera lo que *de hecho* perdu-ra. Si somos mortales, ya no podríamos ser dignos. Y así es en cierto sentido, si esa dignidad se confunde con nuestras posibilidades infinitas, porque la muerte viene precisamen-te a truncarlas, a de-finirnos, a fijarnos en una realidad cualquiera con desprecio de todas las demás posibles. La muerte no es sólo mi posibilidad final, sino más aún el final para mí de toda posibilidad, la imposibilidad de más posi-bilidades: «La muerte es la posibilidad de la absoluta impo-sibilidad del "ser ahí"» (Heidegger, ib.). El hecho de que sea sabida podrá conceder a la muerte un valor específico, pero con ello no le resta ni un gramo de su dolor y su mi-seria.

Ahora bien, valor no es lo que perdura, sino lo que *debe perdurar*. Y si la muerte universal es el triunfo de la necesi-dad, la apoteosis de la fatalidad, ¿dónde descubrir lo único que no debe perecer, es decir, la condición última de los va-lores, como no sea en el ser dotado de libertad?. El hombre no ha nacido para morir, entre él y su muerte hay —para responder a la pregunta de Morin— un infinito desajuste.

El talante religioso no puede disimular esta inadecua-ción primordial, porque echa sus raíces justamente en ella; tan sólo trata de transcenderla mediante la promesa de inmortalidad. El autor del Génesis relata la historia de la rebelión de un ser consciente que se paga con la muer-te. El hombre perdió su inocencia al comer del árbol de la ciencia del bien y del mal; perdió su inocencia, esto es, co-menzó a ver las cosas como buenas o como malas. «Entonces se les abrieron a entrambos los ojos y vieron que estaban desnudos» (3, 7)..., y ese novedoso saber les ganó su expulsión del paraíso. Tal conocimiento le engrandece, sin duda, le eleva a la condición divina (como el mismo Yavé reconoce: 3, 22), pero a costa del sufrimiento asociado a tal conciencia: la mujer parirá con dolor (3, 16), el hombre obtendrá su alimento con dolor (3, 17). Y todas estas fatigas no son sino un anticipo de las propias de la muerte y a ella abocan: «hasta que vuelvas al suelo, pues de él fuiste tomado» (3, 19). En suma, aquello que nos da la ansiada autonomía y nos libra de la tutela de los dioses, eso mismo nos entrega a la desgracia y a la muerte. Lo que también significa que el hombre se vuelve como un dios sólo a condición de morir.

Hasta aquel momento, Dios permitía que el hombre probara —entre otros— del árbol de la vida o inmortalidad; sólo más tarde, y a resultas de haber conocido el bien y el mal, el Señor extiende hasta ahí también su prohibición. Así que la mortalidad humana es el precio de la adquisición de su conciencia moral; en una palabra, de su dignidad. Dios no puede consentir que el hombre se le iguale y, celoso, preserva su superioridad mediante la guardia y custodia del árbol de la vida (3, 22-23). En adelante el hombre decidirá con autonomía qué sea bueno y malo, pero, en contrapartida, desde su condición de exiliado, ya sólo puede aspirar a aquella inmortalidad de la que antes gozaba sin saberlo.

El hombre es ahora digno, o sea, consciente y libre; mas, como aquella dignidad la conquistó mediante una insumisión, en su mortalidad está su castigo. Si se atribuyó la dignidad de creador, en lugar de atenerse tan sólo a su rango de criatura, bien está que purgue su pecado. Ha preferido la autonomía a la inmortalidad y sólo podrá reconquistar ésta si renuncia a aquélla. La salvación viene de arriba, la religión nos religa y nos somete de nuevo a lo Alto. Al final, la fe viene a reconciliarnos con la muerte. La finitud es la marca de nuestra culpa, pero de una *felix culpa*. No hay, pues, compasión para el mortal, sino para el necio que se rebela contra su mortalidad.

4. Al contrario que el mito religioso, el pensamiento libre contempla la fisura constituyente del ser humano como insuperable. Ni deja de reconocerle su valor, porque otra cosa sería negarse a sí mismo como ser pensante, ni le desposee mágicamente de su carácter perecedero para asegurarle la inmortalidad. Más aún; su dignidad es ante todo autoconciencia de su finitud, así como ésta es la propia del ser digno. Pero este cruce —dignidad de un ser finito, mortalidad de un ser digno— no es por ello menos un enlace de términos antagónicos, una clamorosa aberración.

Pues todo indica que la finitud es una ofensa al ser humano. Ya no haría falta ninguna otra humillación: ella es *la* humillación a secas, esa con la que hay que contar de antemano y culminar la lista de las otras, la máxima afrenta respecto de la cual las demás son minúsculas. La muerte parece enemiga de toda dignidad, así como la dignidad humana parece indigna de la muerte.

Bien está que lo que *sólo* es viviente perezca, que lo que no supera el mecanismo acabe por descomponerse, que lo únicamente natural vuelva transformado a lo natural. No hay escándalo ni injusticia aparentes, y sí estricta correspondencia, en el hecho de que un anónimo espécimen sea postergado al bien de su especie, de que el incapaz de concebirse y de concebir la muerte quede al fin sometido a su yugo. Nada tiene de absurdo que quienes son meros ejemplares intercambiables se cedan en cualquier momento su puesto... Lo que quiebra del todo nuestra potencia intelectiva, lo que choca de frente con nuestra más serena autoconciencia, es que el ser pensante muera. Que el ser susceptible de conocer y querer —en forma de verdades o de valores— lo imperecedero, lo que tras su muerte no desaparece, también perezca. «Es el gran misterio —exclamará Jankélévitch—. ¿Cómo un ser pensante puede morir? ¡Y sin embargo muere! Uno se ve incesantemente reenviado de lo uno a lo otro» (o.c., 35-36). Tenemos conciencia de morir, pero tan ininteligible es pensar que esa conciencia subsista sola como que muera y se anonade. Por mi conciencia domino mi muerte, pero ello no me libra de morir; estoy a la vez dentro de la muerte, porque voy a morir, y fuera de ella, en tanto que la pienso.

Quizá seamos partícipes de dos mundos, pero de manera harto desigual. Mientras en el orden humano o moral nos ponemos y queremos como fines, la naturaleza nos ha puesto y querido tan sólo como sus medios. Inteligentes, y por tanto, nada dóciles, pero al cabo simples instrumentos a su servicio. Y mal puede aspirar a ser fin en sí mismo lo que está regido también por un fin ajeno y lo que, en virtud de este fin, aguarda un fatal final. De poco sirve que nuestro valor sobresalga de lo natural cuanto el orgullo humano disponga, si a su término *nuestra* ley cae bajo el peso inexorable de *su* ley. ¿Qué más da que nuestra ley perdure a lo largo de la historia de los hombres, si para mí acaba igual que acabó para los innumerables desaparecidos y que acabará para cada uno de los venideros? Ya puede la conciencia de mi propia valía clamar que soy insustituible, y así acreedor de eternidad, que la naturaleza nos toma a los seres de nuestra especie por tan provisionales e indistintos como a uno cualquiera de las otras. Nuestro reino particular (el moral, el de los fines) no es de este mundo natural, pero cada biografía aporta la prueba inapelable de que este mundo es más potente que aquel reino.

Fuera de la broma macabra, sólo el grito desesperado o la súplica (y la blasfemia) religiosa se dejarán oír aquí. Si a alguien incumbiera la responsabilidad de nuestro destino mortal, la razón le reprocharía entre balbuceos una triple inmoralidad. Le acusaría de mentira, porque engaña al hombre desde la falsa plenitud con la que se reviste el presente: «cada instante es de un valor infinito, pues viene a ser como el representante de toda una eternidad», decía Goethe (Eckermann, I, 57). Pero también de ingratitud, o mejor de injusticia, en su propósito declarado de hacer de la muerte la gran igualadora de los desiguales, la resentida niveladora ante la que nada cuentan las virtudes y los vicios, la estupidez o la genialidad. Y, sobre todo, le imputaría una despiadada crueldad contra el género humano, pues «por la muerte el mundo afirma que incluso lo que más vale no merece ser». Así lo resume el ya citado E. Borne, quien concluye: «Todo ocurre, en efecto, como si nuestro universo, "máquina de hacer dioses", organismo generador de la conciencia, se diera a sí mismo un desmentido y ultrajara en un acceso de ironía siniestra lo que de mejor ha producido: el espíritu. El genio de este mundo parecería profesar un absurdo diletantismo o practicar la venganza más atroz, de modo semejante a un artista que, inspirado a su pesar, destrozara su propia obra, cuya imprevista grandeza humillara la bajeza de sus pensamientos cotidianos, y que además recomenzara indefinidamente este juego cruel de negación y de odio de sí...» (o.c., 27-28).

No se divisa una disculpa bastante para la muerte. En nada suavizaríamos su iniquidad a fuerza de contemplarla como un castigo por nuestra connivencia con el mal, porque ni el más pérfido de los malvados se confunde nunca del todo con su maldad ni puede abolir jamás lo que en él hay de valioso. Pocos lo han expresado con mayor desgarro que Canetti: «Nadie hubiera debido morir nunca. El peor de los crímenes no fue nunca merecedor de la muerte, y sin la *aceptación* de la muerte no hubiera existido jamás el peor de los crímenes (...). La muerte no sería tan injusta si no estuviéramos condenados a ella *de antemano*» (PH, 153-54). Tan imperioso es el deber de odiar la muerte, que quien renegara de él se haría acreedor del más profundo desprecio.

Con todo y con eso, hay que rechazar la extremada consecuencia —si, además de descriptiva, pretendiera ser normativa— que aquel escritor deduce a renglón seguido: «A cada uno de nosotros, incluso a los peores, le queda la excusa de que nada de lo que hace se acerca a la maldad de esta condena que pesa de antemano sobre nosotros. Tenemos que ser malos porque sabemos que vamos a morir. Todos seríamos peores si, desde el principio, supiéramos cuándo...». La mortalidad, empero, no nos obliga a privarnos de un golpe de nuestra dignidad. El hecho de sabernos víctimas seguras no nos concede el derecho a trocar esa forzosa condición por la opcional de verdugos, ni, puesto que un dios maligno o la naturaleza nos mata, a caer en la contradicción de prestarnos a ser sus brazos ejecutores. Tanto la pena como la conciencia de esa pena están universalmente repartidas, y nada más inicuo que descargar la propia sobre la de los compañeros de condena.

Ésa puede ser, desde luego, la más acuciante tentación del reo que cada uno somos. Para disuadirnos de ella, y así poner a salvo nuestra dignidad amenazada, la razón ha de extraer de aquella misma condena los argumentos capaces de sobrellevarla. No hay otra salida racional a tan tremendo desgarro que abismarnos cada vez más en él. Obtengamos siquiera en nuestra existencia provisional lo que nuestro valor nos promete. Hagamos de nuestra inasumible finitud el campo de pruebas de nuestra humanidad. Porque una cosa es clara: la constatación de la mortalidad tanto puede ser la ocasión de anonadar nuestra dignidad como de acrecentarla. Nos aguarda cada día una decisión más trágica que la apuesta de Pascal, porque aquí se apuesta sobre seguro, y lo seguro es la muerte. Pero, si queremos ser acordes con nuestra humanidad, sólo nos cabe optar por el valor; es decir, por lo que nos distingue y contra lo que nos arruina, por la libertad y contra la fatalidad.

Hemos afirmado que lo que vale no debe desaparecer. Añadamos aún que lo que incondicionalmente vale, como el hombre, vale más *porque* desaparece. Si lo más valioso de entre lo valioso es lo escaso, la finitud revela y engrandece nuestro valor. O, en otras palabras, la potencial dignidad humana se hace real en y a partir de la finitud del hombre. Así lo explica este pasaje de Borges: «La muerte (o su alusión) hace preciosos y patéticos a los hombres. Éstos conmueven por su condición de fantasmas; cada acto que ejecutan puede ser último; no hay rostro que no esté por desdibujarse como el rostro de un sueño. Todo, entre los mortales, tiene el valor de lo irrecuperable y azaroso» (*El Aleph*, OC, 541-542). Racionalidad y autonomía moral ponen la diferencia de la humanidad, su notoria excelencia frente a las demás especies animales. Partícipe de aquel valor colectivo, la dignidad del individuo humano (su personalidad) procede además de su carácter de único frente a los otros de su misma especie. Desprovistos de aquellas notas primordiales, el resto de los grupos biológicos se componen de miembros indiscernibles. Nada se diga de los seres inmortales, donde «nadie es alguien» porque en una eternidad todos pueden llegar a ser todos los demás...

Aquella dignidad específica de la humanidad, por tanto, sólo existe en forma individual, se vuelve propia de cada sujeto; el valor del hombre toma cuerpo en cada hombre. Cabría decir también que se contrae a la precisa medida de cada uno. «La muerte no se limita a "pertenecer" indiferentemente al "ser ahí" peculiar, sino que *reivindica* a éste *en lo que tiene de singular*» (Heidegger, ST, 53). Y, puesto que la muerte nos mide porque nos delimita para siempre, ella es la que vuelve preciosos a los hombres. Es su caducidad la que, al hacer de cada uno un ser *irrepetible* y de sus actos algo *irreparable*, fija su auténtico precio y le convierte en digno de ser apreciado. Que cada ser humano sea único, ya por su conciencia de serlo, es la propiedad que le coloca en el centro del mundo como un punto de vista insustituible. El valor de lo humano se estima y resalta aún más desde lo singular, y con ello de lo precario, de sus portadores individuales. Así que la antítesis misma del valor —la muerte— es condición imprescindible del valor.

Pero, junto a este valor de lo singular, la reflexión sobre la finitud acierta a detectar enseguida la presencia de una comunidad entre los mortales. Se alude así a una comunidad más honda y anterior que cualquier otra; todas las demás, sean de sangre, de intereses o de ideales, se fundan en aquella primera, la dan por presupuesta, carecen de su sentido final sin ella. Es la comunidad de los *morituri*, de los seres que van a morir o, mejor dicho, de los que *se saben* destinados a morir. Ningún hombre está al margen de ella, ningún César que pueda considerarse inmortal. De ahí que fuera más exacto, apostilla Norbert Elias, el grito de saludo de los gladiadores si hubiera dicho: *Morituri moriturum salutant* (SM, 9). Ése debe ser también el nuestro como compasivos.

Frente a la comunión de los santos, es decir, la de quienes se creen eternamente salvados, se eleva esta otra comunidad de los mortales, formada por todos los que conocen que la muerte los ha señalado desde y para siempre. Son, respectivamente, la comunidad de los que esperan contra toda esperanza y la opuesta de los desesperados. Sólo esta última arraiga en la fidelidad a la tierra. Mientras los redimidos pueden (y, en algún sentido, deben) desentenderse de la suerte de los condenados, los que se identifican entre sí ante todo como *morituri* están llamados a compartir tal condición.

Al menos de Schopenhauer para acá apenas ha habido hombre de pensamiento que no haya reparado en esta comunidad fundamental, aun cuando no todos destacaran las obvias conexiones de esa idea con la virtud de la piedad. Ni siquiera el ambiguo solipsismo heideggeriano escaparía a este reconocimiento. Es verdad que la muerte remite a cada uno a su poder ser más propio y rompe así todas las referencias a otro «ser ahí»: la *cura* es siempre cuidado de uno mismo. Pero también que «el "ser en" [el mundo] es "ser con" otros», que «es inherente al ser del "ser ahí" el irle en su ser mismo el "ser con" otros» (ST, 26). Estos otros nos faltan, nos hacen falta, porque somos esencialmente con ellos. Desde esa comunidad ontológica de los hombres, el *curarse de* uno ya no es ajeno al *procurar por* los otros. Y entre los modos posibles de mirar por el otro, más propicio a la entrega que a la indiferencia o la hostilidad, estaría la compasión.

Más explícito es Unamuno, para quien «no estamos en el mundo puestos nada más que junto a los otros, sin raíz común con ellos, no nos es su suerte indiferente, sino que nos duele su dolor, nos acongojamos con su congoja y sentimos nuestra comunidad de origen y de dolor aun sin conocerla. Son el dolor y la compasión que de él nace los que nos revelan la hermandad de cuanto de vivo y más o menos consciente existe» (STV, 233-234). Y un Horkheimer, que dice conocer sólo «un tipo de golpe de viento que pueda abrir ampliamente las ventanas de las casas: el sufrimiento común» (Oc, 20), confiesa en otro lugar que «existe una cierta solidaridad (...), que no es simplemente la solidaridad de una clase determinada, sino la solidaridad que une a todos los hombres. Me refiero a la solidaridad que resulta de que los hombres hayan de sufrir y que sean seres finitos» (En H. Marcuse y otros, ABS, 102). El mismo lazo que —ahogándonos hasta la muerte— nos separará algún día de los vivos es el que, entretanto, más estrechamente nos enlaza a los humanos.

Cosa distinta es que este vínculo, como la piedad que conlleva, espere por lo común a ponerse de manifiesto ante la presencia espectacular de la muerte. Al evocar la tragedia sin precedentes de Hiroshima, Canetti se pregunta lo que la Humanidad siempre ha sabido: «¿Será cierto que sólo en su máxima desgracia podemos sentir a los demás hombres como a nosotros mismos? ¿Será la desdicha aquello que más en común tienen los hombres?» (CP, 279). Recordando su experiencia del campo de exterminio, Semprún llama compasión a esta fraternidad en la muerte: «Era ésta [la muerte] la sustancia de nuestra fraternidad, la clave de nuestro destino, el signo de pertenencia a la comunidad de los vivos. Vivíamos juntos esta experiencia de la muerte, esta compasión. Nuestro ser estaba definido por eso: estar junto al otro en la muerte que avanzaba (...). Todos nosotros, que íbamos a morir, habíamos escogido la fraternidad de esta muerte por amor a la libertad» (EOV, 37).

No se vaya a imaginar, con todo, que esta comunidad así formada tenga el aspecto de un coro de plañideras o de una lúgubre procesión de suplicantes. No le está mandado emponzoñar lo vivo ni complacerse en la resentida amar-

gura contra todo lo que nazca o perdure. Es una agrupa-
ción de *morituri*; no, como supuso Nietzsche, de moribundos o agotados. Su proyecto no se acaba —que eso ya lo disponen las sociedades— en protegernos de los feroces
embates de la Naturaleza o de la naturaleza humana. A partir de esta forma social de inmortalidad, pero sabedora de
nuestra derrota postrera, se empeña más bien en *sustituir*
todo lo natural y en *instituir* los valores contrarios a la Naturaleza. «Haciendo del homicidio el crimen por excelencia —recalca Borne—, el hombre inventa la moral rehu-
sando imitar a la naturaleza» (o.c., 29). O, lo que es igual,
la comunidad de los *morituri* es la comunidad moral. Somos
morales porque somos dignos y a la vez mortales. Pues,
como intuye Broch, «allí donde no existe una auténtica relación con la muerte y no se reconoce constantemente su
validez absoluta en lo terreno, no existe auténtico *ethos*...»
(PI, 162).

Si la dignidad del hombre hace posible la moralidad, su
mortalidad le prescribe su principal tarea. La finitud es el
marco y el estímulo de nuestra dignidad (el rostro de la
muerte es «el gran estimulante», dejó dicho el último autor); la dignidad, el proyecto de nuestra finitud. Esa tarea
en que probar nuestra dignidad no sería otra que combatir
a muerte contra la muerte; y no en la creencia de llegar a
vencerla, sino en el afán de merecer superarla. *Sí, somos dignos porque somos mortales, pero sólo mientras nuestra conducta sea
un constante mentís de nuestra finitud.* El valor del conocimiento, lo mismo que el de la acción, no se han de medir
por su alcance en aclarar o transformar el mundo. Han de
guiarse más bien por el único criterio de su eficacia para resolver el enigma de la muerte, para retrasar su venida; y, sobre todo, repitámoslo cuanto haga falta, para convocar a la
piedad a sus víctimas.

Lo expresa bien Canetti: «Mientras exista la muerte,
toda opinión será una protesta contra ella» (CP, 23); se
equivoca, a nuestro parecer, cuando prosigue: «Mientras
exista la muerte, toda luz será un fuego fatuo, pues a ella

nos conduce. Mientras exista la muerte, nada hermoso será hermoso y nada bueno, bueno». ¿No habrá entonces sitio para la virtud?, ¿tampoco la piedad será piadosa? Claro que sí, porque abominar de la muerte no nos ha de impedir comprender que todo lo hermoso y bueno se dan en la finitud; mejor aún, que su misma evanescencia confiere a todo su genuina bondad y belleza. Cuando su valor aguarda un refrendo ultramundano, siempre cabe prescindir de verlo aquí reconocido. Pero, una vez asumida nuestra inconsistencia, ¿no es la muerte la que vuelve aún más sagrada la vida humana? No hay ni que dudarlo: «Los intentos por avenirse a ella —¿qué otra cosa son las religiones?— han fracasado. La conciencia de que después de la muerte no hay nada —una conciencia terrible y que nunca será agotada totalmente— ha arrojado *una sacralidad nueva y desesperada sobre la vida*» (ib.).

Aquella tarea que la finitud reconocida asigna a nuestra dignidad es la compasión; este carácter sagrado de la vida humana es el que descubre la virtud piadosa. Mirada desde la muerte, la vida se muestra sagrada y desesperada; los hombres, preciosos y patéticos: en ese doble rasgo de la existencia humana, y en su mutua correspondencia, se hace fuerte la llamada a la compasión. Lo mismo que nos da nuestra preciosidad nos llena de patetismo porque al final nos la quita; aquello que infunde la desesperación en nuestra vida es también lo que la vuelve sagrada. El hombre y su vida son preciosos por ser patéticos y patéticos por ser preciosos... Pues bien, no siendo ni lo uno ni lo otro, *lo primero que hay que excluir en los ajenos a la muerte es la compasión.* Los Inmortales son —continuaba el texto de Borges— «invulnerables a la piedad». Y lo son porque, en un lapso infinito de tiempo, todo lo posible debe sucederles y nada, ni bueno ni malo, puede ser a sus ojos definitivo. Tan extraños permanecen a la felicitación como a la compasión. Lo mismo daría decir que sus actos son justos o que resultan indiferentes, porque al fin siempre quedarán entre sí compensados. Resulta vano atribuirles pesar alguno, porque en su eternidad todo mal siempre será pasajero y nunca les abandonará la certeza de enderezarlo. Para ellos, en suma, no existen ni el valor ni el dolor.

Bien diversa es la naturaleza de los mortales. Como seres dignos y finitos, a la vez preciosos y patéticos, su sentimiento más propio y su virtud más esperada es la piedad. Ella es la que corresponde al conjunto de valor y dolor del ser humano, a su dolor valioso y a su valía doliente. La dignidad pone de cierto el valor del hombre y —por estar bajo permanente amenaza— le expone a un dolor probable, aunque reparable. Pero la compasión que sin duda demanda sólo será radical cuando, desde la finitud, aquel valor se contemple multiplicadamente valioso y su herida doblemente maligna. Y como la mortalidad del hombre a un tiempo *pone su dolor* y *revela su valor*, en esa condición de finitud enraíza la piedad más honda y a ella siempre apunta. Para decirlo en otra fórmula: la piedad es la virtud que se ejerce ante el ser digno que es finito. Pero entonces ella es ya la forma primera que adopta la dignidad del hombre en presencia de su finitud.

Lo que los cristianos imploran a su Dios en el *Kyrie eleison* (¡Señor, ten piedad!), es lo que todos más hondamente reclamamos unos de otros.

5

Las proclamas de la piedad

A esa dignidad y finitud la compasión se ofrece como la mejor respuesta, como la virtud más *apropiada*. Vengamos, pues, a desplegar los rasgos de esta piedad virtuosa, según se desprenden de su doble fundamento, para así mostrar a las claras lo que su sentimiento ocultaba. Después de tantos reproches, ha llegado el momento de entonar sus cualidades y de enumerar sus beneficios; tras aquella primera defensa de ls emoción, entramos ahora en su apología definitiva como virtud. A la vez alegato contra el dolor de la injusticia y aún más contra el de la muerte, éstos son los poderes de la piedad.

5.1. La virtud sin distingos

Para la piedad no hay más absoluto que el individuo humano; su único punto de mira es este ser de carne y hueso que ante mí tengo o que puedo traer a mi conciencia. La inhumanidad con el otro está en función de la distancia, desde luego espacial (como probaron los experimentos de Milgram), pero sobre todo afectiva y moral. Contemplar, infligir con frialdad o satisfacción el sufrimiento ajeno exige hacer del otro, tanto si lo conocemos como si no, un miembro intercambiable y anónimo de algún conjunto abstracto de hombres. La perpetración de la injuria o del crimen requiere primero neutralizar los sentimientos que el daño de la persona singular suscita, a fin de convertirla después en víctima segura. Para poder aniquilarlos, los nazis tuvieron antes que encuadrar a los judíos bajo rótulos inhumanos (Z. Bauman, MH, l55 y sigs., l84 y sigs.).

1. La piedad, o la compasión, no mira a la especie del individuo ni a ninguno de los grupos sociales o naturales de los que forme parte. Dejemos de lado por artificial esa diferencia marcada por H. Arendt entre la compasión, que «no puede ir más allá del padecimiento de una persona», y la piedad, que se dirige a lo general y junta a los sufrientes en un conglomerado informe (SLR, 86). Aun si tal distinción tuviera fundamento, la segunda actitud merecería otro nombre. Contra lo que cree Simone Weil, por ejemplo, no existe algo así como un deber de «compasión por la patria» (RE, 175 y sigs.) y es de temer que cosa semejante encubra más bien el desinterés por servir a los moradores concretos que la pueblan, cuando no —en el caso más perverso— la voluntad de sacrificarlos a ese Todo que los engloba. Y esa mención usual preferente a las categorías de «mujeres, ancianos y niños» entre los afectados por alguna catástrofe ¿pretende acaso regatear a los demás el beneficio de la compasión? Si la piedad adopta un interés más genérico (de raza, país, sexo, edad o clase), será siempre de modo provisional y secundario, en la medida en que esas condiciones generales contribuyan al dolor de cada individuo a ellas sometido.

La conciencia piadosa es nominalista: para ella sólo sufren los individuos, y además con un dolor intransferible, mientras que las abstracciones no se duelen. Los males colectivos, cuando son tales, se expresan y toman cuerpo en males personales. De ahí que la compasión rechace sin dudarlo someterse a la falsa alternativa del todo o nada: «Desconfía de quien afirma que, o bien se puede ayudar sólo al todo, o bien a nadie en general. Es una gran mentira de aquellos que, en realidad, no quieren ayudar y se excusan ante la obligación del caso concreto con la gran teoría» (Horkheimer, Oc, 49). Esa piedad pregonada, y a un tiempo reprimida, suele ser la racionalización de una profunda impiedad.

No hay tampoco compasión para la Humanidad, sino sólo para la humanidad de cada hombre. ¿Cómo va a requerir piedad la especie, que vive indefinidamente de la muerte de sus individuos? La muerte es para la especie un accidente, una *repetición de lo mismo* (Ferrater, 148), en tanto que para el individuo se ofrece como la irrupción de lo completamente otro, como su irreparable desastre. Podrá caber un optimismo más o menos fundado de naturaleza social o moral y, por tanto genérico; por el contrario, el optimismo biográfico o individual es con certeza ilusorio. Porque mientras en las instancias supraindividuales no se postula el final —si no es a muy largo plazo, en un futuro indeterminado—, en el ámbito del individuo el final es lo primero con lo que se cuenta, lo que nos constituye como singulares. En otras palabras, sólo para la Humanidad, la Sociedad, el Pueblo... puede la sucesión de generaciones pensarse mediante una metáfora acumulativa: sea de riquezas, saberes o derechos. El individuo humano es aquel para quien su acumular tiene un límite prefijado, porque al fin lo pierde todo. Si lo hay, el progreso de la especie queda para los seres subsiguientes; el del individuo se va con él. Pero es que, se dirá, si el individuo no muere, morirá la especie. Y eso, por más que llegue a comprenderlo en su férrea necesidad, ¿qué le importa al individuo, a quien sólo le anima perseverar en su ser? A la pregunta de quién es él, siempre tendrá que responder lo mismo que Obermann: «Para el Universo, nada; para mí, todo».

Al fin y al cabo, la piedad sólo puede dedicarse al ser dotado de autoconciencia, porque es ésta la que le procura su ser doliente. La conciencia, escribe Cioran, «esa forma de no participación en lo que se es, esa facultad de no coincidir con nada» (TE, 173), vuelve al hombre extraño a su propia naturaleza y desligado de este mundo. Ella es la que nos prohíbe reposar en la inmediatez de lo natural —sea éste físico o grupal—, la que nos veta confundirnos con la restante totalidad inerte; más aún, la que decide que sólo obtengamos certeza de nuestra existencia a través del padecer. «El espíritu es materia elevada al rango de sufrimiento» (OP, 143). La autoconciencia, por tanto, surge con

el dolor de la individuación. Si esa autoconciencia indivi-
dualizadora comporta en cada uno un saber de su mortalidad, la muerte extiende el certificado final de nuestro ser
individual.

2. Y es una piedad para con todos, como sostuvo Rousseau, y no con algunos escogidos o con los más allegados, si
quiere convertirse en carácter moral. Al revés que su mero
afecto, prendido de la apariencia y guiado por la proximidad del sufriente o por lo estremecedor de su infortunio, la
virtud piadosa ni es parcial ni selectiva. A diferencia de la
justicia, es virtud que por principio no hace acepciones ni
examina los méritos de sus destinatarios. No es, pues, la
creencia en una improbable bondad o pureza individual lo
que subyace a la prestación de piedad. Le basta al hombre
exhibir esa inconsolable conciencia de su fracaso, en la que
radica a un tiempo su dignidad y su ruina, para recabar el
derecho a exigir y el deber de tributar compasión. Ésta no
hace distingos: por vil que sea este o aquel individuo, el menor de sus gestos delata que es humano, es decir, sufriente
o mortal y, por ello, compadecible. No se burlaba aquel ver-
dugo, profesionalmente entrenado para reprimir en él
toda piedad, que hace poco declaraba que su oficio le había vuelto «más compasivo con la gente» (*El País*, 25. XI.
l995). En cuanto comparece el dolor y la muerte, debe
comparecer también la compasión.

Así que, aun en el caso de que el ser humano no nece-
sitara ni mereciera (o no fuera capaz de) amor o generosidad, requeriría y merecería (y sería capaz de) piedad. Su-
póngase, al contrario, que este individuo particular se haya
hecho acreedor de desprecio o venganza, injuria o daño, ya
sea ante otro individuo o ante la sociedad. Tan sólo por
suerte tan funesta merecerá *también* piedad. Pues, para entrar en escena, la compasión no pide que se le muestren
otros títulos que la desgracia. Cuando Polonio se propone
tratar a los cómicos conforme a sus merecimientos, Hamlet
le replica: «¡Cuerpo de Dios! Mucho mejor, hombre. Dad a
cada uno el trato que se merece, ¿y quién escapará de una

paliza? Tratadlos según vuestro propio honor y dignidad»
(*Hamlet*, II, 2ª). Pero, siendo mucho, no es bastante. La
compasión sólo queda satisfecha cuando nos tratamos según nuestra *común* dignidad, que incluye nuestra mortalidad común.

La piedad ha de prestarse, pues, incluso *a pesar de los
hombres*; lo que significa, en primer lugar: hasta frente a su
mismo rechazo. Si al compasivo le animan móviles virtuosos, y no ya una mera inclinación irrefrenable, ¿cómo iba el
objeto de su compasión a impedirle su íntima libertad de
ejercerla? Al pretenderlo, no haría sino ofrecerle a aquél
más motivos para su piedad. Cosa distinta es que, en tal
caso, el respeto del compasivo le pida ahorrarse las muestras externas de su compasión si el otro en su libertad prefiere no recibirlas. Pero aquel «a pesar de los hombres»
entraña sobre todo que la probable decepción que nos cau-
sen, el incesante espectáculo de su maldad o de su estupidez, no sirven para aminorar la exigencia de nuestra piedad; en todo caso, para acrecentarla. El ser humano
merece piedad precisamente *porque es lo que más merece* o
porque, en definitiva, es lo último que merece, más allá de
mérito alguno y por encima de cualquier demérito. Más
aún: como es el único ser con capacidad de merecer, y ya
sólo por eso, merece la compasión en la misma medida en
que aspira a un bien que no alcanza y a la liberación de un
mal que le agobia. Ahí reside una diferencia esencial entre
el afecto y la virtud de la piedad. El afecto no aquilata, y tanto nos puede conducir a aborrecer al otro como a enterne-
cernos involuntariamente ante su debilidad. Su virtud trata
de entender lo que el sentido no deja atisbar y pregona
que, a los ojos del compasivo, todo hombre es su *prójimo*.

Claro que, a fin de captarlo en tal condición, no sólo es
preciso rescatar al otro de la entidad abstracta en que lo tenemos clasificado. Si quiere estar disponible para el acontecimiento del encuentro de persona a persona que es la
compasión, se requiere también que el propio compasivo
actúe a su vez tan sólo como puro individuo, fuera de su ca-

tegoría social. No fue el sacerdote ni el levita, señalados por su pertenencia a la institución eclesiástica, sino el samaritano quien se apiadó del que los ladrones habían dejado medio muerto. Para el judío, la única categoría conveniente a ese samaritano era la de extranjero, hombre sin pasado venerable, impuro de raza y religión. Pues bien, apostilla Ricoeur, «lo mismo que el samaritano es una persona por su capacidad de encuentro, toda su "compasión" es un gesto más allá del papel, del personaje, de la función» (HV, 100). El prójimo es la manera personal como yo encuentro a otro *al margen de toda mediación social*. Más allá del socio, cuya relación convencional o estereotipada puede obturar el acceso a la persona, la piedad se dirige a ese prójimo.

De modo que la piedad nos embarca en la empresa de extender, como dice R. Rorty de la solidaridad, nuestro sentido del «nosotros» a las personas que hasta entonces sólo eran «ellos» (CIS, 208-210). La compasión, en efecto, es esa «capacidad de percibir cada vez con mayor claridad que las diferencias tradicionales (de tribu, de religión, de raza, de costumbres, y las demás de la misma especie) carecen de importancia cuando se las compara con las similitudes referentes al dolor y la humillación». Sí, pero con tal de que sepamos que aquella empresa universalizadora se traiciona en cuanto se detiene. No vale sostener que aquel «nosotros» ampliado en que la piedad descansa «significa algo más restringido y local que la raza humana»; ni que haya de sospecharse del gesto piadoso basado simplemente en que el otro «es un ser humano». Sin desdeñar su ventaja, la piedad no se conforma con sustituir el romo egoísmo individual por un egoísmo de grupo o *nosismo*, tal como lo denominó Primo Levi. En tanto que virtud, no parará mientras haya un solo individuo necesitado de sus servicios.

¿Pero alcanza a todos o hay estados tan atroces que escapan a la piedad? Probablemente para Hanna Arendt aquel *mal radical* hecho presente en los campos de la muerte, en que la más abyecta vileza contra el hombre se aliaba con su destrucción sistemática, ya no es susceptible de compasión. «El gran enigma de la vida no es el sufrimiento —matiza por su parte Simone Weil—, sino la *desdicha*» (ADD). Está en el orden de las cosas humanas que haya sufrimientos, pero la desdicha asombra porque parece transcender ese orden. Mientras el dolor del otro le vuelve mi prójimo, su más honda desdicha le convierte en un ser irremediablemente lejano. Quienes no hayan tenido contacto con ella son tan incapaces de entenderla como un sordomudo para comprender los sonidos. «Así pues, la compasión para con los desdichados es una imposibilidad. Cuando verdaderamente se produce, es un milagro más sorprendente que el caminar sobre las aguas, la curación de un enfermo o incluso la resurrección de un muerto». Hasta se diría que la compasión, además de imposible, corre en tal caso un riesgo excesivo. «Ponerse en lugar de un ser cuya alma está mutilada por la desgracia, o en peligro inminente de estarlo, es aniquilar la propia alma»... Pero este límite último, que vale sin duda para el sentimiento piadoso, ¿debe extenderse asimismo a su virtud? No lo parece, pero un sentido del respeto pide dejar la respuesta en el aire. Contentémonos con insinuar que hay desventuras, tan fuera de toda capacidad humana de comprensión y de acción, que ante ellas la compasión ha de limitarse a asistir en silencio.

3. Hasta tal punto se quiere universal, que la piedad abarca también a los difuntos, en cuyo (no) lugar ciertamente nos está vedado ponernos. Nuestra virtud se muestra así como una *piedad retrospectiva*, por la que la comunidad de los *morituri* se amplía hasta convertirse en una comunidad de los vivos y los muertos. Verdad es que hubiera sido mejor que aquella piedad se les dispensara ya en vida, sin esperar a que sólo su desaparición les volviera sus tardíos destinatarios. Pero lo indudable es la presencia real de un lazo entre los mortales y los ya muertos. Ese vínculo no descansa tan sólo en el afecto que pudo unirnos en vida ni, mucho menos, en el hecho —subrayado entre otros por Maquiavelo— de que los muertos han dejado de represen-

tar una amenaza para nuestra seguridad. Tampoco se basa sin más en ese común sentimiento de desprotección y abandono que su visión nos provoca; ni siquiera está destinado a restablecer la comunidad perdida por esa especie de infidelidad recíproca entre ellos y nosotros que la muerte ha venido a revelar. El duelo por el difunto no se confunde con la piedad hacia él.

Ese nexo piadoso se funda más bien en que, con su propia muerte, ellos han probado ya en sí mismos *nuestra* condición mortal. Algo parecido a lo que experimenta Jünger al observar que, «cuando me llegan noticias de fallecimientos, se apodera de mí una especie de emoción y de asombro incrédulo, como si el fallecido hubiera aprobado un examen difícil y llevado a cabo una proeza de la que no le creía capaz» (Ra II, 289). Ése podría ser el más firme fundamento del culto a los muertos. No la creencia en algún poder del más allá atribuido a los antepasados del que hubieran de precaverse los supervivientes, ni en un estado bienaventurado que implorar por su mediación. La piedad que les debemos brota de nuestra comunión de mortalidad con ellos. Ellos son el primer recordatorio de ese común destino del que nos compadecemos.

Aún habría otro impulso para incluirlos bajo nuestra compasión. Pues es bien sabido que los muertos sólo «viven» mientras les recordamos y en tanto que nuestra conciencia les tiene presentes (*Hamlet*, III, 2ª). Mejor todavía que sus obras, es el recuerdo de los vivos el que les otorga alguna supervivencia. Y la virtud capaz de traerlos a nuestra memoria en su dignidad y finitud (ya sustraídos a toda pasión) sólo puede ser la piedad, la misma que inspira a Conrad esta confesión: «Pasados todos estos años, cada uno de los cuales ha dejado su prueba evidente en las páginas lentamente ennegrecidas por la tinta, puedo decir con toda honestidad que es un sentimiento emparentado con la piedad el que me instigó a representar mediante palabras dispuestas unas tras otras con sumo cuidado, con plena conciencia, el recuerdo de cosas muy lejanas y de hom-

LAS PROCLAMAS DE LA PIEDAD

bres ya fallecidos» (CP, 54; véase l65-166). Según eso, ¿no será la tradición una forma de piedad hacia los antepasados?

Tal vez debamos añadir a los ya fallecidos también los que aún no han nacido. Claro que no hay razón ni excusa suficientes para supeditar los hombres actuales a las generaciones futuras: éstas carecen de derechos frente a nosotros por lo mismo que tampoco nos deben nada. Mi ineludible obligación piadosa es con mis contemporáneos, que son quienes sufren y mueren conmigo. Sólo que no es su presunto derecho, sino nuestra piedad, la que nos marca algún deber hacia los hombres venideros. Esta piedad presente les *evoca* a fin de procurarles las condiciones que hagan más excelente su existencia futura.

Y, puestos a ello, ¿por qué no ensanchar ya el ámbito de la compasión hasta comprender a todos los seres vivos? No sería Rousseau quien se opusiera ni menos aún Schopenhauer, para quien «la compasión ilimitada con todos los seres vivos» debe proteger también a los animales (DPF, l9. 4 y 7). A juicio de este último, la negación de derechos a los animales, la ilusión de que nuestra conducta con ellos carece de valor moral, resultan tan sólo pruebas de la bárbara brutalidad de un Occidente —todavía inoculado de judaísmo— frente a la sabiduría oriental. El vínculo esencial entre el hombre y el animal (y lo inorgánico en general) no sería la *dominación*, sino la compasión. Lo de menos sería la superioridad humana que manifiesta su intelecto; pues «lo esencial y principal en el hombre y el animal es lo mismo», a saber, la voluntad, la esencia eterna que vive en todo lo vivo...

A decir verdad, esa compasión extendida quedaría aún más justificada si también ciertas especies animales, como algunos sostienen, dan muestras de piedad entre sus congéneres o para con el hombre mismo. Supuesta una cadena ininterrumpida que enlaza al hombre con el animal, si la semejanza es requisito de la compasión, la compasión misma resulta ser ya prueba suficiente de alguna semejanza entre ellos. Esto bastará para que Lévi-Strauss, en pos de Rousseau, mantenga que la piedad humana es una identificación con otro que es «un hombre cualquiera, desde el momento en que es hombre; más aún: un ser viviente cualquiera desde el momento en que está vivo» (AE, 37 y sigs.). Esa primitiva facultad de experimentarse como parecido a los demás seres sensibles, y por eso sufrientes, habría precedido en el hombre a cualquier otra forma de conciencia, incluido el mito occidental de la dignidad exclusiva de la naturaleza humana. Contra esta falacia, nada mejor que recordar que la base natural del respeto a los demás estriba en el hombre en esa repugnancia innata a ver sufrir a un semejante, «pero cuyo descubrimiento obliga a ver un semejante en todo ser expuesto al sufrimiento, y con ello dotado de un título imprescriptible a la conmiseración». No habrá, en fin, expectativas en verdad favorables para la humanidad mientras ésta no adopte como principio de su sabiduría y de su acción colectiva la recuperación de aquella piedad universal.

Pero poner el acento en una continuidad en la naturaleza de uno y otro provocaría la encendida protesta de un Spinoza, para quien una ley que prohibiera matar a los animales estaría fundada más «en una vana superstición y en una mujeril misericordia que en la sana razón» (o.c. IV, 37, esc. l). Aun aceptando que los animales sienten, la regla primaria de nuestra utilidad nos ordena sólo la unión con los hombres y tratar a los animales según nos convenga, «supuesto que no concuerdan con nosotros en naturaleza y que sus afectos son por naturaleza distintos de los humanos». La compasión que les dediquemos sería prueba de que el hombre ha elevado demasiado la dignidad del animal mientras ha rebajado en exceso la suya. También para Kant sólo tenemos deberes para con los demás hombres, porque sólo éstos son fines, es decir, seres autoconscientes y por eso dignos. Los supuestos deberes para con los animales, que son medios, representan más bien deberes indirectos con la humanidad. Como la naturaleza animal es «análoga» a la humana, nuestra piedad hacia los animales será otra expresión de nuestro deber piadoso hacia los hombres (LE, 234-235, 287, 290). Ésta es la postura que, con los matices posteriores, hacemos nuestra.

Y es que todo lo que no sea humano ni es mísero ni miserable, salvo porque el hombre ponga en ello su excelencia y le transfiera su propio valor. Cosas y animales coinciden consigo mismos, son siempre lo que tienen que ser, nada hay en ellos (incluido su final) que no esté adaptado a su fin natural. No son, como los hombres, seres esencialmente fallidos, sino perfectos y así no pueden sufrir pérdida, carencia o frustración. Cualquiera de éstas que se les achaque, siempre serán las del hombre a su propósito: brotan de la utilidad que le reportan, de la belleza que le suscitan, del cariño que les presta..., pero a las cosas mismas nada les va en todo ello. Si el hombre llega a compadecerlas, es porque ante todo se apiada de sí mismo. Sufren porque él ha supuesto que sufren como él, sólo para él van a desaparecer o ya han desaparecido; en el fondo, son nada más que la ocasión de recordarle al individuo su íntima congoja, su propio carácter efímero. Aquel arrebatado canto de Jorge Manrique a lo perecedero de las «verduras de las eras» y los «rocíos de los prados» (Sánchez Ferlosio, EA II, págs. 218 y sigs.) resulta al fin una melancólica alusión al perecer del poeta y de los suyos.

Con todo, es seguro que la *debida* compasión hacia los hombres haya de expresarse en una compasión *gratuita* hacia los animales. En este punto aquellos dos pensadores enfrentados se ponen de acuerdo. Según Kant, «el hombre ha de ejercitar su compasión con los animales, pues aquel que se comporta cruelmente con ellos posee asimismo un corazón endurecido para con sus congéneres» (LE, 288), o sea, da muestras de haber embotado su capacidad de compasión (MC, II^a, 17). Para Schopenhauer, tan implicadas están ambas figuras de la piedad, «que se puede afirmar con seguridad que quien es cruel con los animales no puede ser un buen hombre» (ib.). La piedad hacia los animales no es un deber, pero su presencia revela al verdadero compasivo.

O, lo que es igual, esa ensanchada compasión hacia lo no humano habla sobre todo en favor del hombre y de su eminencia. Es su facultad genérica de poder ser y abarcar todo, lo que dignifica a los objetos materiales en que se posa. No pierden por ello su realidad de objetos, pero han pasado ya a ser instrumentos humanos y obtienen así una especie de valor de segunda mano que les ennoblece. Y tanto que hasta su mismo donante cae a menudo en la tentación de considerar tal nobleza como propiedad de las cosas mismas y, por eso, de compadecerlas. Ésa es la ventaja de la compasión sobre el resto de las virtudes, así como la superioridad que la humanidad puede arrogarse: su potencia de simpatizar con todo lo que sufre.

5.2. Una virtud egoísta

Al arraigar como virtud básica de la comunidad de *morituri*, la compasión es siempre autocompasión. O tal vez fuera mejor decir que ésta es requisito imprescindible de aquélla, en la medida en que la autocompasión es una forma inmediata de la autoconciencia, que es a su vez exigencia de toda virtud. Somos capaces de condolernos como seres íntimamente dolientes y sólo desde una autocompasión reflexiva podemos ser compasivos. Nos quedaremos así al albur de que esta piedad primera para con uno mismo, obsesivamente replegada sobre la propia desgracia, pueda desentenderse de la del otro y entonces abortar como virtud. Y también de que la mirada autocompasiva, dispuesta a la complacencia, no sea tal vez la más apropiada para *vernos* como somos. Pero, aunque se equivoque en el detalle, ¿podrá errar en lo esencial?

l. No hay dilema forzoso entre amor propio y piedad. En lugar de sembrar la sospecha, ser un desdoro o ir en detrimento de la verdadera piedad, esa autocompasión —más que su sombra obligada— constituye entonces una condición de su presencia, su acicate necesario. Unamuno lo detectó con perspicacia: «Los hombres encendidos en ardiente caridad hacia sus prójimos, es porque llegaron al fondo de su propia miseria, de su propia aparencialidad, de su nadería, y volviendo luego sus ojos así abiertos hacia sus semejantes, los vieron también miserables, aparenciales, anonadables, y los compadecieron y los amaron» (STV, 190-191). O más adelante: «Y lo más inmediato es sentir y amar mi propia miseria, mi congoja, compadecerme de mí mismo, tenerme a mí mismo amor. Y esta compasión, cuando es viva y superabundante, se vierte de mí a los demás, y del exceso de mi compasión propia, compadezco a mis prójimos. La miseria propia es tanta, que la compasión que hacia mí mismo me despierta se me desborda pronto, revelándome la miseria universal» (ib., 233). La ventaja que el hombre por su conciencia lleva sobre las demás criaturas, y que incluye su facultad de autocompasión, es la misma que les lleva por esa piedad que aquéllas seguramente ignoran.

Aunque ayude a imaginarla, no es preciso haber pasado por una determinada desgracia para *comprender* —hacia el futuro o mirando atrás— cómo y cuánto han podido o pueden otros padecerla. Como no se trata ya tanto de sentirla de modo parecido al del prójimo, el esfuerzo de reflexión debe suplir la falta de experiencia. Puesto que toda desgracia remite más próxima o remotamente a la desgracia esencial que nos reúne a todos, sus matices singulares tan sólo la individualizan. La piedad es una *preocupación* de mi propia finitud en mi *ocupación* con la ajena. Como tal, la autocompasión tanto contiene una llamada implícita a la compasión del otro para conmigo, como el impulso necesario para la compasión hacia el otro.

Pero, por mucho que endulcemos esta virtud que es antes piedad para con uno mismo, ¿no revela a las claras su procedencia del miedo, si miedo es sencillamente la expectativa de un mal? En toda compasión, desde luego, habita el miedo. Pero el caso es que, mientras su forma sentimental inmediata encierra por lo común *sólo o sobre todo* miedo, en la piedad virtuosa hay *además y sobre todo* reconocimiento de una existencia que —abocada a la muerte— se muestra atravesada por el mal. Lo que ahora prevalece no es ya la crispación en torno al propio yo (el temor a perderlo, el ciego afán de pervivencia personal), sino la conciencia segura de su pérdida. Aquel miedo no se ha borrado, ¿cómo sería posible?, pero está en principio dominado o transcendido en esa conciencia compasiva. Para tal conciencia, ese miedo es ya cuestión de menor cuantía, pues encuentra para él una fácil explicación natural. Lo que se trasluce tras el miedo, en cambio, la condición trágica del ser humano, permanece para ella inagotable en su enigma. La cierta melancolía que tiñe al piadoso es de otro origen que el miedo, porque su hondón toca el sinsentido. En resumidas cuentas, sólo el sentimiento compasivo podría reducirse a una reacción temerosa volcada a conjurar el dolor o el espanto que nos embargan a la vista de la desventura ajena. La virtud piadosa trata más bien de reafirmarnos en (y frente a) la conciencia del mal, en la lúcida y angustiada asunción de un malestar para el que no hay conjuro posible.

«No hay que confundir con el temor de dejar de vivir la angustia ante la muerte», dice Heidegger (ST, 50). Esta angustia no es un sentimiento cualquiera de debilidad del individuo, sino el talante más propio de vivir su estado de «ser relativo a su fin» y de responsabilizarse de su último poder ser, que es el morir. La angustia vive el continuado dejar de vivir. El temor a la muerte, por el contrario, es el afecto ordinario y elusivo por el que nos enfrentamos a ella como si fuera un hecho que estamos seguros de que nos afectará, pero que por ahora sólo afecta a los otros. Este temor, y su disimulo mediante una fingida indiferencia (para no desafiar la convención reinante), nos enajenan nuestra propia muerte.

De uno a otro plano cambia el motivo y el fin de la compasión. Ya no es tan fácil reducirla al más burdo móvil egoísta, sino a aquel recto amor de sí al que se refería Rousseau. Habrá que descubrir en su entraña, en palabras de Unamuno, esa «intensa desesperación» que, tras constatar en uno mismo la propia nadería, nos lleva a compadecer a los semejantes, «miserables sombras que desfilan de su nada a su nada» (ib., 190). Pero también se transforma el sentido mismo de la piedad, que, si antes se agotaba en exorcizar el mal, ahora pretende más bien reconocerlo a fin de afrontarlo. La piedad no es ya huida ante el mal ni un confortable expediente para aliviarlo, sino un modo de alerta constante hacia él y de fiel permanencia a su lado. Como no quiere causarlo ni consentirlo, pero tampoco puede evitarlo, la piedad viene a ser el mejor ejercicio de convivir con ese mal que tanto amenaza al otro como a mí. Siempre es una *compasión por todos nosotros*.

Pero de este carácter se desprende otra de sus innegables cualidades: su capacidad *proyectiva* o *anticipadora*. La práctica reflexiva de la piedad ante la desgracia ajena conduce a lo que llamaríamos *compasión a priori*, una forma en la que aquélla muestra más a las claras su valor y se aproxima a la justicia. Que, como apunta Jünger, «la compasión llega siempre retrasada» (Ra I, 441-42), eso sólo vale para la mera emoción que suscita el infortunio ya ocurrido o el que avisa inequívocamente con venirse encima. A la virtud que nace de la conciencia expectante de nuestra finitud la llegada del mal no la pilla desprevenida. Hasta el momento dichoso es ocasión para hacerse ella presente, porque lo ve como un intervalo entre la desdicha pasada y la inevitable futura.

Esta compasión *que adivina* no se limita a compartir el sufrimiento del prójimo una vez sobrevenido, sino que procura ahuyentarlo, se empeña —cuando está en su mano— en que no tenga siquiera lugar. Es una piedad que maquina sus favores por adelantado, porque surge de la previsión misma del infortunio posible. En ella el piadoso, antes que casual espectador, se siente comprometido como actor principal. Sabe que bastante porción de sufrimiento necesario se nos ha distribuido a los humanos como para desentendernos del que somos protagonistas o cómplices. Así que, cuando se trata de un desastre dependiente de la propia voluntad, la compasión lo reprime; ante el inevitable, al menos se apresta a suavizarlo. Aunque su motivo sea negativo —ahorrar el dolor ajeno—, la alegría que de ella se sigue sobrepasa con mucho a la obtenida por la piedad *a posteriori*. A lo largo de su penosa enfermedad, a Iván Ilitch, que se sentía «inundado de piedad por sí mismo», le atormenta la falta de compasión de sus familiares para con él. Al final de su agonía, sin embargo, da un paso adelante: «Tiene piedad de ellos, es preciso no hacerles sufrir más». Es el cambio que le permite encontrar la paz precisa para encarar su muerte (Tolstoi, MII, 110-111, 130, 152).

No es exagerado concluir que esta más plena conducta piadosa revela una fortaleza mayor que cualquier otra. Y no sólo porque surge de un esforzado cálculo de la conciencia, sino porque en ella el componente de miedo o de interés inmediato quedan relegados a un plano más alejado. Como aquí me descubro siendo un agente responsable de la infelicidad del otro, el mismo movimiento piadoso que me pone sobreaviso para no causarle un mal me incita a proporcionarle el bien contrario. Evitados de hecho el dolor o la tristeza ajenos, que sólo se han dado en mi imaginación previsora, el otro tan sólo experimenta la satisfacción de estar libre de mal... en razón de una piedad de la que no tiene constancia.

2. Claro que es hora de preguntar por lo que se esconde en el fondo de esta compasión autocompasiva, qué es lo que toda piedad tiene la osadía de pretender. Algunos dirán que la más vieja y documentada aspiración del hombre: la inmortalidad (o alguna clase de supervivencia) de uno mismo y del otro sufrientes. De inmediato se escuchará el reproche de que tan desmedido deseo de eternidad no parece apropiado al hombre, producto azaroso e imperfecto de la naturaleza. Pero el caso es que, congruente o no, aquella demanda se mantiene imperturbable; y se mantiene, además, no como un deseo caprichoso, sino como una exigencia que se cree fundada, proporcional, adecuada.

Siendo lo que por su conciencia es, el hombre *no debería* morir, aunque —desde esa misma conciencia— cuente de antemano con la frustración de semejante propósito. Y como está seguro de no alcanzar lo que quiere (y lo que cree que se le debe), pero a un tiempo considera todo resignarse a la muerte como una traición a su naturaleza, lo que solicita es piedad. Así que no es ésta la que postula la inmortalidad, sino más bien el afán de inmortalidad (que se conoce incumplido) el que exige la piedad.

Tal es, según se sabe, el meollo del unamuniano sentimiento trágico de la vida. Como para Spinoza, la esencia del hombre —escribirá Unamuno— no es sino el conato o esfuerzo que pone en seguir siendo hombre, en no morir; a este último proyecto humano se ordena todo conocimiento, en él se halla el origen de toda filosofía. De manera que el *primum vivere, deinde philosophari* del clásico habría de ser reemplazado por el más hondo y real *«primum supervivere o superesse»* (STV, 177). A un Leopardi, que calificó de hediondo orgullo este anhelo, nuestro profesor le replica: «No hablemos de gracia, ni de derecho, ni de para qué de nuestro anhelo, que es un fin en sí, porque perderemos la razón en un remolino de absurdo. No reclamo derecho ni merecimiento alguno; es sólo una necesidad, lo necesito para vivir» (ib., 137). De esta irresoluble tensión entre lo que me dice mi razón —la conciencia del dolor y de mi mortalidad— y lo que quiere mi vida —la sed de perpetuarme en la existencia—, de tamaño conflicto por el que al final «yo no dimito de la vida; se me destituirá de ella», nace el sentimiento trágico. Pero esa tensión desgarradora, «esa incertidumbre, y el dolor de ella y la lucha infructuosa por salir de la misma, puede ser y es base de acción y cimiento de moral» (ib., 185-186). Y esa acción será para Unamuno antes de nada la acción compasiva, tal moral será la moral de la compasión.

A lo que el cínico o quien se tiene por realista objetarán que nadie —y lo prueban los viejos en su mayoría o los sometidos a deterioros incurables— desea prolongar su penosa suerte o la maldición de su decrepitud. Con tal de dejar de sufrir, llegamos a desear morir. Si algo nos retiene, no es tanto el loco afán de perdurar cuanto el puro miedo a la muerte. «Yo no quiero morir, pero quisiera haber muerto», cuentan que dice Jorge Oteiza a sus íntimos... Pero eso prueba tan poco como el hecho no menos infrecuente de que el moribundo o el condenado a muerte, con tal de vivir sin más y por duro que sea lo que les aguarde, están dispuestos a solicitar cualquier prórroga para su existencia. Uno y otro argumento demuestran, a lo sumo, el bruto imperio de lo biológico en todo ser vivo. Lo que el hombre más bien desea es permanecer en una vida *propiamente* humana. Pero la falacia estriba en presentar la inmortalidad anhelada, al igual que la creencia griega en el Hades, bajo su aspecto más tenebroso e indeseable, como la proyección sin final de lo peor de la vida. En este caso, ciertamente, es aquella miserable existencia indefinida la que se vuelve digna de una compasión asimismo infinita. Sería la compasión que despiertan ciertos personajes legendarios o literarios, como el conde Drácula, que *no pueden morir*. Sobra decir que no es ésa la pervivencia que la piedad añora.

Tal vez, por extirpar el malestar procedente de nuestra finitud, no debamos sin embargo ansiar la inmortalidad. Tal vez lo otro de la muerte haya de ser también algo humano, algo que no rechace todo dolor en el hombre, pero sí la angustiosa previsión de su desenlace. A eso que señala la piedad como su polo positivo convengamos en llamarlo *plenitud*, para distinguirlo de la más vaga, azarosa, improbable felicidad. La plenitud en cada ser no es precisamente su decadencia postrera, sino el cumplimiento hasta el límite de lo más propio; en el hombre, de su dignidad, ese rasgo que le confieren su conciencia o su libertad. Y así, desde el acercamiento posible a esa plenitud, o en la mera esperanza de ella, a lo mejor ya no importaría tanto tener que dejar de ser algún día. Pues *la tragedia del hombre no radica tanto en su muerte, sino en que su muerte no coincida con su perfección posible.* El ser-ahí, dice Heidegger, «regularmente fina sin haber llegado a la plenitud» (ST, 48, pág. 267).

Para esa siquiera parcial reconciliación con nuestro destino, por tanto, sería preciso antes de morir agotar (por tanteo, mediante la invención) la medida de la perfectibilidad humana de cada cual. Sólo aceptaríamos la muerte que llegara cuando la persona no diera más de sí, cuando ya no tuviera virtualidad que probar o desplegar. Semejante lógica mortal se adaptaría de manera singular a cada hombre, de suerte que unos deberían —o desearían— desaparecer antes o después que otros, pero siempre a *su debido* tiempo. A ello puede referirse Jünger cuando recomienda una existencia tal «que en ella alcancemos un nivel en el que sea posible realizar de un modo fácil, osmótico, el tránsito —un nivel en el que la vida *merezca* la muerte» (Ra I, 295). Ésa sería, en verdad, la *muerte propia* que Rilke imploraba, una muerte apropiada: la que con cada cual concuerda y la que cada cual conquista. ¿Y podría acaso haber otra más propia y merecida que la que el hombre —satisfecho de su existencia o, al menos, con la lucidez precisa para abandonarla— se diera a sí mismo, sin someterse al modo ni al momento que la naturaleza hubiera decidido? En tanto que muerte por fin conforme a cada uno, quizá entonces nos conformáramos con ella. Pero ése sería también el momento en el que la piedad habría perdido buena parte de su razón de ser.

3. Sin atreverse a expresar designios de eternidad o plenitud tan fuera de su alcance, y por ello mismo, lo que entretanto busca sin duda la piedad (en quien la ofrece, en quien la demanda) es el *consuelo*. He aquí, se dirá, un concepto proscrito de tanto como la religión lo ha prodigado y corrompido con sus promesas.

No obstante, «el hombre es un ser necesitado de consuelo», sentencia sin remilgos Blumenberg (IAR, 128). ¿Y qué estúpida autoestima o qué arrogante consigna de la modernidad nos llevaría a avergonzarnos por reconocerlo? Al querer distinguirse del simple dolor bruto, el dolor *humano* exige compasión porque busca el consuelo que sólo otro paciente de su misma especie puede proporcionarle. Si el sufrimiento de inmediato tiende a aislarnos, la piedad hacia él restablece la comunidad perdida. El dolor, bajo su peso inaguantable, nos somete al imperio despiadado de la Naturaleza; la compasión, en su voluntad de aliviarlo, lo rescata de ese impersonal dominio para imprimirle un sello humano. Incluso se diría que ella entra en la «intencionalidad» del sufrimiento humano, lo mismo que la propia de los órganos del habla es hablar y la de las manos manejar. Por eso mismo el padecer del compasivo, al alcanzar mayor amplitud, está por encima del padecer del doliente común. Es un Edipo piadoso quien les dice a los sacerdotes tebanos: «vuestro dolor llega sólo a cada uno en sí mismo y a ningún otro, mientras que mi ánimo se duele, a un tiempo, por la ciudad y por mí y por ti» (*Edipo Rey*, 62-65).

¿Se habrá de tildar a la compasión de engañabobos de nuestra constitutiva soledad, como podría inferirse de una lectura de Nietzsche? «Poco a poco, he ido viendo claro cuál es el defecto más general de nuestro tipo de formación y educación: nadie aprende, nadie aspira, nadie enseña a *soportar la soledad*» (Au V, 443). Al contrario, nada mejor que la compasión enseña a soportar esa soledad a base de compartirla. La comunidad de los *morituri* es la de quienes, por saberse al final solos, aciertan a forjar de aquella soledad esencial su nexo más íntimo. No temamos proclamar que ésa será una comunidad de recíprocos consoladores. Como no sea por motivos más dignos (el afán de un creciente autodominio, la voluntad de no agobiar al otro) que los vulgarmente expresados, el ocultamiento de la propia desventura no tiene por qué ser virtuoso.

El hombre es un ser urgido de consuelo, decimos. «¿Pero es él, en su absoluta necesidad de consuelo, capaz de consolación? No cabe consolar a nadie de que se tiene que morir. Todos los argumentos que dan para ello por sentada una capacidad de consuelo y de consolación son malos hasta llegar al ridículo» (Blumenberg, ib., 129). A fin de cuentas, si el mal de muchos sólo ofrece consuelo a los tontos, la pena *de todos* debe aparecer como un falso lenitivo para el sufrimiento de cada uno. Así que el mismo que pide consuelo resulta inconsolable: ni es capaz de confortar ni puede esperar ser confortado. Por mucho que se le procure consolar, ante su desgracia capital permanece solo y desolado. A lo más, el único alivio que la compasión ofrece a su receptor estriba en saberse mirado, en ser objeto de la atención piadosa. Pues el compasivo ni puede engañar ni engañarse sobre la naturaleza de la desgracia humana: como está dispuesto a acompañar la suerte del otro, nadie menos inclinado a proferir una «mentira piadosa»... ¿Acaso se sigue de ahí que la piedad sea inútil o carezca de sentido? De ahí se sigue tan sólo que, frente al mal último del que se apiada, la compasión siempre será insuficiente y también que la necesidad del otro quedará desde luego no saciada. Pero de ahí se sigue todavía mucho más: que la compasión que el hombre anhela ha de ser, ya que no infinita, sí interminable

5.3. La virtud más grave

Tan obvio parece que el sentimiento de piedad vaya parejo al de tristeza (eso cuando no se le achaca el codiciar instalarse morbosamente en este último afecto), que incluso a su índole virtuosa costará romper una asociación tan arraigada. Pero, salvo el enfermo de espíritu, nadie quiere la tristeza y sí todos la alegría. En realidad, *pace* Spinoza, ¿qué puede ser la tristeza sino una afirmación indirecta de alegría, la penosa voluntad de una alegría ansiada, perdida o contrariada, la aspiración a un gozo que se hace esperar o que se nos resiste? Allá, pues, esa compasión cristiana dedicada a reprobar el valor de la vida, a espiar el menor asomo de infortunio para allí hundir con placer sus raíces. Por sí misma, la piedad no es negación de la vida, sino más bien censura y protesta frente a todo lo que oscurece esta vida y contra lo que al final la aniquila.

1. Y ello hasta el punto de que, si bien se mira, la piedad es directamente proporcional al valor concedido a la existencia: cuanto más alto se juzgue éste, con tanta mayor intensidad se mostrará aquélla. En el plano de la emoción, tal vez la buena fortuna de uno inhiba la sensibilidad para percibir la desdicha del prójimo. Desde la razón o desde la virtud, en cambio, sólo el que saborea a fondo la vida acierta a comprender la hondura de la desgracia propia y ajena y compadecerse mejor de ella. Mientras al de veras piadoso no le es imprescindible haber pasado por la misma o parecida desgracia, si quiere compadecerla, no puede faltarle empero la profunda experiencia de la dicha. «De manera que, cuanto mejor se concibe la plenitud del goce, más puros y más intensos son el sufrimiento en la desgracia y la compasión por el prójimo. ¿De qué priva el sufrimiento a quien carece de placer?» (S. Weil, GG, 122-123).

Nada cuadra mejor a nuestra virtud, pues, que ese fúnebre lamento que tienta al infortunado y del que Epicuro hace befa: «Mejor no haber nacido, pero una vez nacido, pasar cuanto antes las puertas del Hades» (*Carta a Meneceo*, 126). Pues quien vive tiene que morir, pero quien no muere tampoco vive. Y *más vale* morir por haber vivido que ahorrarse la vida por evitar el amargo trago de la muerte. «De ahí que hasta prefiera ser lo que soy, condenado a algunos decenios, pero al menos haber vivido...», nos confía Jankélévitch, (o.c., 20-21). El que ha penetrado en el milagro de su propia dignidad, podrá deplorar su finitud, pero nunca detestar la vida. Porque la ama como nadie, se apiada el piadoso de las penas que arrastra la vida.

2. Pondérese cuanto se quiera, replicarán muchos, lo cierto es que ese presunto amor a la vida del compasivo no hace acto de presencia sino ante sus facetas más penosas, sólo brilla en los instantes por así decir menos vitales. Flaco favor nos hace la compasión en su incansable empeño

de traer a la conciencia nuestras desdichas compartidas. Pues bien pudiera ocurrir que los múltiples males que sufrimos (y cometemos) cumplieran una función crucial: la de distraernos del verdadero Mal que nos aguarda y, así, hacernos más llevadera la existencia. Para eludir este callejón sin salida, mejor sería mantener nada más que una concepción puramente emotiva (espontánea, sensible, inconsciente, limitada) de la piedad, dado que su explicitud y el trabajo reflexivo al que nos tienta nos abocaría con certeza al decaimiento. El *memento mori* resulta insufrible hasta para el filósofo o el creyente... Ahora bien, ¿dónde está escrito que, por contraste con su pronto afecto, haya virtud que se adquiera sin esfuerzo?. Tanto mayor aún en el caso de la compasión, cuanto que se atreve a mirar de frente a los síntomas de nuestra precariedad sin caer por ello en la parálisis.

Se insistirá con todo en que, más allá de su referencia al valor humano, al fundarse con preferencia en la comunidad de dolor y en la muerte, la piedad nos fija a los aspectos más tenebrosos de nuestra existencia, a lo que de ella desearíamos esconder. La piedad toma al hombre en su punto más bajo, en una igualdad puesta por la naturaleza, para doblegarlo en lugar de auparlo. Pues queremos que nos quieran por nuestras potencias, y no por nuestras debilidades; no por aquello en que se refleja nuestra muerte, sino por donde asoma nuestra inmortalidad; en suma, no por lo que nos hace parecidos a todos, sino por lo que nos convierte en únicos y diferentes.

Pero esta objeción esboza una verdad a medias que ni siquiera vale del todo para el sentimiento compasivo vulgar. Lo que rechaza el desgraciado es que *sólo* se compadezcan sus males, sin que se tengan en cuenta *también* sus bienes reales o posibles. Como no se conforma con ella, hasta *tendría derecho a repudiar una compasión que fuera sólo compasión*, una compasión sentimental a cuya mirada escapen todos los rasgos que no sean pesarosos. La virtud piadosa, sin embargo, salva estos escollos. De un lado, porque a sus ojos la dignidad del miserable precede por principio a su miseria, que sólo se mide desde las virtualidades contenidas en aquella dignidad. Del otro, y sobre todo, porque tanto sabe compadecer sus penas como alegrarse con sus dichas.

Y ésta es la prueba más fehaciente de su naturalesa virtuosa: que no sólo, ni de un modo predominante (porque entonces se confundiría sin resquicios con el amor), pero la piedad *debe asimismo* compartir las alegrías del otro. Aunque su discernimiento le permite depurar el mecanismo natural de la simpatía, no por ello lo elimina. Según Spinoza, tanto se aproximan la compasión y la *misericordia* (recuérdese, ese «amor que afecta al hombre de tal modo que se goza en el bien de otro y se entristece con su mal». E III, def. 24; véase ib., def. l8, expl.), que la segunda vendría a ser el hábito de la primera. Eso no cambia la naturaleza afligida de la compasión, pero sí su orientación y su valor. Pues el amor es una alegría y, aunque la tristeza se apoderase de él en su vertiente piadosa, sería al menos una tristeza sin odio (ib., III, 27, cor. 2), más ocupada en ayudar (es decir, en alegrar) al desgraciado que en despreciarlo (ib., cor. 3). Lo que permite a Comte-Sponville observar que «más vale una verdadera desgracia que una falsa alegría. Hay que añadir: más vale un amor entristecido —y eso es exactamente la compasión— que un odio feliz» (PTGV, l46). Y más valdría, claro está, un amor dichoso sin sombra de pesar alguno.

¿No hemos dicho, sin embargo, que la mirada compasiva contempla la buenaventura del otro recortada sobre el fondo último de su estado regular de desgracia y que, en este sentido, se atreve incluso a compadecer aquella fortuna? Nada parece librarle a la compasión de su inmediata afinidad con el desánimo y la derrota. Claro que ese piadoso tachado de pesimista recabaría para sí el más adecuado apelativo de realista: él *ha visto*. Pues lo evidente es el predominio cotidiano y el abrumador triunfo final de la desgracia en la vida humana. Hasta ese indudable triunfador que fue Goethe confiesa que, en setenta y cinco años de vida, no ha disfrutado en total ni de cuatro semanas de fe-

licidad (Eckermann, I, 74). Nuestro presunto pesimista ansía la felicidad como cualquiera, o precisamente más que
ninguno, pero todo le advierte que sólo se dará a modo de
excepción. Cuando al fin llega, exprime su jugo al máximo,
pues sabe de su rareza. O, mejor aún, aquel piadoso tiende
a contemplar el bienestar humano como aparente: desde la
desgracia última, los instantes de felicidad —por mucho
que haya que gozarlos— sólo son desgracias penúltimas.
La llamada felicidad humana es por lo común una desdicha que se ignora. Y si el negarlo sólo puede provenir de un
acto de fe, aceptarlo conduce de lleno a la piedad.

¿Es ello bastante para arrojar sin más a la compasión a
las tinieblas exteriores del pesimismo? Ciertamente ése es
el riesgo para toda virtud que no se rodee de las falsas alegrías y reclamos de la religión. Si por pesimismo se entiende la ausencia de esperanza final, una piedad que se quiere
ilustrada es pesimista; pero la cuestión, más bien, es si la es-
peranzada merece siquiera el nombre de tal virtud. Al contrario, nuestro piadoso sólo lo es porque, en un alarde de
optimismo, adjudica a todo lo humano un valor que el ser
religioso comienza por sustraerle. «El optimista —recuerda
oportuno Chesterton (ChD, l95)— no sólo se compadece
de la miseria y degradación de los hombres, sino que las
toma como un insulto de su elevación». El piadoso es todo
lo optimista que al hombre sin fe le es dado llegar a ser:
saca la fuerzas para su piedad de sí mismo, no de Otro; entrega tan sólo esa compasión que guarda, no una promesa
incierta de salvación; las energías que no invierte en el otro
mundo las dedica a evitar en lo posible que haya por siempre desdichados en éste.

3. Pero oigamos ya los dos achaques principales que en
este punto se concentran contra la piedad. El primero dice
que, si, según su propio concepto, la compasión exigiera a
su vez compasión, entraríamos en un proceso de piedad al
infinito: el resultado no puede ser más que la multiplica-
ción indefinida del mal y un mundo estrictamente inhabi-
table. Por ser la compasión un pesar con el que sufre una

desgracia o con el pesar ajeno, entonces ella misma deberá suscitar otro pesar correspondiente al suyo propio, y así sucesivamente. De ese modo, no sólo se duplicaría el mal (tal es un reproche en el que concuerdan Spinoza, Kant y Nietzsche), sino que se propagaría en una ola interminable. En rigor, si fuera bueno ser compasivo, una sola desgracia de un único hombre bastaría para acarrear el pesar de todos los demás. ¿No habría que remedar la sentencia de Occam y decir que «*non sunt multiplicanda mala sine necessitate*»? Pues no es claro que este mundo, donde el mal campa bajo múltiples formas, sea el mejor de los mundos posibles; pero, bajo el imperio de los piadosos, resulta seguro que sería uno de los peores mundos imaginables...

Parece abusivo hacer a la compasión la hipotética responsable de panorama tan desolador. Ni siquiera como mero afecto contagioso, el propio pesar de los compasivos sería equiparable a la pena real de sus compadecidos. Pero ya como actitud moral, como producto de una elección racional, ni la piedad es una infección de la desgracia ni cabría que los compasivos ulteriores se apiadaran de los primeros o inmediatos. En lugar de considerar a la compasión propia y ajena como otro mal más, se alegrarán de que esa virtud se expanda. Al presentarse como una potencia activa, y no ya sólo como una emoción pasiva, la piedad busca los medios eficaces de acabar con aquella desdichada cadena cortando de raíz la causa de la desdicha inicial que la engendra. Y cuando es impotente ante lo irremediable, al menos lo conforta, pero no lo extiende. Más allá de la retórica de aquella objeción, ¿quién duda en serio de que nuestro mundo saldría mejor parado del crecimiento de la conciencia piadosa?

Pero quizá no tanto el sujeto mismo imbuido de compasión, como algunos detractores —y entre ellos Cioran— maliciosamente han hecho notar: «Quien llegase, por una imaginación desbordante de piedad, a registrar todos los sufrimientos, a ser contemporáneo de todas las penas y de todas las angustias de un instante cualquiera, ése —suponiendo que tal ser pudiera existir— sería un monstruo de amor y la mayor víctima de la historia del sentimiento» (BP, 43-44). La piedad, más que un ideal inaccesible, sería un proyecto moral verdaderamente indeseable, una meta valiosa sólo para masoquistas. O para santos, como suponía Primo Levi, pero de una santidad de la que *por fortuna* nuestros propios sentimientos nos alejan (HS, 50-51).

Aquel argumento, que en efecto parece más atinado para el sentimiento, no toca gran cosa a la virtud de la piedad. Si nunca es bueno dejarse arrastrar por la emoción, menos aún hasta el extremo de inmolarnos a ella; es decir, hasta abatirnos de tal modo que renunciemos a la precaria dicha que ella misma debe procurarnos. Kant ya sabía que la infelicidad resulta campo abonado para la inmoralidad. El piadoso, que odia la desgracia, jamás puede olvidar el deber de procurarse el grado de beatitud sin el que ni siquiera tendría ojos para la desgracia de su alrededor. Ni tampoco dejar de contemplar «con la sonrisa de la compasión» (Conrad, o.c., 36) esas flaquezas que son la herencia común de todos nosotros. Y, sobre todo, eminentemente activa y no contemplativa como es, su piedad le depara renovadas dosis de alegría en el hecho de saberse sujeto del combate por reducir al menos las miserias a su alcance.

Habrá que pregonarlo de una vez por todas. La piedad no es una virtud triste ni propia tan sólo de los tristes, lo que pondría en solfa su misma condición de virtud. La piedad es una virtud grave y la de los hombres graves. Para decirlo con más precisión, es la virtud propia de la seriedad; sólo en su grado máximo, será además la de lo trágico, la virtud trágica por excelencia. ¿Por qué ese vínculo entre la compasión y la seriedad? Es Jankélévitch quien responde: «De hecho, cuando se habla de seriedad es porque la posibilidad de la muerte está presente, pero también porque todavía se puede hacer algo» (AAS, 169). Como la última palabra la tiene la muerte, para el hombre serio la palabra «desgracia» siempre es la penúltima. Así que, «en general, lo serio es una forma de considerar todas las cosas en relación a nuestra *destinée*...» (ib., 181), esto es, en su ultimidad. Si la piedad es seria se debe, ante todo, a que se enfrenta con la muerte en sus síntomas próximos o lejanos. Cuando encara la certidumbre misma de morir, su seriedad, que es siempre relativamente trágica, lo es ya del todo. La gravedad o seriedad de la compasión no se oponen, pues, a la alegría, sino más bien a la ligereza, a la frivolidad, a la irresponsable indiferencia. La compasión es la virtud que nos obliga a tomar las cosas humanas, de por sí serias como encaminadas a la muerte, en serio.

Y tan no es contraria la seriedad a la alegría, como que sólo aquélla puede alimentar el humor más verdadero. En el humor, en lo que excita a la risa, ha de estar presente el absurdo y por tanto la premonición de nuestro destino mortal. No ya para reponer con la carcajada cierta forma de sentido en la vida, sino para extraer y comunicar alguna fuerza de su mismo sinsentido. «La risa exterminadora significa, pues, en última instancia —escribe Rosset—, la victoria del caos sobre la apariencia del orden: el reconocimiento del azar como "verdad" de "lo que existe"» (LP, 224). Por eso es el humor lo más serio de este mundo. ¿Cómo iba a ser, pues, una osadía proponer una *piedad jovial* o una jovialidad que sea piadosa? Hasta el propio Kant, para endurecerla, se atreve a preconizar que «puede y debería haber piedad con buen humor» (A Iª, II, 62). La piedad y el humor no sólo se emparentan a través de su respectiva alusión a la muerte. En realidad, han de fundirse: el humor, celebrando piadosamente el sinsentido; la compasión, acompañando con humor el pesar por tamaña condena.

Un humor, añadamos, que nada tiene que ver con esa edulcorada piedad nutrida sólo de ternura sensiblera, con un artificioso talante que oscureciera en el compasivo el conocimiento real de lo que se compadece. No hay forzosa disyuntiva entre compasión y objetividad. ¿Cómo sabríamos de esta infelicidad que nos atraviesa si no fuera mediante la compasión y, a su vez, qué extraer de semejante conocimiento como no sea ante todo una inmensa piedad? Más aún, ¿merece acaso llamarse saber aquel que, al certificar nuestra irreparable expulsión del Paraíso, no es inmediatamente un *saber piadoso* ? Resulta llamativo que uno de los críticos contemporáneos más acerbos de la piedad —otra vez el recientemente desaparecido Cioran— subraye la actitud piadosa a un tiempo como primer requisito y resultado inmediato del verdadero conocimiento. Lo que a su juicio vale en el mundo de las emociones, a saber, que «un poco de conmiseración entra en toda forma de afecto» (MY, 99; D, 36), vale también para el mundo de la conciencia: «Si algo no logra ya apiadarnos, deja de existir, de ser tomado en cuenta» (I, 12-13).

Es el punto de vista de la compasión el que presta al pensamiento de lo humano el calado que éste requiere. «La autocompasión es menos estéril de lo que se piensa. En cuanto alguien tiene el más leve acceso a ella, adopta una actitud de pensador y, maravilla de maravillas, llega a pensar» (I, 77). Y no podía ser de otra manera si es cierto que, al igual que no se ha escrutado el fondo de una cosa mientras no se la contemple a la luz de su anonadamiento (AD, 75), tampoco conocemos al prójimo a fondo si no es desde lo más profundo que hay en nosotros (I, 75). La primera lección que aprender sobre el hombre es la de su finitud. Lo mismo que «si no reflexionamos intensamente sobre la muerte no seremos más que nulidades» (LS, 97), tras esa meditación ya no cabe observar a nuestros compañeros de fatigas más que bajo el aspecto de su precariedad (AD, 74).

Sólo la piedad de verdad conoce. Quien descansa en la apariencia puede achacar a la mirada compasiva, *interesada* como está en la suerte del otro por ser la propia, una gustosa predisposición al engaño. Pero lo que la compasión reivindica es un grado superior de objetividad, ante el que el sedicente saber objetivo palidece. Mientras la mirada convencional, movida hoy por una voluntad técnica, sólo sabe definir y clasificar a los individuos con vistas a su administración técnico-burocrática, el conocimiento animado de compasión es el único que parece aportar la verdad teórica, y sobre todo práctica, del hombre.

LA VIRTUD PIADOSA

5.4. La virtud de los semejantes

La piedad es la virtud de los que se saben poseedores de idéntica dignidad y dotados de igual conciencia de estar destinados al dolor y a la muerte. Por eso es propia de los hombres tan sólo, que no de los demás mortales ni tampoco de los inmortales y eternamente bienaventurados. Digamos que es el fruto primero del reconocimiento de lo que nos reúne más allá de cualquier diferencia. Una semejanza, si se quiere, más expresa y *tangible* en nuestra común mortalidad que en nuestra común dignidad, porque ésta sólo se muestra en grados diversos de desarrollo individual. Esa percepción de lo igual en lo humano es justamente la que faculta al piadoso para su movimiento peculiar: el de ponerse en el lugar del otro. Se trata de un rasgo estrictamente humano, porque sólo el hombre puede reemplazar al hombre y un hombre no puede ponerse más que en lugar de otro hombre. La piedad vendría a ser así un ejercicio habitual y consciente de *metamorfosis,* tal como Canetti, por ejemplo, adjudica de oficio al escritor (CP, 362-363) y que aquí se propone como tarea de todos. Gracias a ella contamos con la posibilidad de tomar parte en muchas vidas y en todas las muertes que amenazan a esas vidas.

1. Ahora bien, sólo seres que son y se consideran semejantes pueden humillar y sentirse humillados. Y éste es uno de los cargos más repetidos contra la piedad: que, por destacar una real diferencia entre quien la da y quien la recibe, resulta humillante para el compadecido. La lengua anglosajona y la francesa, por ejemplo, distinguen entre *pity* o *pitié*, que connotan una idea de superioridad, y *compassion*.

¿No era un pecado de Emilio el envanecerse por los males de los que estaba exento? A los ojos del compadecido, esta nota es la que vuelve a la piedad sospechosa, cuando no odiosa e irritante; al revelar su debilidad, supone que también le pierde el respeto que se le debe. Por eso Alain escribió que «el espíritu no tiene nada de piedad, y no pue-

de tenerla; es el respeto el que la disuade de ella» (II, 496).
Ésta es la base en la que se apoya la pretendida diferencia
(otra que añadir a la antes establecida por H. Arendt) entre
la piedad y la compasión. «Hay en la piedad una suficiencia
que subraya la insuficiencia de su objeto (...). La piedad se
experimenta de arriba a abajo. La compasión, al contrario,
es un sentimiento horizontal» (Comte-Sponville, o.c., 153-
154). Pero aquí sostenemos que una y otra, y más cuando
son virtud, sólo tienen cabida en relaciones horizontales. Y,
dado que nuestro idioma otorga un significado muy apro-
ximado para ambos términos, nos será permitido usarlos
como sinónimos y apreciar en cualquiera de ellos cuándo
denotan el mero afecto o la virtud cumplida, según puedan
o no herir la dignidad del otro.

Pues lo que importa es ver ahí un grave aprieto que
amenaza a la «patología» de la piedad o a la psicología del
piadoso, del que debe guardarse para ingresar en el orden
moral. Se puede estar de acuerdo con Nietzsche en que
«hay algo que rebaja en el sufrimiento, y, en la compasión,
algo que eleva y proporciona superioridad» (Au II, 138).
Pero de ahí no cabe deducir que la humillación sea secue-
la inevitable de la piedad. Siempre hay un gesto de inferioridad relativa en la demanda de compasión, como hay un
gesto de cierta primacía cuando se tributa. Para que haya
además afrenta, se requiere que aquella superioridad se
acompañe de desprecio o que el compadecido así lo perciba. Es decir, que superior e inferior pasen por alto el carácter meramente coyuntural y respectivo de su situación o, lo
que es lo mismo, olviden la fragilidad esencial que ambos
comparten. En cuanto el compasivo reconoce, más allá de
su fuerza momentánea, aquella debilidad y, en cuanto el
apiadado asume la suya propia, cesa toda tentación de humillar o de sentirse humillado. Carece de sentido que lo
que nace de una honda conciencia de nuestra mortalidad
esté llamado a mortificar; que lo que cuida de nuestra dignidad nos la atropelle.

Donde hay envanecimiento y afán de injuria, sobra decirlo, no hay real compasión. No nos es dado compadecer lo que despreciamos ni despreciar aquello de lo que nos compadecemos. Sólo un amor propio desmedido puede conducir al falso piadoso a ignorar su afinidad profunda con el caído en desgracia, a faltar al respeto al amor propio que también el digno de compasión alberga; a tomar, en fin, su azarosa ventaja como un rasgo natural o merecido. Prueba de ser ésta una piedad absurda es que, sin traer consuelo alguno, agrava el daño del desgraciado al que se dirige; a la pena que ya sufría, le añade la nueva de ser ahora humillado. Con razón aquel presunto piadoso se vuelve objeto de la justa indignación del falsamente compadecido y de quienes lo contemplan. Ya se dijo más atrás que no es el ideal una compasión puramente compasiva. A propósito de la moda moderna de la piedad Chesterton escribió: «La compasión en bruto no debe darse más que a los brutos (...). La piedad es piadosa, pero no es respetuosa» (o.c., l95).

2. Pero no menos frecuente es que, sin rastro alguno de menosprecio en la voluntad del piadoso, el apiadado perciba su gesto como un agravio intolerable hacia su persona, como la ocasión escogida por el compasivo para dedicarle su superioridad condescendiente. Habría que averiguar qué se esconde cada vez en el acercamiento de la piedad, pero es probable que ese apiadado desde su suspicacia ya lo haya prejuzgado. So capa de una actitud justa frente al ultraje que el piadoso supuestamente le infiere, el destinatario de la compasión pretende encubrir su debilidad, su inocultable necesidad del otro. Por su reacción, no sólo se priva así del socorro de la piedad y se inflige además el gratuito pesar de su vergüenza; se diría que, sintiéndose humillado por el mal que sufre, lo que persigue es humillar a su vez al compasivo...

Es cierto que se puede, y hasta en ocasiones se debe, declinar el ofrecimiento de la piedad ajena a fin de endurecer el propio aguante frente al infortunio; esta señal de fortaleza, sin embargo, no deja de mostrar gratitud ante la mano tendida del piadoso. Pero el indignado repudio de la piedad bajo el sambenito de humillante viene a ser, en demasiados casos, otro fruto maduro del *resentimiento* (M. Scheler, RM). Por lo general, y a partir del análisis nietzscheano, se ha visto en éste una de las raíces nutricias de la compasión. Han pasado más inadvertidas, en cambio, las calumnias contrarias que el resentimiento del débil, esta vez cuando le toca ser objeto de la compasión ajena, levanta contra la piedad. ¿No habrá incurrido el propio Nietzsche en alguna de esas calumnias?

Es el afán de rebajar el valor del compasivo —y de la compasión— el que hace a menudo de su eventual objeto un resentido. Es la impotencia de su espíritu de venganza y de su rencor hacia quien le compadece la que obliga al compadecido a abominar a la vez de la piedad (y trocarla en afán de humillación) y del piadoso (para atribuirle voluntad de dominio). Ocurre que, como el desgraciado no está en condiciones de prestar compasión, tampoco está dispuesto a recibirla; puesto que es incapaz de demostrar superioridad alguna, se niega a que el compasivo le muestre la suya. Habrá quien rechace la compasión del otro por vana autosuficiencia o por la desesperada convicción de que nada podrá aliviar su pena. Pero el que la repela por resentimiento expresa más bien su designio de que nadie sea mejor que él o de no depararle ocasión de manifestar su poder o su virtud. Más que la posición ventajosa del otro, puede ser la excelencia mostrada al compadecerle lo que a aquél le humille. Además, si él sufre, todos deben sufrir; por lo menos, nadie debe gozar ni siquiera de la escueta dicha de poder ayudarle. Antes incluso de ponerse en el estado de ser compadecido, ocultará a toda costa su desventura. Y es que confesar su necesidad, y con ella la íntima necesidad del otro, sería reconocer así el poder del otro para satisfacerla, admitir la riqueza ajena frente a su propia pobreza.

Compárese esa actitud con la de Goethe: «¡Qué poco poseemos y qué poco hay en nosotros de aquello que en el sentido más estricto y puro podamos llamar nuestro! Nos es forzoso recibirlo todo, aprenderlo todo, tanto de los que nos precedieron como de los que nos rodean. Aun el mayor genio no podría avanzar un paso si todo tuviera que debérselo a su mundo interior» (Eckermann, o.c., 333). El humillado por saberse en el punto de mira de la compasión, en su resentimiento, viene a proclamar el mensaje opuesto: *yo no debo nada a nadie* y, más aún, *yo no debo deber a nadie nada*. En una quimérica ilusión de autonomía, se hace fuerte en la ignorancia o en el rechazo de lo que cada cual debe a la comunidad. Así establece el no deber como deber, el ideal del no adeudar. Ya no se trata de estar en paz con el otro, sino de no guardar con él relación alguna que derive en compromiso. Ya no se propone siquiera aquello de que «el favor con favor se paga», la conveniencia de una igualdad de saldos entre ambos polos de la relación personal. Al contrario, se postula que no haya beneficio del otro que me obligue a devolverlo. El «hoy por ti, mañana por mí» expresaría el sabio reconocimiento popular de nuestra radical menesterosidad y dependencia. El resentido, en cambio, a lo más podría aceptar que «hoy por ti, nunca por mí». O sea, «tal vez esté dispuesto a compadecerme de ti cuando te halles en desgracia, porque eso me hace sentirme superior, pero no permitiré que nadie se apiade de mí: ya sea porque ni siquiera considero la eventualidad de estar en apuros o porque me niego a recibir una ayuda que a mis ojos me rebajaría ante el otro...».

En última instancia, este proceso de resentimiento infiltrado por el débil en la relación piadosa culmina en el «ni por ti ni por mí». Quien no consiente convertirse en agraciado por la piedad ajena, tampoco deberá ejercer a su vez el papel de sujeto compasivo. Si la compasión nos degrada a todos, entonces hemos de degradar universalmente la compasión. Como intuyó Nietzsche, pero esta vez en contra de sus lecciones, la moral de los esclavos ha acabado por infectar la moral de los señores. ¿De qué manera?: haciendo que la compasión, de ser una virtud capaz de revelar nuestra real semejanza, pase a execrarse como un vicio que fomenta nuestra desigualdad aparente.

3. Apenas puede caber duda de que este cargo contra la piedad encaja a la perfección en la estructura, real y mental, de la sociedad moderna. ¿Por qué nuestra sociedad mercantil-democrática ha de ver en toda muestra de piedad una probable humillación? Por el imperio universal del contrato, esto es, de la forma que subyace a toda relación privada y pública. El contrato, en efecto, supone la negación de cualquier otro vínculo social anterior a él mismo, se basa en la idea de la precedencia del individuo respecto de la comunidad, aparece como el resultado de la libertad de seres soberanos y esencialmente iguales, y tiende a reducir todas las relaciones humanas a su propio esquema contractual; o sea, a subsumir bajo el derecho la espontaneidad y riqueza de tales relaciones, a someterlas a justo cálculo y exacta medida.

Esa aspiración igualitaria («la pasión democrática por la igualdad», que diría Tocqueville: DA, II, 3ª, c. l), ciertamente, asienta las bases sociales que predisponen a un sentimiento general de piedad. Según Chesterton, es bajo la democracia «donde más espontánea y eficazmente se manifiesta la compasión» (o.c., 52). También Norbert Elias lo atestigua: «En comparación con la Antigüedad, ha ido en aumento nuestra capacidad de identificación con otros seres humanos, la compasión con sus sufrimientos y su muerte» (SM, 9). Pero esa mayor sintonía no menos exarceba, por su lado contrario, una general sensibilidad puntillosa hacia toda presunta o efectiva superioridad del otro y, con ella, también contra su eventual compasión. Frente al supuesto nuclear de la sociedad aristocrática —donde las diferencias entre los individuos se conciben como *naturales*—, en la democrática las distinciones entre superiores e inferiores, la disparidad de pobreza y riqueza, no tienen más fundamento que los mecanismos *sociales* que las engendran; a la postre, sólo deben culparse a nosotros mismos. En la misma medida, por tanto, en que la compasión entraña una sutil jerarquía, el piadoso puede fácilmente humillar y el compadecido creerse humillado.

De ahí que el predominio absoluto de la justicia contractual, al vetar por principio cualquier gesto de compasión en tanto que gratuito, se plasma en su receptor mediante fórmulas tales como «no quiero que me des lo que no me corresponde», «no me concedas por compasión lo que no me debes»; en fin, «guárdate tu piedad». Pero también se hace notar en otro alegato no menos usual: «No me otorgues por compasión lo que me debes en derecho». Todo lo cual se resume en la tesis de que, más allá de la justicia definida en el contrato, ni hay compasión ni nexo social que me obligue. Sólo soy lo que debo y sólo debo lo que expresa el contrato; fuera de él, ya no hay más deber ni deuda. Si la piedad es indebida porque se presume ofensiva, lo es asimismo por injusta.

Tanto el sujeto como el objeto posibles de la compasión tienden a amoldarse hoy más que nunca a este patrón. Para uno y otro, al margen de los términos fijados en el contrato, todo lo demás es graciable, potestativo. La relación social dominante es tan sólo de equivalentes, de pura y aritmética correspondencia. Si ésta no es obligada ni calculable con precisión, no hay lugar a derecho o deber alguno. En realidad, lo gratuito aparece como algo irracional, como la peligrosa irrupción de lo aleatorio. En términos de piedad, ante la apurada petición del otro, sólo importa lo que cada cual estime posible o más idóneo para su socorro, puesto que no hay otra vara de medir aquella urgencia ni regla mejor que aplicar al caso. En términos de justicia (esto es, de contrato), en cambio, no hay cabida para la estimación personal y sólo cumple lo previsto por la ley.

Bajo esta lógica, ¿cómo se explica la resistencia del que se niega a dar señales de activa compasión, por ejemplo, hacia el mendigo? No sólo por la presunta flaqueza que ello podría entrañar. También, y sobre todo, por la dificultad objetiva de poner límites a su respuesta, pues nada nos orienta de hasta dónde y hasta cuánto nos debe llevar la limosna. El sentimiento y el deber de piedad, aun ante las demandas más modestas, intuye enseguida su vocación de *ilimitado*. Cuando lo ceñimos a lo que la convención estipula, cabe presumir que la conciencia personal, y no sólo nuestra sentimental autoestima —pese a salvar las apariencias— quede insatisfecha. Justamente lo contrario a esa piedad «con medida» a la que Nietzsche nos exhortaba (VS, 41; Au IV, 293).

Es que aquí se presenta lo que Simmel llama una «inducción moral: cuando se ha realizado algún acto de beneficencia, de cualquier clase que sea, aunque sea espontáneo y singular y aunque no esté ordenado por ningún precepto, créase el deber de continuarlo, deber que alienta de hecho, no sólo como pretensión del que recibe el beneficio, sino también como sentimiento del donante». Cada acción compasiva o benéfica es aparentemente libre, resulta un *opus superogationis*, pero en el fondo de ella late «un instinto moral que nos dice que el primer favor correspondía a un deber y que el segundo corresponde a ese mismo deber, como el primero» (Soc. II, 494-495). A fin de preservarnos de tal instinto, que nos embarcaría en un proceso de donación inacabable, nos ponemos en guardia contra la propia piedad.

¿Y cómo entender, de otra parte, la resistencia del desdichado a demandar o aceptar los favores del compasivo? Podría proceder, desde luego, de un íntimo desasosiego al prevenir el compromiso futuro a que se obliga con el piadoso o al recordar su probable dureza de ánimo ante las demandas pasadas de algún otro doliente. Pero es fácil también que arraigue en su convicción contractualista de que *lo que no puede exigirse, tampoco debe solicitarse*. Y hasta puede provenir de que, más aún que la compasión misma concedida, *humilla la previsión de su eventual rechazo tras ser solicitada*. Desde la gratuidad de su naturaleza, la repugnancia del necesitado a pedir piedad sería resultado de anticipar esa posible humillación que desharía la presupuesta igualdad entre él mismo y el otro.

Todo ello se vuelve palpable en el reino universal de las relaciones mercantiles, en nuestra «religión cotidiana», o sea, en el mercado. Éste es el espacio que, *objetivamente*, pro-híbe toda relación de piedad. Al dejar sentado que la Economía Política se ha erigido en la verdadera ciencia moral que predica el trabajo y el ahorro, Marx añade: «Y no sólo debes privarte de tus sentidos inmediatos, como comer, etc.; también la participación en intereses generales (compasión, confianza, etc.), todo esto debes ahorrártelo si quieres ser económico y no quieres morir de ilusiones» (Ma, 169). En la medida en que lo contempla como la quintaesencia del proceso de racionalización propio de la modernidad, Weber caracteriza al mercado de modo rotundo: «La comunidad de mercado, en cuanto tal, es la relación práctica de vida más impersonal en la que los hombres pueden entrar (...). Cuando el mercado se abandona a su propia legalidad, no repara más que en la cosa, no en la persona, no conoce ninguna obligación de fraternidad ni de piedad, ninguna de las relaciones humanas originarias portadas por las comunidades de carácter personal» (ES, 494).

Lo que se traduce en que el mercado impone también la inhibición *subjetiva* de la piedad. Aquí toda muestra de compasión humilla a quien la recibe y avergüenza al mismo que la presta, ya que pone a la vista unas disparidades que no conviene airear en una sociedad que se pretende igualitaria y unos afectos personales fuera de lugar donde impera la abstracción. Sentida como una debilidad imperdonable, no sólo degrada al compadecido en su autoestima, sino que es contraproducente para los papeles de comprador y vendedor que a cada instante representamos. Al vendedor de mercancías (y de la principal, su propia fuerza de trabajo), en caso de pedir compasión, porque devalúa su precio a los ojos del comprador; y a este último, si cayera en la trampa de ofrecer alguna piedad, pues será devorado sin remedio por una competencia que *debe* ser despiadada.

De modo que el mercado sólo autoriza a la piedad (como a cualquier relación propiamente humana) a presentarse *después* y *fuera de* su reducto, nunca antes ni en su interior. Su presencia rompería todas las leyes de la justicia mercantil. La subjetividad moderna, en cierto sentido más proclive que ninguna otra a la compasión, tiende sin embargo a declararla *socialmente* proscrita. Bajo aquella condena por quebranto de la regla social básica, y puesto que nadie hará nada por mí (mientras no esté por contrato forzado a ello), tampoco deberé hacer yo nada por nadie. En suma, la silenciosa consigna vigente pregona el «nunca por ti, *porque* nunca por mí». Si la naturaleza humana sigue incitando al sentimiento de piedad, ya se encargará el orden establecido de sofocarlo o limitarlo en sus efectos prácticos. Y aunque lo permitiera y hasta lo jaleara, sólo podría consentirla como virtud en el seno de lo privado y, en cierta medida, del Estado, pero nunca en el de la despiadada sociedad. Es decir, la tolerará con tal de que a aquella piedad no se le ocurra impulsar abiertamente a la justicia.

4. Con todo, al margen de su lugar en esta o aquella forma particular de organización social y de sus valores consagrados, ¿no será la piedad *de por sí* humillante? Sólo cuando se trata de una reacción sensible espontánea e inconsciente, habrá que contestar. Aquella nombrada Mme. du Deffand, ya anciana y ciega, describe bien una experiencia que nos es conocida: «Me da vergüenza que me vierais en tan deplorable estado; lo que a uno le gusta es interesar, no inspirar piedad. Las humillaciones, sean del tipo que sean, son insoportables» (o.c., LI). Nada más claro, pues siempre es el amor propio el que nos mueve, y el del compadecido sale peor parado: primero, por la desgracia misma que le afecta; y luego, porque el propio egoísmo elemental, que le anima a solicitar compasión, se duele cuando la recibe. Por ambos lados se expone su dignidad a salir herida.

Pero una compasión autoconsciente y elegida no se dirige contra la dignidad humana del otro, sino expresamente *desde* y *hacia* esa dignidad que nos hace iguales. No es concebible que esa piedad humille, cuando su esencia consiste en inclinarse hacia el hombre como *el ser humillado* por excelencia. Sólo al hombre —y a ningún otro ser vivo— su inevitable fracaso, el dolor y al fin la muerte le niegan y le fuerzan a cada paso a bajar la cabeza. Si la piedad no le ayuda a librarse por entero de esa humillación, le procura al menos el ánimo más apto para afrontarlo. Alentada por esa conciencia, la piedad se empeña en evitar a los hombres las demás afrentas que puedan sobrevenirle. Desde sus innumerables sufrimientos propiciados por la hiriente desigualdad social, cuando la compasión es un clamor por la justicia, hasta los múltiples anticipos de la muerte, para los que se vuelve una voluntad de consuelo. Y, entre medio, también tiene en cuenta la vergüenza que la misma piedad podría aún traer al desgraciado, y entonces (como pedía Nietzsche) procura pasar pudorosamente inadvertida. Pues lo que este último juzgaba más humano es «ahorrar a alguien la vergüenza» (GC, 273-274).

La compasión no es humillación, sino la respuesta adecuada a toda humillación. Bien lejos de humillar al otro, la piedad es el efecto inmediato de haberle reconocido humano. Y, al contrario, lo que más puede anularnos es la actitud despiadada que nos despoja de nuestra humanidad. La impresionante literatura salida de los campos de exterminio nos ofrece pruebas sobradas. La extrañeza de H. Arendt ante el hecho de que los oficiales de las S.S. fueran inmunes a la piedad (EJ, 106), halla una respuesta oportuna en Z. Bauman: lo fueron porque se atenían a un patrón tecnológico-burocrático de acción (MH, 95 y sigs.). Esto es, a un modelo organizativo para el que no hay personas, sino piezas eficaces y obedientes. Interrogado un jefe por el sentido de las vejaciones y crueldad hacia los prisioneros, siendo así que éstos no tenían otro destino que la cámara de gas u otra variante de matadero, cuenta Primo Levi que respondió: «"Para preparar a los que tenían que ejecutar materialmente las operaciones. Para que pudieran hacer lo que tenían que hacer". Es decir, antes de morir, *la víctima debe ser degradada,* para que el matador sienta menos el peso de la culpa» (o.c., 108). Una vez privados hasta de la apariencia de su dignidad, a los prisioneros se les arrebataba de golpe también la *igual* humanidad (y mortalidad) que compartían con sus ejecutores. Éstos se libraban así de cualquier acceso sentimental o racional de compasión. Ya podían con buena conciencia dejar morir a los prisioneros como perros o exterminarlos como alimañas.

5.5. UNA VIRTUD DE FUERTES

La piedad es *virtus* por ser señal de la fortaleza de su sujeto, y no de su debilidad. Si fuera sólo una emoción, a la que su sujeto se ve empujado contra su voluntad y discernimiento, pura espontaneidad fuera del control de la razón, sería más bien señal de la potencia del objeto capaz de desatarla y de la impotencia del sujeto sensible para contenerla o enderezarla. Cierto que una debilidad aún más grave escondería el incapaz de experimentarla, al que por semejante deficiencia siempre se ha convenido en llamar inhumano. Pero, rebasado ese umbral mínimo de humanidad ante el dolor del otro, el mero *ser invadido* por el sentimiento compasivo no denota ciertamente mayor mérito y puede encerrar —ya se ha visto— considerables deméritos. En su estadio de virtud, en cambio, como producto de un hábito y decisión racional, la piedad es fuerte y carácter de los más fuertes.

1. Esa fuerza, por tanto, no se demuestra en la energía o destreza del sujeto para ahuyentar de sí aquella emoción, para librarse de un sentimiento que le oprime. Pues ese mismo sentimiento, aunque oscuramente, está preñado de *tanto significado* acerca de la condición humana que no puede desecharse como si fuera un mal. Esta predisposición natural expresa a la vez nuestro vínculo simpático (el ser-con-el-otro) y nuestra relación con la muerte (el ser-para-la-muerte); en resumidas cuentas, nuestra última comunidad en la finitud. Hacer oídos sordos a las llamadas de tal afecto no es ganancia, sino pérdida. La fuerza del sujeto se de-

muestra más bien en educarse para dominarlo y hacerlo materia para la decisión ética.

Ya lo había anticipado Rousseau, para quien la piedad supone ese «estado de fuerza» que nos permite dispensar al otro la parte sobrante de la atención a nosotros mismos. Pero ni siquiera sus más firmes detractores han dejado de reconocer, bajo una u otra acepción, aquella fortaleza. Spinoza tiene que admitir no sólo que la conmiseración es afecto más útil que dañoso por manifestar en su sujeto un deseo de vivir honrosamente (E IV, 56, esc.); su concordancia con la razón resulta también del hecho de ser una tristeza capaz de promover la alegría (III, 37). Hasta a Nietzsche se le escapa, de vez en cuando, que la compasión expresa el placer del más fuerte al asimilar al débil (GC, 118).

Esta fortaleza del piadoso es, ciertamente, peculiar. Reside en su capacidad de asumir su dignidad mortal, la condición trágica y a un tiempo comunitaria que ello supone, y las consecuencias para su conducta que de ahí se derivan. Es la fortaleza de quien, desde la conciencia de su dignidad, se atreve a mirar de frente —y no de soslayo o ni siquiera mirar— a su muerte y la de los demás. *Es la fuerza de los que se saben débiles frente a los que falsamente se creen fuertes.* Pues en éstos no es su potencia, sino su flaqueza, la que les torna indiferentes al dolor ajeno. Para Benjamin, uno reconoce su fuerza en las propias derrotas, mientras que nada mejor que la victoria o la fortuna para revelar nuestras debilidades más hondas (DI, 147). La piedad resume y salva a la vez lo mejor de nuestra victoria y de nuestra derrota.

Esa «robusta y segura virtud de compasión» la encuentra Dickens en las almas más corrientes (Chesterton, o.c., 31). No es la suya, desde luego, la fortaleza del tenido por poderoso. En el fondo, el poder es la «pasión de la supervivencia» y su instrumento implícito es la administración de la muerte, porque se adquiere y acumula a partir del montón de despojos que directa o indirectamente produce y a los que el poderoso sobrevive (Canetti, CP, 36 y sigs.). Las entrañas del poder son despiadadas. El poder político, al que encomendamos la función de preservarnos de la muerte violenta, encuentra su arma favorita y su *ultima ratio* en la universal amenaza de muerte. Si la muerte es el poder supremo, el individuo capaz de dispensarla a los demás se arroga el máximo poder entre los hombres: no sólo busca sobrevivirles, sino que acaricia la ilusión de sobrevivir a la muerte misma.

2. La piedad es fuerte, primero, porque no se hace ilusiones sobre la naturaleza del enemigo ni se conforma con un remedo de perpetuación. Sabe que todo poder humano se revela al final ficticio por estar sometido al de la muerte y por ser tan sólo delegado o portavoz de su amenaza. Sabe también que todo individuo vivo, siendo en realidad un *moriturus*, perdura como un superviviente provisional. Desde tales premisas, el compasivo, en lugar de engrandecerse ante el muerto yacente, refuerza la certidumbre de su condición mortal y de su comunión universal en esta mortalidad. Esta conciencia es su verdadero poder. Y se demostrará en su fuerza para conquistar paulatinamente, no en favor de unos pocos sino de todos los mortales, la clase de inmortalidad que nos es accesible.

Accesible, decimos. En su furor por sobrevivir el pobre Unamuno le reprochaba a Nietzsche que «se quiso inacabable y soñó la vuelta eterna, mezquino remedio, y lleno de lástima hacia sí, abominó de toda lástima. ¡Y hay quien dice que es la suya filosofía de hombres fuertes! No; no lo es. Mi salud y mi fortaleza me empujan a perpetuarme. ¡Ésa es doctrina de endebles que aspiran a ser fuertes, pero no de fuertes que lo son! Sólo los débiles se resignan a la muerte final y sustituyen con otro el anhelo de inmortalidad personal. En los fuertes el ansia de perpetuidad sobrepuja a la duda de lograrla, y su rebose de vida se vierte al más allá de la muerte» (o.c., 139). Pero no; aquella sobreabundancia de vida propia del fuerte —si lo es por ser piadoso— más bien se derrama en la prosecución de un modo de vida colectivo que, a la desventura esencial de los hombres, no añada los pesares nacidos de la injusticia.

En la autoconciencia radica ciertamente nuestra fuerza, pero esa autoconciencia es enseguida conciencia dramática de sus límites. En el hombre la fortaleza auténtica sólo puede nacer del reconocimiento de su básica debilidad, aquella por la que el hombre se percibe como un ser deficiente y necesitado. Pero ¿en qué otra cosa consiste la riqueza humana sino paradójicamente en la multiplicidad y complejidad de sus necesidades? ¿Y acaso no es la primera necesidad humana precisamente la necesidad del otro? Para Spinoza nada hay más útil para el hombre que la relación con el hombre mismo (E IV, 18, esc.; y *passim*). Nuestra escasez, nuestra penuria, es para cada uno su potencial abundancia en la medida en que engendra nuestra sociedad, la fuente de toda riqueza.

Confluyen aquí doctrinas a primera vista antagónicas. Para Marx (bajo la impronta de Feuerbach) el hombre, como ser natural y objetivo, como ser que tiene su naturaleza fuera de sí en forma de objetos y cuyo dominio se le impone bajo forma de pasión, es un ser paciente y apasionado. Su fuerza esencial, su actividad misma, es y procede de su pasión, de su pasiva condición de precariedad. Y así como todos sus sentidos, incluidos los llamados espirituales o prácticos (voluntad, amor, etc.), sólo se constituyen mediante la existencia de *su* objeto, o sea, de la naturaleza humanizada, así también sólo nace plenamente como hombre gracias a su relación con el otro hombre, es decir, en el seno de una sociedad humanizada. «La pobreza es el vínculo pasivo que hace sentir al hombre como necesidad la mayor riqueza, el otro hombre» (o.c.). Tal vez nada le hubiera costado añadir que nuestra pobreza más radical, la que se confunde con la finitud, es el vínculo pasivo que nos hace sentir la riqueza de la compasión humana; en otras palabras, la pasión que requiere al otro en forma de hombre piadoso. La pasión, síntoma de la constitutiva carencia humana, exige ante todo com-pasión, que es señal de su fuerza y riqueza. Todo apunta a la puesta en cuestión del viejo ideal de la autosuficiencia, como hace notar Lévinas citando una página del *Diario Metafísico* de Marcel: «Es sin duda necesario reaccionar con fuerza contra la idea clásica del valor eminente de la *autarkía*, de la suficiencia de sí mismo para sí mismo. Lo perfecto no es lo que se basta a sí mismo o, en todo caso, su perfección sería la de un sistema, no la de un ser» (EN, 82). Y es preciso adherirse a esa protesta porque el sufrimiento del hombre representa el mentís más rotundo a la autarquía y, el ideal de la compasión, su primer postulado. La excelencia humana no cabe en la mónada autosatisfecha.

Según eso, el piadoso es fuerte también porque *da fuerza* a su compadecido en lugar de debilitarle. Para decirlo en la jerga de Heidegger, el «procurar por» del compasivo, ese ponerse en el lugar del otro que le caracteriza, podría estar tentado a sustituirle en su penoso cuidado de sí y hasta, por privarle de su temor a morir, a desembarazarle de su posibilidad más radical. Esa piedad bienintencionada pero dominante, que impide al otro hacerse cargo de sí, empequeñece al apiadado. A ella se opone un modo de «procurar por» «que no tanto sustituye al otro, cuanto se le *anticipa* en su "poder ser" existencial, no para quitarle la "cura", sino más bien para devolvérsela como tal» (ST, 26). Bajo este modo, la compasión robustece a su objeto porque lo que procura es que el otro se ocupe a fondo del cuidado de su existencia y no lo degrade bajo las fórmulas engañosas de la cotidianidad. O sea, «ayuda al otro a "ver a través" de su "cura" y quedar en *libertad para* ella». La fuerza del compasivo se pone de manifiesto cuando se traspasa al compadecido.

El piadoso es fuerte, por fin, porque *se atreve* a responder a los retos que le acarrea su propia compasión. La piedad es hermana del coraje o valentía, decíamos, porque ambas se enfrentan a lo temible. La piedad es corajuda asimismo porque, como toda virtud, está dispuesta a perseverar hasta el fin. Quien conoce la naturaleza del dolor humano no puede acotar a su capricho el ejercicio de compadecerlo y sabe que se arriesga a la demanda de una compasión ilimitada. Por mucho que la primera emoción se haya despertado al anticipar su propio pesar a la vista del pesar ajeno, su disposición moral le invita a mantener el compromiso con ese sufrimiento incluso por encima del suyo. No hay límite para la piedad; el que pretenda fijarlo de antemano sólo ofrecerá su sucedáneo, tal como expresa con amargura el Adriano de Marguerite Yourcenar: «Aquella compasión descansaba en un malentendido: me compadecían, siempre y cuando me consolara pronto» (MA, l65)...

La piedad sentimental es peligrosa, escribía S. Zweig, en la medida en que tanto puede mostrar la debilidad de quien la da como debilitar al que la recibe. «Así como los nervios reclaman una cantidad de morfina cada vez más grande, asimismo el alma necesita cada vez más piedad y acaba queriendo aún más de la que puede dársele. Llega inevitablemente el momento en que hay que decir que "no"» (o.c., l54). Hace falta valor para dominar esa piedad enervante. Pero no es menos peligrosa o arriesgada en su grado de virtud, porque no requiere menos valor estar dispuesto a socorrer efectivamente al otro necesitado hasta el fin. La debilidad no es una nota inseparable de la piedad, sino sólo de la piedad débil. La del teniente Hofmiller «había sido demasiado débil, demasiado cobarde»; la piedad del doctor Condor, al contrario, no era, como la de aquél, «una debilidad asesina, sino una fuerza abnegada» (o.c., 297, 299).

Pero el otro gran desafío de la piedad, cuando se refiere a las calamidades causadas por los hombres, es que —para ser en verdad vigorosa— ha de ser activa; es decir, ha de desembocar en la lucha por la justicia.

3. Porque esta *virtus* o fortaleza de la piedad se vuelca con preferencia en los más débiles, en especial en aquellos a los que la sociedad ha condenado a la penuria y marginación. Son éstos los más expuestos a la muerte por haber sido ya privados hasta de la figura de su dignidad; las víctimas de aquellos falsos fuertes que han roto el vínculo que les hacía humanos por su humana relación con ellos. Si

todo hombre, incluso el que se cree libre de miseria, es merecedor de piedad, mucho más aún aquellos a quienes la muerte se les ha anticipado en cuantas figuras de opresión o explotación es capaz de adoptar.

«Siempre se es bárbaro contra los débiles», nos recuerda Simone Weil (EHP, 64). En su sentido más primario de poseedor o usuario de la pura fuerza (sea física, económica o política), el fuerte requiere al débil para llegar a ser o conservarse fuerte. Éste sólo es tal porque crea y reproduce sin cesar las condiciones que hacen de él el poderoso y de los otros sus siervos. La verdadera piedad le es ajena, porque obtiene su prepotencia precisamente de negarla; si la siente, no pasará de ser esa emoción a la que le basta contemplar la desgracia ajena en lugar de remediarla. Pues bien, aunque la empuñen los hombres, ésa es una fuerza *natural* que envilece todo cuanto toca, al que golpea y al golpeado. Por eso, y porque reina por doquier —dice en otro lugar la Weil—, es preciso conocerla para espabilar la compasión. «Conocer la fuerza es, a la vez que reconocerla como casi absolutamente soberana en este mundo, rechazarla con disgusto y desprecio. Este desprecio es la otra cara de la compasión por todo lo que está expuesto a las heridas de la fuerza» (ib., 79-80).

La otra clase de fuerza, la fuerza propiamente *humana*, persigue la intención opuesta. Quien se sirve de ella quiere que no haya débiles, pues ya la mera presencia de éstos invalida su pretendida fortaleza. Sólo se es de verdad fuerte entre fuertes, es decir, entre hombres libres y, en lo posible, felices. De manera tal que la señal de su fuerza está en la energía desplegada para rescatar a los débiles de su deficiencia y reintegrarles la potencia arrebatada o perdida. Y la forma más inmediata que adopta esa fuerza del fuerte es la compasión.

Igual sería sostener que no puede haber en puridad sujetos mientras haya no-sujetos. El formalismo de las doctrinas económicas, políticas y morales de nuestro tiempo ha partido con frecuencia de una subjetividad abstracta y supuesto unas imaginarias relaciones simétricas entre los individuos. La presunta universalidad que así han diseñado resulta tan interesada como ficticia. Para denunciarla y ponerse en camino de una universalidad real, hará falta primero que cada miembro de la relación reconozca su preciso lugar en ella: y es que no hay víctimas sin verdugos ni pobres sin ricos. Así se comprenderá que «entre el sujeto y el no-sujeto se establece una relación en virtud de la cual no puede haber sujetos mientras haya no-sujetos; más aún, el logro de la subjetividad del pretendido sujeto sólo es posible desde el no-sujeto» (R. Mate, RV, 19). En tanto que exista injusticia, la indigna situación de quien la padece cuestiona mi propia dignidad y sólo devolviéndole su humanidad puede aquel otro devolverme la mía. Y como la compasión es la primera en percibir la asimetría de esas relaciones, ella es el primer paso para reponernos en nuestra recíproca condición de sujetos. Tal es la razón de que la piedad, si bien no ha de descuidar (después de la justicia) atender incluso a los verdugos, debe elegir por principio el bando de las víctimas.

Y, entre las víctimas a las que se inclina, no ha de olvidar a ese ingente tropel de los vencidos y machacados a lo largo de la historia, cuyo dolor o escarnio ya sólo simbólicamente podemos reparar. Si la tradición es un modo de compasión, como se dijo, es porque acierta a captar la deuda inagotable que tenemos hacia quienes nos precedieron. «Existe una cita secreta entre las generaciones que fueron y la nuestra. Y como a cada generación que vivió antes que nosotros, nos ha sido dada una *flaca* fuerza mesiánica sobre la que el pasado exige derechos» (W. Benjamin, o.c., 178). Puesto que la regla ha sido adoptar el punto de vista del vencedor, «*tampoco los muertos* estarán seguros ante el enemigo cuando éste venza. Y este enemigo no ha cesado de vencer». Refiriéndose a las víctimas del Holocausto, Jankélévitch insiste en la misma idea: «Los muertos dependen enteramente de nuestra fidelidad. Eso es lo propio del pasado en general: el pasado necesita que se lo ayude, necesita ser recordado a los

LAS PROCLAMAS DE LA PIEDAD

olvidadizos (...). Es el pasado el que reclama nuestra piedad y nuestra gratitud: porque el pasado, él, no sabe defenderse solo, como se defienden el presente y el porvenir...» (IM, 62). A los historiadores, desde luego, pero asimismo a todos nosotros, nos incumbe el deber —a modo de pago tardío de aquella deuda— de restablecer en lo posible la memoria de los oprimidos. El ángel de la historia que vuelve su rostro hacia la escena en ruinas le lanza una mirada compasiva. Pero si esa compasión mira al horror del pasado es, no menos, para evitar los sufrimientos humanos del futuro. Hay ocasiones en que sólo el relato del mal puede alumbrar el bien.

5.6. UNA PIEDAD DESESPERADA
(EL SENTIDO DEL SINSENTIDO)

El más arduo problema del hombre contemporáneo no es el de consolarse *de* haber matado a Dios, como creyó Zaratustra (GC, 125). Es, más bien, el de cómo obtener algún consuelo para nuestros males *después de* semejante asesinato.

Más atrás dijimos con Jankélévitch que la muerte es «el sinsentido que da sentido a la vida». En cierto modo, por supuesto, la muerte arrebata todo sentido, puesto que si debo morir y hay la nada, entonces no voy en ninguna dirección ni a parte alguna, sino al vacío. Pero, a una nueva mirada, esa misma imposibilidad de conferirle un sentido «hace que mi vida aparezca infinitamente preciosa, que sea milagrosa y profundamente misteriosa. He aquí sin duda palabras poco racionalistas, pero, en fin, creo que se puede hablar del sentido del sinsentido, del sentido de la ausencia de sentido...» (o.c., 52). Y si la muerte al final procura un sentido, ella, que es el sinsentido, será porque incita a los hombres a la piedad. Tal es nuestra tesis última: la piedad es el sentido de ese sinsentido que para la vida del hombre representa su muerte.

Para exponerla, que nadie se extrañe si también nosotros bordeamos el riesgo de usar tal vez palabras poco racionalistas. Pues el reto es, nada menos, presentar la compasión —y no la desesperación a secas— como el fruto más sazonado de la conciencia de nuestra finitud. O, mejor dicho, mostrar cómo la desesperanza de la compasión, la piedad trágica, ni conduce al nihilismo ni inclina irremisiblemente hacia la indiferencia o la atrocidad. Si no nos fuera provechoso, nada queremos de ese saber compasivo. «¡Ay, ay! ¡Qué terrible es tener clarividencia cuando no aprovecha al que la tiene!» (*Edipo Rey*, 316-317).

1. Parece claro que, a mayor sinsentido, mayor razón para la piedad. Sí, pero ¿por qué habría de salvarse ella del absurdo general, hasta el punto de ofrecer su mejor respuesta y su sentido?; ¿y cuál es este sentido, si puede saberse?

Se nos argüirá, de entrada, que si el dolor y la muerte no son más que formas del sacrificio inherente a la vida, el precio que pagar a fin de que ésta prospere, entonces la sinrazón estriba no ya en ese sacrificio fatal sino en el empeño de repudiarlo. El movimiento mismo de la piedad sería radicalmente absurdo, además de llamado al fracaso. Puede entenderse mientras, impulsado por la convicción de nuestra dignidad común, se limite a arremeter contra el inmenso dolor surgido de la injusticia o a aliviarla. Si lo fundamos en el hecho de compartir la «injusticia» del destino común de la muerte, en cambio, es la piedad la que se muestra injusta, contradictoria, estúpida. No pasaría de ser una reacción tacaña e inmadura, propia de quien se rebela contra los costes del vivir. En el fondo, en poco se distinguiría esa atribulada piedad de una infantil rabieta o de una nostalgia sin fundamento. El sentido de la vida consiste en enderezarse a la muerte, y no hay más que hablar.

Pero nada de ello priva de su propio y decisivo quehacer a una piedad que descansa en la conciencia de nuestra común finitud. Porque el compasivo acepta la racionalidad, la «justicia», la necesidad *naturales* de la muerte; en tal plano nada tiene que objetar y ese sujeto confiesa su suje-

LAS PROCLAMAS DE LA PIEDAD

ción a la ley de la biología. Es desde un nivel ontológico superior, desde su misma dignidad humana (pero ya no sólo puesta en juego en las relaciones sociales), desde donde reclama sus derechos contra la muerte. La compasión —ya hemos insistido lo bastante— se asienta también en la nítida autoconciencia de que el hombre constituye, en el seno de la naturaleza, un ser sobrenatural, un animal anormal y excepcional.

Que no se diga en tono de reproche, entonces (tras Sade o Nietzsche), que la exaltación de la piedad responde a una sensibilidad enfermiza, específicamente moderna, incapaz de pechar con el dolor de la existencia; en definitiva, como el reflejo impotente de una razón débil. Pues ha sido preciso, en efecto, un alejamiento creciente de la naturalidad, un largo trecho recorrido por la conciencia moral colectiva, para que la Humanidad postulara una compasión desprovista ya de ropaje religioso. La secularización progresiva, el descreimiento en la otra vida, tenían que redundar en el valor absoluto de ésta y en la sinrazón de un sufrimiento carente de recompensa. Sólo en este marco cerrado de la inmanencia puede hallar eco la cólera de un Canetti: «Lo más atrevido de la vida es el odio a la muerte, y son despreciables y desesperadas las religiones que borran este odio» (PH, 35). O las no menos retadoras palabras de Unamuno cuando cita el *Obermann* de Sénancour en su carta XC: «"El hombre es perecedero. Puede ser, mas perezcamos resistiendo, y si es la nada lo que nos está reservado, no hagamos que esto sea justicia". Cambiad esta sentencia de su forma negativa en la positiva diciendo "Y si es la nada lo que nos está reservado, hagamos que sea una injusticia esto", y tendréis la más firme base de acción para quien no pueda o no quiera ser un dogmático» (o.c., 264). ¿Son palabras que delatan acaso inmadurez?

Claro que esa repulsa y resistencia patéticas frente a la muerte podrían también alimentar las reacciones opuestas. La salida más drástica, y seguramente la más cobarde, sería el guarecerse en una ensimismada inconsciencia. Puesto que sólo para la lucidez hay bien y mal, acabemos con ella para acabar con el mal. Es verdad que también se acabaría así con el bien, pero el hombre podría preferir redimirse del mal cierto aun a riesgo de privarse del bien posible. Tal es el principal atractivo de la *diversión* pascaliana.

El lado cínico de Cioran predica sin ambages la indiferencia: «Como execro la acción (...), no soy causa de sufrimientos para nadie (...), dejo el mundo tal como lo encontré (...), la indiferencia del perdón y del desprecio hace las horas gratamente vacías» (BP, 166). Pero esa torpe justificación del no piadoso se enuncia en vano. Más acá de la desventura definitiva, y con intención o sin ella, yo soy hacedor de la pena de otros muchos y otros muchos causan o prolongan la mía. Nuestros pesares son como ecos recíprocos, y todos contribuimos en nuestra medida a aumentar o disminuir la cuota de sufrimiento del mundo. En definitiva, tal vez el desinterés logre preservar un tanto mi dolor del de los otros, pero es seguro que entonces acrecienta el ajeno. La indiferencia, a fin de cuentas, es una ficción insostenible, una actitud imposible o no recomendable. Lo viene a reconocer el propio pensador en otro lugar: «Si todo lo que se ha concebido y emprendido desde Adán es sospechoso o peligroso o inútil, ¿qué hacer? ¿Desolidarizarse de la especie? Sería olvidar que nunca se es tan hombre como cuando duele serlo» (CT, 26-27).

Pero si, pese a todo, el mal ha de seguir reinando y la muerte va a prevalecer, ¿por qué no, mejor, ser despiadados como la forma de protesta más adecuada contra nuestra derrota? Puesto que no hay exorcismo suficiente para semejante catástrofe, entreguémonos al mal entonces, no ya sin cuidado, sino con plena y exquisita conciencia. No es sólo que, frente a tal sinsentido, la misma compasión carezca del menor sentido; es que lo único que tendría alguno sería la disipación o el ensañamiento en sus infinitas variantes. Sólo vale dilapidar esta vida cuanto antes y a cualquier precio, o sea, con total desprecio del coste acarreado a la de los demás. Cargado con su propio infortunio, cada cual ha de permanecer ciego para sus camaradas de desdicha doblados bajo el mismo peso. O, peor aún, es la infelicidad de todos la que puede calmar un tanto la de cada uno; la pena inmediata de los otros se nos ofrece como un goce relativo que logra alejar momentáneamente la insoslayable desgracia, que siempre es *mediata* y final.

Y, sin embargo, el elemento autocompasivo de la piedad ¿no resulta abiertamente incompatible con el desdén o la hostilidad hacia el otro? Pues el caso es que sólo puede odiar aquel que se odia demasiado. Pero, sobre todo, nos resta la dignidad y el hombre será hombre mientras no dimita de ella. Ésta no se sostiene en ninguna promesa venida de fuera ni se pone en camino *como si* fuera a triunfar; al contrario, se mantiene aun *a sabiendas* de su seguro fracaso frente al mal y la muerte. La dignidad, o sea, mi libertad, no me vincula con nadie ajeno al hombre, sino sólo con él, pues de él depende su práctica y su expansión; ni con un mandato supraterrenal, sino con la ley emanada de esa misma libertad. Basta ser digno, o autoconsciente y por eso libre, para saberme moral, esto es, no sólo natural, sino capaz y responsable del bien y del mal. La dignidad humana consiste, en último término, en la capacidad de no consentir el mal, de no rendirse ante su implacable dominio, en la insumisión radical. Y, primero de todo, en compadecerlo. La moralidad, el deber para con uno mismo y los demás, no dependen del sinsentido de la vida mortal. Aunque sería más exacto proclamar que hay un deber que brota precisamente de la conciencia de ese sinsentido: el de la piedad.

2. La piedad es un remedio contra *estas* formas de desesperación y se compadece de sus víctimas. Pero ella misma resulta también, en última instancia, un modo de desesperación, su modo más racional y más útil: *el modo virtuoso de la desesperación*. Si la piedad emotiva común fluye dulcemente pesarosa, como virtud es ya francamente desesperada.

La índole de la compasión moral no se muestra con

toda su crudeza en presencia de las desgracias leves o más graves, pero siempre penúltimas. Para éstas hay todavía un porvenir, aún cabe la esperanza y la piedad se presenta —sea en forma de atenuante del dolor o de impulso para la acción que lo extirpe— como una figura más de tal esperanza. El sufriente espera dejar de sufrir, quien le compadece desea y procura el fin de su aflicción. Sólo en presencia de la última desdicha (o también de las penas ordinarias, pero a la luz de la extraordinaria), esa que confirma la clausura de todo futuro halagüeño y la ilusión de cualquier salida, la piedad se hace más aguda. Mientras aliente alguna confianza en el piadoso, no alcanza la compasión su grado máximo. Es más propio del sentimiento compasivo, pero no de su virtud, aliarse con la espera. La piedad profunda, empero, va contra toda esperanza (y, por eso, también contra todo miedo) porque hunde sus raíces en la desesperación.

Desde luego, no es la del que desespera de tanto esperar, que ésa denota más bien una decepción ante la cadena indefinida de esperanzas defraudadas. Esa desesperación resulta tan falsa como las idealistas (en el fondo, religiosas) ilusiones en las que funda su derecho a esperar. Pero la de la piedad tampoco es sin más la desesperación opuesta del que ya no espera y que, justamente por ello, se acerca a la felicidad hasta casi confundirse con ella (A. Comte-Sponville, TDB, ll-33). Una tal desesperación, labrada mediante una prolongada ascesis de silencio y soledad, entrevista como una meta situada más allá del engaño de un yo sustancial y, por tanto, de la inanidad de su dolor..., encarna un ideal rebatible. Su presunta beatitud, en tanto que desprovista ya de deseos y por ello de temores y de tristeza, sólo convendría a un Dios o a un cadáver. En ningún caso al hombre, cuya vida se identifica con su deseo y cuya felicidad —lo explicó Hobbes y antes Platón— se halla en el continuo progresar de ese deseo de un objeto a otro.

No; la desesperación de la que emana la piedad sólo puede ser la del hombre que *desea,* pero que ya *no espera* la satisfacción de su deseo y, por lo mismo, *tampoco teme* no alcanzar su objeto. Es ciertamente desesperación porque, en lo fundamental, nada espera o sólo aguarda la nada. Lo es también porque le antecede alguna esperanza, cuyo fracaso viene a constatar esa des-esperanza. Pero no es por ello un des-deseo, valga la expresión, puesto que no puede borrar ese ser deseante que le confirma como humano. Por eso mismo no trae consigo un estado de beatitud, pues el deseo —o sea, la carencia— permanece. Sólo que a ese deseo no le acompaña ya la tristeza, si ésta implica miedo a su incumplimiento o decepción de una esperanza previa. Se trata más bien de una tristeza («gravedad» la llamamos antes) producida por la frustración cierta de una apetencia inextinguible, que en realidad no teme ver incumplida porque con certeza así lo sabe. Esa desesperación es la perpetua tensión entre un deseo infinito y una conciencia que lo conoce como insaciable, el conflicto irresoluble (o que sólo la muerte resuelve) entre el querer y el poder del hombre. Porque «el hombre es el ser capaz de saber lo que por otra parte es incapaz de saber, de poder en principio lo que es incapaz de poder en realidad, de hallarse confrontado con lo que es precisamente incapaz de afrontar; igualmente incapaz de saber y de ignorar...» (C. Rosset, PC, 24).

Estamos aquí en las antípodas del pensamiento de Kierkegaard. En lugar de decir que «la desesperación consiste precisamente en que el hombre no tenga conciencia de estar constituido como espíritu» (EM, 68), sostenemos que hinca sus garras en la aguda posesión de esa conciencia. Que su tormento no estriba en «no poder morirse» (ib., 55) porque falte hasta la esperanza de morir, sino en no poder vivir de otra manera que desde la seguridad de morir y el deseo punzante de pervivir. Que esa desesperanza es un estado al que sólo se accede por un denodado esfuerzo racional y que, por tanto, no es un fenómeno en el que todos estamos inmersos, sino al alcance de pocos. Que, en resumen, lejos de ser *la enfermedad mortal* del individuo, expresa su estado más saludable.

Esta desesperación, pues, no culmina en la apatía. Aunque la dé finalmente por perdida, ¿cómo al hombre le iba a ser insensible su suerte? El desesperado —como el que penetra en el infierno de Dante— abandona toda esperanza, pero no su aspiración; se desentiende de su futuro, nunca de su presente; conoce que para él no hay salvación (o, mejor, que su salvación llegaría si pudiera renunciar a ella), mas esa conciencia en modo alguno le deja apático. Si acepta que en su mismo desesperar reside la única salud posible de su alma, no se engaña sobre la naturaleza quebradiza en que esa salud consiste. En suma, se abraza de lleno a su desesperación, hace de su misma debilidad su fuerza y, de su desgarramiento, la razón de su unidad. Esa desesperación consecuente consigo misma es entonces virtud. «¿No es una extraña ironía —exclama Jankélévitch— que la desesperación de sentirse imperfecto sea a su manera una perfección?» (TV II, 299). O, si se quiere, el efecto primero de tal falta de esperanza, la perfección surgida de la conciencia de la imperfección, es la virtud de la piedad. Piedad para con uno mismo, cuando brota de la propia desesperación; compasión, si reconoce y comparte la ajena.

No será ésta, como con algún sarcasmo supuso una vez Cioran, «la piedad de la duración» (BP, 90). Eso sería rebajar la vida del piadoso a un mero transcurrir en la prórroga del suicidio, a una especie de pacto tácito de aguantar hasta el último suspiro. Ni tampoco conviene describir la piedad como producto arbitrario del mero deseo, carente de justificación teórica, según propone Clément Rosset: «El acto piadoso no posee necesariamente, en el pensador trágico, significación ideológica alguna: oponerse, si llega el caso, a crueles maniobras no significa en modo alguno que éstas no son (intelectualmente) *toleradas* —tan sólo no son (prácticamente) deseadas» (LP, l93). Pero la piedad no es insensata y está en condiciones de dar cuenta de sus razones. No resulta tan evidente que, «como no hay pensamiento sólido más que en el registro de lo despiadado y de la desesperación», la única filosofía rigurosa sea la despiadada y que huiría penosamente de la realidad la que se aviniera a lo contrario (PC, 7-8). Lejos de enfrentarse, la insoportable crueldad de lo real y la exhortación a la piedad se siguen en una rigurosa relación de consecuencia.

Cierto, *realitas crudelis sed realitas*; pero cometeríamos un pecado de simplismo si por ello negáramos al pensamiento trágico su derecho a incorporarse al pensamiento moral, como postula Rosset. «Pensamiento moral y pensamiento trágico se reparten así la opinión de los hombres, sugiriéndoles respectivamente la idea más tranquilizadora pero la más ilusoria (principio de realidad insuficiente) y la idea más cruel pero más verdadera (principio de realidad suficiente). Y de ahí dos grandes categorías de filosofías y de filósofos, según invoquen lo mejor o por el contrario se acomoden a lo peor» (ib., 30-31). Nada de eso, nos parece. La historia de la filosofía no permite clasificar a los filósofos en dos grandes especies: la de los curanderos, «compasivos e ineficaces», y la de los médicos, «eficaces y despiadados». Pues cabe una filosofía a un tiempo eficaz *y* compasiva (con las salvedades que esa conjunción requiere), igual que cabe un pensamiento trágico que no sea fantástico sino realistamente piadoso. Mejor dicho, *para ser de verdad trágico, el pensamiento tiene que ser piadoso.* Entre la piedad ilusoria y la desesperada impiedad, hay todavía lugar para una piedad desesperada.

Se objetará que esta piedad sin esperanza se adentra en el peligro de desesperar a su vez a quien está sumido en la desgracia. ¿Estaríamos propugnando, pues, una contradictoria compasión despiadada? El que sufre *espera* (al menos, desea) no sufrir, pero quien le compadece vendría a decirle que la muerte es el núcleo agazapado en su sufrimiento. En lugar de paliar su dolor, una piedad así concebida le induce a reafirmarlo y redoblarlo, pues poco le reconforta al doliente tener la garantía (si ello le fuera creíble) de que su padecimiento resulta compartido en la conciencia del piadoso. Si pudiera elegir, probablemente preferiría que se le dedicara aquella otra compasión tierna y bienintencionada, ese contagioso afecto compasivo, antes que esta más grave piedad desesperada. ¿Que la piedad, que no es virtud teologal sino humana, no es capaz de otra cosa? Dígase entonces con mayor acierto, no sólo que *no puede* ir más allá, sino que *debe* quedarse más acá...

En el fondo, lo puesto en juego es cohonestar la piedad y la verdad. En el plano del afecto recurrimos a la «mentira piadosa» para calmar el dolor ajeno, pero también por cierto —y ésta es su sombra— para desocuparnos de él cuanto antes. Esa mentira tiene menos que ver con el bien deseado al otro que con nuestra incapacidad de encarar lo terrible de su dolor: más nos importa tranquilizarnos a nosotros, espectadores, que al afligido protagonista. Es la mentira del cobarde, la de quien miente al otro porque antes necesita mentirse a sí mismo.

Uno de los retos de nuestra virtud sería, entonces, cómo mitigar la desventura ajena sin renegar de lo sabido con certeza. Pero el caso es que la auténtica verdad del otro es su sufrimiento, igual que la mía es mi compasión hacia él. La otra verdad, la lógica, será una verdad ante todo para consigo mismo, y no ya con el desdichado si expresarla redundara en el aumento probable de su desdicha. No se alude, pues, tanto a la despiadada franqueza con él (a menos que la compasión se proponga lo contrario de lo que anuncia), sino al modo verdadero de responder a su desgracia. Es sobre todo el otro, según sepa y sienta compartida su miseria, el que ha de juzgar acerca del valor de verdad de mi compasión. Esta piedad, por principio tierna con el apiadado, sólo es dura para el piadoso, que no debe ocultarse la magnitud de la tragedia de la que se compadece. En presencia de la muerte, al menos, es tan recia como el coraje que requiere plantarle cara.

Porque nuestra virtud ha de ser, con palabras más certeras de Cioran, «una piedad sin ilusiones» (AD, 134). Una a una, y si las mira nada más que en su mero sobrevenir, o sea, abstraídas de su carácter premonitorio, la piedad tiene que abrir expectativas a cada una de las calamidades particulares. Frente a la insuperable, sin embargo, la piedad carece de toda ilusión; en realidad, ella misma es el fruto de la radical des-ilusión. Si lo contrario de desesperar es creer, lo contrario de creer es desesperar. No hay más alternativa: o *pietas* religiosa o piedad trágica.

Esta última piedad es la forma no religiosa de negar la negación que para el hombre significa la muerte. Por ser su negación inmanente, es asimismo la negación *moral* de la religión, que representa a su vez la supresión transcendente de la muerte. Pero entonces compasión y *pietas* se oponen entre sí como la tesis y la antítesis respectivas de la vida humana. Quizá en el futuro los anhelos prácticos de la religión queden reunidos con los que la piedad ha propuesto desde siempre. Al menos si fuera cierto, según anunció Freud a los hombres religiosos, que el intelecto acabará por «marcarse los mismos fines cuya relación esperan ustedes de su Dios: el amor al prójimo y la disminución del sufrimiento» («El porvenir de una ilusión». En PsM, 191). Los motivos del piadoso y del creyente, no obstante, seguirán siendo por principio irreconciliables.

La religión predica una muerte vencida por la Vida infinita. Ahí reposa su fundamento y su razón de ser. De ahí proviene toda su seducción, su poder y su prestigio: no morimos de verdad, la muerte no puede cantar victoria. «Un creyente es siempre un vencedor», proclama Kierkegaard con seguridad envidiable (o.c., 169). Ahora bien, el precio que pagar por tan descomunal confianza en la salvación es nada menos que la heteronomía moral, la postración del hombre ante su presunto creador y providente; en suma, la desvalorización de la vida. Esta vida pierde su densidad cuando es descargada de la muerte que la inunda.

La religión nos desposee de la vida y de la muerte, porque transfigura tanto la belleza de aquélla como la tragedia de ésta. La religión supone, en definitiva, la quiebra de toda piedad. Ya se adelantó que no puede haber compasión para una desgracia que no es tal, puesto que ya ha sido virtualmente redimida, ni para una derrota final que coincide con nuestro mayor triunfo. La piedad podrá ser una emoción que se apodera del creyente sin su consentimiento y, de confrontarla con los motivos de su fe, hasta un pecado de desconfianza en la Providencia. Piadoso de veras sólo puede ser el ateo; no el que confía en salvarse, sino el que tiene la certeza de estar perdido de antemano. Su «esperanza», dirá Rorty (o.c., 64), está depositada en los hombres. Los seres humanos finitos, mortales, de existencia contingente no pueden extraer el significado de su vida más que de otros seres humanos finitos, mortales, de existencia contingente.

3. Frente a la *pietas* religiosa la piedad trágica nos devuelve la vida y su valor, ciertamente; pero con ella recuperamos también la muerte, que a la postre pone su sinsentido. En medio de éste, ¿*qué sentido* intramundano, que no sea irrisorio o insensato, puede aportar la piedad? ¿En qué puede estribar ese único sentido que subsiste a pesar de la muerte y gracias a la muerte misma? «El sinsentido del mundo —sentencia Horkheimer— sólo puede engañar a quien lleva una vida humana por miedo a cualquier señor, y no por compasión de los hombres» (Oc, 151). ¿Cuál será esa verdad de la compasión que resiste a todo engaño?

Es la misma verdad que pregona toda moral autónoma: que la vida humana *vale la pena,* que bien merece el esfuerzo de la virtud. Otra cosa sería salir ya derrotados antes de presentar batalla, rendirse por adelantado a la fatalidad como se rinden todos los seres naturales. Pero el triunfo del hombre no es la victoria completa, sino el ganar crecientes porciones de libertad a la necesidad física y social, arrancar jirones a la fatalidad para construir ahí su morada. Lo que significa, más particularmente, reducir palmo a palmo el espacio del dolor en el mundo. La piedad es la primera avanzadilla en esta cruzada, porque es la virtud del dolor, la excelencia humana ante el sufrimiento ajeno.

Como su pena valora todas las demás, la piedad vendría a pregonar que su pena misma da valor a la vida, que las penas valen la vida y que valen tanto más cuanto más sabemos compadecerlas.

Durante mucho tiempo ha exhibido el sabio frente a la muerte y el sufrimiento un saber apático. Al lado de ese aristocrático dominio del *pathos*, ¿no encerrará acaso más sabiduría práctica una conciencia compasiva? Sólo si su propio sufrimiento, frente a tantos inútiles sufrimientos de los hombres, es un *sufrimiento no inútil*. Sólo si su dolor particular sirve para atenuar el dolor general.

El hombre es el animal desgraciado, pero la reflexión sobre su desgracia le debe afincar en la lúcida condición de desesperado. Se trata de una desesperación desde la que aflora la fraternidad con todos, al igual que «sólo en los presidios se torna claro el valor que se esconde en los compañeros» (Jünger, Ra I, 258). Entonces es cuando se abre la posibilidad de que su sufrimiento sea fructífero, puesto que se vuelve capaz de dispensar y de inspirar la piedad más honda, esa que sólo ante el límite definitivo depliega toda su potencia y su sentido. De nuevo Jünger: «En el instante en que se le anuncia la muerte, el ser humano parece sustraerse de la voluntad ciega y darse cuenta de que el amor es la más íntima de las relaciones» (ib., 260). Los campos de exterminio fueron también los campos de prueba de la eficacia piadosa.

La ambigüedad del tiempo presente se expresa en que tanto clama por la piedad como parece haberle cerrado sus puertas. La crueldad moderna, esa crueldad única porque ya no cree en lo que de indestructible hay en el ser humano, no deja resquicio a la esperanza intramundana. La malignidad radical revelada por tantos horrores de nuestro siglo obliga a la pregunta, desmentida ya la teodicea, de si la religiosidad o la moralidad conservan todavía algún quehacer. A lo que Levinas responde con la previsión de una historia futura «que apela ante todo a los recursos del yo en cada uno y a su sufrimiento inspirado por el sufrimiento del otro hombre, a su compasión, que es un sufrimiento no inútil (o amor), que ya no es sufrimiento "en vano" y que tiene sentido pleno» (EN, 123-125). En realidad, la confianza en que haya siquiera una historia futura para los hombres depende de las reservas de la humanidad para la compasión activa. Seguramente no hay otro problema más acuciante en el pensamiento moral de nuestros días. Herman Cohen ha escrito que «la piedad es la garantía de la existencia terrestre» (RLF, 43). Y mientras A. Heller proclama que «hacer que deje de haber sufrimiento es la tarea fundamental para el hombre contemporáneo» (TS, 313-15), R. Nozick llega a sugerir la urgencia de «alterar nuestra naturaleza para sufrir con el sufrimiento de los otros» (MV, 192).

Pero, a fin de agrandar aún más este clamor, dejemos la palabra a Horkheimer. «Nuestra filosofía práctica es el humanitarismo. El objetivo de la acción general es que el hombre no padezca miserias (...). Por cursi que esto parezca, no conocemos otros patrones de medida superiores» (Ap, 80-81). Será ante todo un humanitarismo que no se hace esperar, porque la presencia lacerante de la miseria le apresta a intervenir sin disponer tal vez de una concepción terminada del bien ni aguardar la azarosa llegada de las condiciones para hacerlo seguro: «Eliminar el mal es más humanitario que buscar el bien» (ib., 82).

Ese humanitarismo se presentará con un crecimiento planetario de la autoconciencia: «Si alguna vez la humanidad llegase a ser consciente de sí misma y determinara, con la mayor libertad posible, sus propios destinos, sólo le restaría dedicarse a todas las demás criaturas para mitigar sus padecimientos» (ib., 95). Pero no menos advendrá —y lo uno va con lo otro— con una crecida conciencia de la muerte: «Abrigo la sospecha de que una humanidad más justa viviría infinitamente más consciente de la muerte. Todo aparecería a la luz de la muerte sin por ello tener un sabor amargo, sólo como un elemento relativizante, que pondría las cosas en su lugar» (ib., 205-206). A la misma sospecha llega Norbert Elias cuando anticipa que en esa sociedad se dará «una conciencia mucho más clara de la que hasta hoy se ha podido alcanzar de que la humanidad es una comunidad de mortales y que los seres humanos sólo pueden, en su menesterosidad, recibir ayuda de otros seres humanos» (SM, 10). Que no se dude de que esa crecida en el saber de su mortalidad depararía a esos hombres futuros mayores cotas de felicidad; al fin y al cabo, «la vida que trata de olvidar a la muerte se halla sometida, con mayor razón aún, a sus azotes».

Si la última afirmación pareciera excesiva, hay además otra razón en que apoyarla. Una comunidad regida por la compasión haría insoportable para la mayoría el sufrimiento de la minoría o hasta de un solo individuo. Para ella valdría aquel lema de Marx según el cual el bienestar de todos resulta la condición imprescindible del de cada uno. En esa comunidad de autoconscientes *morituri* el individuo no se sentiría tan unido con los demás en la persecución de los intereses inmediatos como en las miserias de los que todavía quedaran al margen. «Ser consciente de los incontables y terribles dolores, físicos y anímicos (...) en toda la tierra, vivir en vista de todo ello significa vivir con los ojos abiertos. Sin tal conciencia es ciega cualquier decisión, erróneo cualquier paso cierto, no es verdadera dicha alguna. Pero la dicha y la verdad son una sola cosa, tal como lo son la verdad y la aflicción...» (o.c., 228). Pues bien, si ese abrir los ojos es el gesto primero de la compasión, ésta es entonces el requisito de la verdad y de la felicidad propias del hombre.

¿Nos estará vedado imaginar el cuadro resultante de que esta virtud se extendiera por la humanidad entera? He ahí la utopía de una sociedad que, a la vista del mal inevitable, se cuidaría de prevenir a sus miembros contra todos los males arbitrarios, así como de no infligirse o aminorar los daños superfluos ante la certeza del dolor irreparable. Sería ésa una sociedad que festejaría sin cesar la vida, y la vida digna, por cultivar a fondo la conciencia de la muerte; que, arrumbados los falsos consuelos, sólo habría de fomentar el único consuelo de los beneficios prometidos en esta existencia acordes con nuestra dignidad. Una sociedad cuya primera proclama sería socavar el prestigio indiscutido de la muerte y combatir las múltiples anticipaciones (económicas, políticas, etc.) con que aparece. Una sociedad, por fin, en la que su espacio social y público se organizasen a fin de asegurar la posible y mejor inmortalidad de sus miembros.

Pero, más acá y más allá, antes y después de su plasmación colectiva, el sentido (mejor que su utilidad) de la piedad se mostraría ante todo en un plano más íntimo. La compasión, como nos obliga a desarmarnos hasta la total desnudez, es la primera en romper la cadena de las venganzas. Pocas virtudes como ella son tan dadas al perdón. Por la compasión, en fin, nos es posible recuperar esa inocencia que está al fondo de nuestra culpabilidad. Pues ninguna virtud mejor que ella comprende lo que había bajo todo crimen perpetrado por el hombre: el miedo, el desvalimiento, un grado de dolor tan hondo al menos como el que está dispuesto a causar al otro. Sólo la voluntad de inocencia inscrita en la piedad puede volvernos inocentes para nuestras relaciones.

Cioran ha escrito: «Me paso la vida aconsejando el suicidio por escrito y desaconsejándolo de palabra. Y es que en el primer caso se trata de una salida filosófica y en el segundo de un ser, una voz, un quejido...» (D, 130). Es la piedad la que se acerca a ese ser único y la que escucha su quejido. Ella es la que sabe, como aquel personaje de S. Zweig, que sólo cuando nos sabemos útiles para mejorar la suerte ajena cobra la propia existencia un significado; que «vale la pena cargar con un peso, si con esto se alivia la vida de otro» (o.c., 227-228). Esta *piedad creadora* nos hace, a nuestra escala, como dioses.

Toda esta sabiduría de la vida es, claro, una trágica sabiduría de la muerte. La compasión es el reconocimiento explícito de nuestra dignidad y vulnerabilidad, la que rinde homenaje a la condición preciosa y patética del ser humano. Lo inmortal, lo que está fuera del límite de lo humano, no nos toca y se basta a sí solo. Para nada necesita del concurso de nuestra mirada; mejor dicho, dada su otredad y lejanía, ni siquiera puede ser reconocido por quien no sea su igual. Del todo desproporcionado e inimitable, eso divino nos provocará asombro o reverencia, pero no admiración ni piedad. Sólo nos podemos reflejar en lo nuestro, no en lo ajeno, y nadie más que el hombre mismo puede prestar ese reflejo —y el primero, el compasivo— al otro hombre. Si no, sólo quedaría el silencio eterno. Gracias a la piedad, al menos se rescata una porción ínfima de eternidad para esa proclamación; por ella se incrusta en la infinitud este canto humano. Hasta que el hombre llegó y después de que su raza se haya extinguido, sólo había y habrá el silencio.

En realidad, nos compadecemos unos de otros para quebrar ese silencio. Como nadie, al final, estará ahí para rendir al hombre el homenaje debido a su dignidad, aquella valoración debe tener lugar aquí y ahora. Al último habitante humano sobre la tierra le faltará incluso ese indispensable testimonio. Así que, precisamente porque el tiempo no es nuestro, sino nosotros del tiempo, o porque somos tan sólo tiempo y tan fugaces como él...; como no disponemos del tiempo suficiente para apiadarnos unos de otros en la medida e intensidad que nuestra frágil existencia requiere, más vale que el escaso que se nos concede lo llenemos al máximo de piedad. La piedad es, en suma, la conmemoración de la mortalidad de unos seres dotados de dignidad. Es la mutua veneración, el cuidado, el culto del que padece por saber que ha de morir. Tenía razón Dostoievski: «La compasión es la ley principal, quizá la única, de toda existencia humana» (I, II, c. 5).

6

Para una ética de la compasión

La finitud como marco de la dignidad, decíamos, propone una tarea inmediata a nuestro ser moral. Esta tarea es la piedad. Antes que una virtud particular, la piedad parece el *humus* que alimenta a las demás virtudes, el caldo en que todas se bañan.

6.1. LA INTUICIÓN MORAL BÁSICA

Quienes han situado a la piedad en el plano moral no han albergado dudas sobre su carácter primordial y su origen eminentemente intuitivo. No había que construirla fatigosamente a partir de algún principio superior ni deducirla de ninguna premisa previa. En su arranque emotivo, en su estado bruto, la piedad es ya una repugnancia innata a ver sufrir a un semejante, como quería Rousseau, o una comunicación inmediata en el dolor universal, según propuso Schopenhauer. Un hecho interior que empezamos por constatar, un punto de partida más que de llegada. Ya sabemos ahora que su pretendida evidencia puede ser engañosa y que sólo se eleva a sentimiento en puridad moral, sólo alcanza el reino de la virtud, cuando una incesante reflexión la libra de su ganga emotiva y la completa con la idea inseparable de la dignidad del hombre. Entonces se descubren los imperativos universales que aquella primera intuición ya transportaba. Pues bien, pese a diferencias sustanciales con nuestra hipótesis, varios pensadores contemporáneos coinciden en confirmarla en parte: la piedad, en tanto que intuición nacida de la vulnerabilidad humana, es un fenómeno moral básico.

1. Según el muy sugerente pensamiento de Levinas, la piedad sería una de las formas que adopta la intuición de la *responsabilidad ante el otro*. El hombre, que es «de-otro-modo-que-ser» (y no un modo más de ser o un ser-de-otro-modo), no se deja encerrar en la síntesis con que la conciencia filosófica explica la realidad. Más allá de esa artificiosa totalidad, está el infinito de la relación social; fuera del conocimiento como reducción a lo Mismo, aparece el Otro humano en su irreductible alteridad; más importante que lo dicho es el decir de una a otra persona. En suma, la filosofía primera es la Ética, y no la Ontología. Y lo que esa reflexión descubre es una subjetividad atravesada por la responsabilidad para con el otro (EI, caps. 6-8).

Esta responsabilidad es la estructura esencial de la subjetividad que se revela en el *rostro* del otro. Es una responsabilidad previa, que no requiere ningún encargo expreso; es intransferible, porque nadie puede reemplazarme en ella; es ilimitada, en fin, pues entre sus objetos abarca incluso la muerte del otro o hasta su propio crimen Esa subjetividad responsable, que significa inmediatamente la deposición del yo soberano, hace del sujeto humano un ser *sujeto* al otro: entre ambos se anuda una relación asimétrica y no recíproca. Yo respondo del otro porque me reconozco su *rehén*, y «por la condición de rehén es por la que puede haber en el mundo piedad, compasión, perdón y proximidad (incluso lo poco que de ello hay)» (EDE, 233-234). Eso sí, esta piedad sólo recoge un aspecto parcial de la responsabilidad: «para mí el sufrimiento de la compasión, el sufrir porque otro sufre, no es más que un momento de una relación mucho más compleja —y también más completa— de responsabilidad respecto del otro» (ENo, 133).

Salta a la vista que esta relación primaria rebasa con creces la simple imputabilidad penal o moral de los actos del sujeto. Pero la cuestión clave es si aquella responsabilidad no apunta, más lejos que a la compasión, al amor. Y no, por cierto, al amor peculiar del hombre, sino al del santo. No ya al amor entre iguales, sino hacia quien ostenta an-

terioridad y preeminencia frente a mí («el otro es primero». ENo, 138); ni tampoco al amor que se sabe fruto de un
excelente cuidado de sí, sino al que coincide con el altruismo y desinterés más puros. El vivir propiamente humano, o
sea, el vivir como responsable del otro, será un *desvivirse* por
el otro. En suma, la potente llamada de Levinas convoca a
un ideal de perfección sobrehumana que parece conducir
la Ética a los dominios de la Religión.

«El único valor absoluto —declara— es la posibilidad
humana de otorgar a otro prioridad sobre uno mismo».
Pero tan absoluto, que se encuentra por encima de las fuerzas del hombre; y tan éticamente contestable, que se anto-
jaría contradictorio con otros deberes el predicarlo como
un deber humano. La misma justicia se esfumaría ante tamaña responsabilidad, puesto que yo sería culpable en algún sentido impreciso incluso de la injusticia del otro. No
obstante, si otorgara semejante prioridad al otro, siempre
sería *yo* quien la otorgara: el sujeto moral, para poder serlo,
tiene que conservarse como sujeto y no hay libertad que
pueda renunciar del todo a sí misma. A menos que sea sólo
de forma metafórica, yo no soy una prenda del otro, ni siquiera en el vínculo amoroso más íntimo. Levinas salta la
raya cuando afirma que «nunca está uno libre con respecto
al otro» (EI, 97). Si así fuera, no habría valor moral alguno
en la compasión ni, en general, en ninguna otra muestra
de la responsabilidad hacia el otro. En realidad, aquí se
vuelve al viejo sacrificio cristiano como máximo valor redentor, pero, a un tiempo, privado de todo valor si estamos
forzados a tal sacrificio. El mandato ya no pide amar al prójimo como a uno mismo, sino *más que a uno mismo*.

La compasión, con serlo mucho, no es tan exigente ni
aguarda al héroe o al santo para plasmarse. Como nuestro
filósofo, el piadoso ya sabe que el hombre no se define tan
sólo como *conatus essendi* o, mejor aún, que ese conato acoge también como propio el sufrimiento del otro. Reniega,
desde luego, de la ridícula autarquía o soberanía del yo
(del «yo pienso» de la filosofía como el sujeto por antono-

masia) y proclama la necesidad recíproca de uno y otro como la mayor riqueza de ambos. Pero, en virtud de la dignidad que comparten, ni uno ni otro aceptan disponer de un rehén ni ser rehenes de nadie. El piadoso o el amante no quieren salvar solamente al otro compadecido o amado, sino salvarse los dos a la vez; no postergan esa salvación a otra vida futura, sino que la buscan empeñadamente en ésta.

Es cierto que mi compasión, como una faceta más de aquella responsabilidad última, no puede descargarse en otro (sea éste un individuo, una organización asistencial o el Estado). Nadie puede suplirme en mi deber de compasión, y *sólo* en ese sentido yo soy *elegido* por el doliente que me la solicita. Pero la piedad misma consiste en el libre ejercicio de mi capacidad de sustituir al otro doliente. Responsable soy tanto del otro como de mí, o sea, de mi propia compasión para con el otro al que se dirige. Ahora bien, no será ésta una responsabilidad absoluta o infinita; no será un «responder hasta expiar por los otros» (ib., 94).

Pues la compasión, contra lo que pretende Levinas, no es una expiación: «Simpatía y compasión (...) tienen como condición de posibilidad una sustitución más radical del otro. Una responsabilidad por el otro en el soportar su desgracia o su final *como si se fuera culpable de ello*. Última projimidad. *Sobrevivir como culpable.* En este sentido, el sacrificio por el otro crearía con la muerte del otro una relación diferente: responsabilidad que sería quizá el porqué se puede morir. En la culpabilidad del superviviente, la muerte del otro es asunto mío. *Mi* muerte es mi *parte* en la muerte del otro y en mi muerte yo muero esta muerte que es culpa mía» (MT, 44). Pero este sentimiento promovido por algo así como un afán compensatorio, ¿no es más bien señal de una piedad enfermiza? De igual manera que el librado de la catástrofe colectiva se siente impelido a pagar por su suerte, así esta clase de piadoso se cree llamado a inmolar su dicha mientras otros permanezcan en la desgracia. La piedad, sin embargo, ni va gozosa a la búsqueda de la desgracia ni obliga al sujeto al total olvido de sí. Late en aquel pensamiento una premisa ontológico-religiosa: la existencia de un orden último que, gracias a esa piedad, ha de ser repuesto en su bondad originaria. Una piedad tan primitiva se acercaría más bien a lo que Scheler calificaba como un fenómeno de «unificación afectiva».

La compasión no tiene por qué venir precedida ni alentada por ninguna clase de culpabilidad. Hay que desechar esa paralela sugerencia de Dostoievski en sus *Escritos literarios* («El nihilismo») de que ella es nuestra parte en la falta del otro y, su dolor, nuestro propio castigo. La culpabilidad ha de seguirse más bien de la falta de compasión. No me compadezco de otro por creerme responsable o culpable de su infortunio. Algo de eso insinuó alguna vez Kant, como si aquella benevolencia no fuera más que un hipócrita sucedáneo del deber de justicia. Al contrario, me compadezco (o, mejor, nos apiadamos mutuamente) porque, más allá de cualquier culpa individual, sin conciencia de responsabilidad específica por nuestra parte y *sin que nadie venga a responder de ello...*, todos estamos condenados al dolor y a la muerte.

En el «¡Aquí estoy!» del compasivo no se da testimonio del Infinito, como quiere Levinas (EI, 98 y sigs.); se da más bien desesperado testimonio de nuestra finitud. La piedad no canta la gloria de algo superior a la vida y a la muerte, sino que expresa su ausencia. Atestigua que lo que es superior a la vida también muere.

Porque, si la compasión es responsabilidad, *¿de qué* responde? De la vulnerabilidad del otro, desde luego. El rostro es «eso cuyo *sentido* consiste en decir: "No matarás"» (ib., 81). Pero el rostro del hombre dice también que no debe morir, porque ostenta un valor potencial absoluto; expone, en definitiva, una dignidad acosada por todo género de muerte. Es la fragilidad del otro la que anima mi responsabilidad; aquélla es primero y ésta viene después. Dicho mejor, soy responsable ante la vulnerabilidad ajena a través de la conciencia de la mía. Y tal mediación la lleva a cabo —pasiva e inmediatamente como sentimiento, activa y reflexivamente como virtud— la piedad.

2. La compasión es, pues, la intuición moral que brota de *la vulnerabilidad propia del ser humano*. Tal es la postura de Habermas, que llama morales a «todas las intuiciones que nos informan acerca del mejor modo de comportarse para contrarrestar mediante la consideración y el respeto la extrema vulnerabilidad de las personas» (EME, 105). De suerte que la moral viene a ser como un mecanismo protector o compensador de esa fragilidad esencial humana. «Las éticas de la compasión se percataron muy bien de que esta profunda vulnerabilidad hace menester que se garantice la atención y consideración recíprocas» (ib., 107). De esa única raíz arranca la doble tarea moral, que se enuncia en los principios respectivos de justicia y de solidaridad o benevolencia; de ella derivan, al cabo, las dos especies correspondientes de tradiciones morales: las éticas del deber y las de los bienes.

Ya es un gran logro el haber puesto de manifiesto el carácter radical de la intuición piadosa; por ejemplo, su precedencia respecto de la justicia y de la solidaridad. Siendo este punto de partida incontestable, no parece empero del todo completo para fundar la intuición moral básica. De un lado, porque no subraya lo bastante la dignidad. Como olvide el valor excepcional de esos seres vulnerables, la intuición dejará de ser moral para presentarse sólo como una técnica de protección, una estrategia de nuestra seguridad. Respeto y atención merecemos si es verdad que, siendo seres dignos (esto es, por esa diferencia específica que se revela ya en nuestro obligado proceso de humanización, de *llegar a ser* individuos personales), somos por eso más vulnerables que ninguno. De otro lado, porque, al limitar la amplitud de lo vulnerable, Habermas limita asimismo el alcance de la piedad.

Aquella vulnerabilidad extrema inicial, en efecto, queda de inmediato restringida a la «estructuralmente inscrita en las formas de vida socioculturales. Vulnerables en este sentido y, por tanto, moralmente necesitados de atención y consideración son los seres que sólo pueden individuarse por vía de socialización». Resulta así que, en su creciente dependencia de redes socializadoras cada vez más complejas, es la identidad sociocultural del individuo la necesitada de compasión. No en vano los peligros que a aquélla acechan «son incluso superiores a la palpable posibilidad de merma y quebranto a que está sujeta la integridad del cuerpo y de la vida». ¿Estamos seguros de ello?

Concedamos que todo proceso de socialización —y más, desde luego, los modernos— engendra riesgos de desamparo del individuo humano y, por tanto, depara su ocasión habitual a la piedad. Pero antes, por encima y al fondo de ese desamparo subsistirá la otra indefensión a que está expuesto el «ser relativo a la muerte»: su finitud. Las mismas instancias sociales o culturales surgen sólo como modos de atrincherar esta vulnerabilidad última de la que el hombre nunca deja de ser consciente. Aquella fragilidad sociocultural es probable y secundaria; la otra, contra la que todo sistema defensivo al final fracasa, esencial y segura. Frente a la una bastaría la justicia; para precaverse de la otra, la más perfecta justicia es impotente. Siempre hay una vulnerabilidad más honda y abarcativa que la cultural. A ella sin duda se refería su amigo Marcuse, yacente en una sala de cuidados intensivos, cuando le confesó al propio Habermas: «¿Ves?, ahora sé en qué se fundan nuestros juicios valorativos más elementales: en la compasión, en nuestro sentimiento por el dolor de los otros» (PFP, 296).

Pero lo que a nuestro autor más importa es probar cómo la intuición (sustancial) de la compasión está en el origen de la ética (procedimental) del discurso. Como es sabido, ésta viene a reformular el imperativo categórico de Kant. Más que juzgar válida aquella máxima que uno mismo pueda querer convertir en norma universal, lo que procede es someter esa máxima a la consideración de todos por si el contraste de argumentos permite refrendarla como tal ley. Ya no es una eterna razón práctica participada por el hombre, sino el diálogo efectivo entre los individuos libres e iguales en busca de la verdad práctica, el que funda la universalidad de la norma moral. Pues bien, los contenidos de una ética compasiva (igual trato, solidaridad y bien común, enumera Habermas) «son ideas básicas que derivan todas ellas de las condiciones de simetría de las expectativas de reciprocidad que caracterizan a la acción comunicativa, es decir, que cabe encontrarlas inscritas en lo que mutuamente se atribuyen y de consuno mutuamente se suponen los implicados en una práctica cotidiana orientada al entendimiento» (EME, 110-111).

Con ello, es cierto, el individualismo kantiano se impregna de talante comunitario, su formalismo admite el ingreso de algún contenido real, la ética del deber se acerca a la ética de la vida buena. Pero todo resulta aún insuficiente y, al final, su formalismo procedimental contradice a aquella compasión que era su raíz. Lo reconoce el propio Habermas: ante las cuatro grandes vergüenzas político-morales que hoy oscurecen la Humanidad (la miseria del Tercer Mundo, la violación de la dignidad humana, la hiriente distribución de riqueza y el peligro de autodestrucción del planeta), la ética discursiva nada tiene que decir..., salvo convocar a los afectados a que debatan entre sí (ib., 129-130). Habría, pues, que preguntarse si lo mismo que explica la confesada ineptitud de la ética del discurso no da cuenta también de su incongruencia respecto de esta ética de la compasión.

Pues antes, por decirlo así, es el hombre doliente que el hablante. La pasión y la necesidad han debido preceder a la comunicación verbal, de igual modo que la comunidad ideal de los *morituri* es en un sentido previa a la comunidad ideal de los dialogantes. Aquella estructura discursiva de igualdad y reciprocidad es reflejo de otra igualdad y reciprocidad primeras que, después, se expresan mediante la acción comunicativa. Esta comunicación supone aquella comunidad, o sea, la conciencia de la común vulnerabilidad. *¿Por qué* habría que recurrir al discurso y *de qué* se hablaría en él, como no fuera por y de esa necesidad recíproca de los seres humanos? Y esto último, ¿qué es sino la marca de nuestra simultánea dignidad y finitud?

Pero esa mortalidad resulta relegada del discurso y aquella dignidad no es efectivamente poseída por todos los miembros de la comunidad. El universalismo que la intuición compasiva invoca queda así truncado. Por una parte, según apunta R. Mate, porque de ese diálogo quedan por principio excluidos los sin voz, las muy abundantes víctimas; ¿y no son éstos los primeros que requieren compasión? Por otra, porque ese «procesalismo apático» en que toma cuerpo aquella intuición tampoco invita a esos marginados a incorporarse a la comunidad de diálogo (RV, 140-141). Rorty remachará que «las víctimas de la crueldad, las personas que están padeciendo, no tienen algo semejante a un lenguaje (...). Así pues, el trabajo de llevar su situación a lenguaje tendrá que ser dicho, en su lugar, por alguna otra persona» (CIS, ll2). La universalidad encontrada es francamente particular, la compasión originaria ha sido devaluada a una mera «función social».

Tal es su fracaso de hecho. Cabría argüir todavía que, en derecho, esta doctrina propugna sólo enunciar las hipotéticas condiciones de universalidad, simetría y libertad de los interlocutores a fin de lograr el consenso fundador de los imperativos morales de hoy. Pero, entonces, una de dos. Si persiste en su formalismo procedimental, su entrada en acción llegará siempre con retraso. Habrá de esperar a que todos los participantes se encuentren en una posición simétrica; y en tal caso, esto es, eliminada la desigualdad inicial, la intervención viene cuando ya es innecesaria. O bien, al contrario, hace efectiva la compasión de partida, renuncia a su angélico formalismo y entra en el combate real por alcanzar las condiciones de igualdad y de vida buena entre los hombres

Así se habrá rescatado aquella compasión que era el origen intuitivo de la moral. A los ojos del piadoso, la construcción de una comunidad ideal de diálogo es subsecuente a la tarea de liberar a los individuos de sus múltiples lacras y sufrimientos sociales. Y esta tarea va a un tiempo con otra: devolver la palabra pública a quienes les ha sido arrebatada y, así, ofrecernos recíprocamente la dignidad de sujetos que todos hemos perdido. La ética, cuando es de la compasión, se vuelve política.

3. También R. Rorty sostiene que esa compasión (a la que él llamará «solidaridad») es un fenómeno moral básico. Como Habermas, la limita más bien a los sufrimientos que los hombres se causan entre sí, a esa forma especial del dolor que los brutos no comparten con los humanos, que es la humillación: «el reconocimiento de la condición común de ser susceptibles de sufrir humillación es el *único* vínculo social que se necesita» (CIS, 109) para fundarla. Pero, a diferencia de aquél, sólo eso, y no referencia alguna a un lenguaje común o a otra instancia superior en la que todos participemos, basta para alumbrar y mantener aquella solidaridad o compasión. Aprestémonos, pues, a demoler los viejos presupuestos filosóficos, todos los resabios metafísicos en que se apoyaba esa otra solemne ética esencialista.

Persona o sujeto moral no es ya sino «algo que puede ser humillado» y el sentido de la solidaridad «se basa en el sentimiento de un peligro común, no en la posesión común o en un poder que se comparte» (ib.). Su fundamento, por tanto, no es ni un yo nuclear y más o menos divinizado, ni una idea de sacralidad o la satisfacción de presuntas necesidades profundas del espíritu. No hay esencia o naturaleza humana, ni humanidad presentes en cada uno de nosotros que aflore en forma de compasión (ib., 207 y sigs.). Ésta no consiste en un *reconocer* algo que exista ya con anterioridad a su reconocimiento, sino en un afecto que construir y una meta por lograr. Su único sostén radica en la historia y en las instituciones humanas. Al fin y al cabo, «lo que se considere un ser humano como es debido, es algo relativo a la circunstancia histórica, algo que depende de un acuerdo transitorio acerca de qué actitudes son normales y qué prácticas son justas o injustas» (ib.).

Con vistas a educar para la piedad, por tanto, no apelaremos a la reflexión, sino al sentimiento y a la imaginación. En lugar de aducir razones, nos debe importar asegurarnos de que *notamos* el dolor cuando se produce, fomentar la «destreza en la identificación imaginativa» (ib., 18, 112) que nos haga ver en los extraños a compañeros de sufrimiento. Y, para ello, más útiles que la meditación filosófica resultan géneros literarios como la etnografía, el informe periodístico y la novela. El caso es ensanchar de hecho y en lo posible los límites del «nosotros»...

¿Deberá pasar por razonable este expreso irracionalismo? Bueno será aplaudir el proyecto rortyano por implantar en sectores cada vez más amplios el sentimiento de solidaridad o piedad. Pero esa tarea, a no dudar, será tanto más segura y universal cuanto más fundada; esto es, en la medida en que tal sentimiento sea nutrido y ahondado por la reflexión o simplemente, en ausencia de una emoción suficiente, sea suplido por una firme convicción racional. Sin hacernos la pregunta «¿por qué debo evitar la humillación?», que Rorty rechaza por metafísica, la respuesta a la otra pregunta «¿qué humilla?» no conduce por fuerza a la acción piadosa o solidaria; con ella sola, lo mismo puede llegarse a la crueldad que al quietismo.

De hecho, y pese a tantos horrores, la ganancia en solidaridad de los últimos siglos debe seguramente más a la reflexión de la Humanidad a propósito de su libertad e igualdad y de sus requerimientos públicos que al crecimiento de su dolor. ¿Quiere esto decir que esa dignidad humana sólo existe gracias a circunstancias históricas y en el grado en que la estimulan ciertas instituciones jurídicas o políticas? Quiere decir, desde luego, que su descubrimiento ha sido propiciado por la historia, que esa humanidad pregonada sólo se da en ella, pero no que agote su razón de ser en la historia o en la instituciones. Auschwitz no trae al mundo la conciencia de la solidaridad humana; al urgir al deseo universal del reconocimiento de una humanidad común, Auschwitz es más bien otro trance para conquistar tal vez algo más de una compasión que rebasa su lugar y su tiempo.

4. Antes que aquellos pensadores, Horkheimer ya había señalado a la compasión como *el sentimiento moral más propio de nuestro tiempo*. Al igual que ambos, destaca sobre todo en ese afecto su carácter reactivo frente a la injusticia; como el último, se deshace de todo sustento situado fuera de las demandas históricas; su distancia de los dos, y su mérito, estriban en haber mostrado el estrecho vínculo entre compasión y política, así como la urgencia de la intervención piadosa sin aguardar a ningún otro pronunciamiento.

Su punto de partida es belicosamente antikantiano: ni la moral ni sus mandatos son eternos, sino siempre referidos a un momento histórico. En concreto, «las raíces del problema moral moderno se encuentran en los rasgos fundamentales del orden burgués» (MM, 114); el propio imperativo categórico, que exige la renuncia a todo interés como criterio moral, se limita a expresar las condiciones de un modo de producción en que los intereses individuales se contraponen a los generales. El porqué lo general debe prevalecer sobre lo particular y el cómo se cumple la armonía permanecen tan ocultos al sujeto moral como al *homo oeconomicus*. El mismo desgarramiento interior de la conciencia es el que escinde a una sociedad irracional en la que el resultado de las acciones del conjunto se enfrenta con la necesidad de un proceso natural a la voluntad de los individuos. «Esta irracionalidad se expresa en el sufrimiento de la mayoría de los hombres». La tarea de una ética materialista es mostrar las relaciones verdaderas de las que surge el problema moral. Y su veredicto, por cierto, dice que la moral «es un fenómeno humano que no se superará mientras dure la época burguesa». Es decir, mientras la producción social no esté regida por la conciencia colectiva, hasta que individuo y todo no acaben reconciliados.

No nos detengamos a discutir estas premisas. Lo que interesa resaltar es que, en tanto esa utopía se acerca, los tiempos presentes por sí mismos reclaman el ejercicio preferente de la compasión. El sentimiento moral —dirá

Horkheimer—, el interés por la felicidad, «se pone en movimiento, hoy en día, de forma doble. Primero como compasión» (ib., 135). Ésta es el sentimiento que se desata a la vista de la sinrazón del destino individual de la mayoría, un destino abandonado a la ciega casualidad social y convertido en carácter determinante de la existencia. Ese sentimiento compasivo, más todavía, nace de la *posibilidad actual* de superar las mismas miserias que lo provocan. El deseo y el derecho a la felicidad que encierra no proceden de alguna revelación especial, sino de la miseria del presente. «Nunca estuvo la pobreza de los hombres en una contradicción tan flagrante con su posible riqueza como en estas generaciones».

Bien es verdad que para que ese conflicto se resuelva moralmente, o en clave compasiva, se requeriría un criterio capaz de imponerse sobre la contradicción misma. A juicio de nuestro pensador, su mera posibilidad histórica ya basta como mandato inmediato y suficiente de la compasión. Para nosotros, siendo desde luego fundamental para la forma moral del presente, será sólo un mandato añadido.

Comoquiera que sea, Horkheimer concluye que, «mientras, pues, la moral tenga una razón de existir, habita en ella la compasión»; pero añade: «Incluso puede sobrevivirla», esto es, incluso puede conservarse en el seno de unas relaciones humanas que se hayan desprendido de su forma capitalista. ¿Por qué? Porque «los hombres pueden entonces combatir conjuntamente sus propios dolores y enfermedades (...), *pero en la naturaleza continúan reinando el dolor y la muerte*» (ib., 136). He ahí una confesión de que la piedad no se agota en atender las desgracias sociales o en su conversión en política, sino que se prolonga hacia la desgracia natural definitiva. Si *hoy* es el primer sentimiento moral nacido del sufrimiento contra el que se puede combatir, la compasión subsistirá *siempre* como la virtud nacida del y frente al dolor irremediable.

6.2. Los imperativos de la piedad

Todos esos atisbos del pensamiento contemporáneo, al margen de sus variantes y de las probables deficiencias señaladas, aciertan en tesis cardinales sobre la piedad, aunque sólo fuera en el hecho de haberla adoptado como intuición fundante de la ética. A su manera, todos coinciden también en hacer de este modo de intersubjetividad (la *com-pasión*) el punto de arranque de la vida moral.

1. Tal vez uno le exigiera demasiado y los otros demasiado poco. Pero nos basta para subrayar que la compasión es la intuición de la vulnerabilidad de un ser digno que requiere ser protegida por todos. Esta intuición compasiva no se asienta como su lugar privilegiado en el lenguaje, sino en la más simple observación del sufrimiento humano en el mundo; más en particular, en el mundo presente. Sólo de ahí se desprende ya una especie de impulso prerreflexivo que precede a todo deber fundado: hay que evitar en lo posible cualquier forma de sufrimiento. Pero ni este dolor universal ni la presunción de la eventual posibilidad de suprimirlo bastarían para ordenar universalmente la compasión, como ésta no se funde expresamente —además de en los avatares de la historia— en la conciencia de la dignidad humana. La historia puede poner la urgencia y la oportunidad de la compasión; la dignidad finita del hombre, su fundamento.

Parece obvio que la piedad es parte integrante de la moral material de la vida buena, y no de la formal de los deberes. Encajaría mejor en una *moral concreta*, destinada en principio al individuo, que en esa otra *moral abstracta* que pretende regular intemporalmente conjuntos impersonales. Digamos que pertenece a una moral de la simpatía frente a la moral de los principios, o que milita en favor de la moral llamada horizontal contra la vertical (Todorov, FE, 120 y sigs.). Pero es posible que tales distinciones, por bienintencionadas y hasta didácticas que se quieran, no resulten precisas. Aquellos dos ideales morales no se oponen, sino que se completan entre sí como la teoría y su práctica. Al fin y al cabo, «el cuidado de los otros es una plasmación del imperativo categórico» (ib., 127).

El problema de la razón práctica, una vez elevada a principio fundante del procedimiento ético, es quedarse ayuna de contenidos. Cuando se llena de éstos, cuando el propio Kant desciende a los casos particulares para probar la validez de su imperativo, ha de recurrir a la conciencia sensible y al interés del sujeto a fin de mediar entre lo particular y lo universal. No se negará que tal sucede en el caso de aquel que decidía prodigar su compasión con vistas a asegurarse sus favores en el futuro... ¿Se convierte por ello el imperativo de la piedad en un imperativo hipotético-asertórico? No es tan claro, al menos para el más radical de esos imperativos piadosos que, desde la convicción de la inalcanzable felicidad física para el hombre, no ordena fomentar la propia o la del otro, sino tan sólo asistir benévolamente a su segura infelicidad.

Ciertamente el deber de piedad no responde a un imperativo formal, sino material. Con todo, no deja de ser *a priori*, si las categorías de dignidad (y hasta la de felicidad, en caso de ser determinable siquiera negativamente) y de finitud humana lo son. Parece, en definitiva, un mandato incondicionado, una ley de la voluntad (F, 70). Se acomoda a la perfección al imperativo categórico, porque yo *puedo querer* que la máxima de mi acción (compadecerme del hombre, en tanto que dotado de dignidad y conciencia de su finitud) sea una ley universal. Sería la piedad incluso un deber estricto y no amplio. Hasta el punto de que no se funda, según hace Kant en su cuarto ejemplo (F, 75-76), en la esperanza de reciprocidad de toda acción piadosa o en que sería una voluntad autocontradictoria aquella que la negase. Debo compadecer en cuanto comprendo la dignidad mortal de todo ser humano; sé que, si mi máxima se tornara universal, yo mismo saldría beneficiado de ello; pero puedo quererlo enteramente al margen de esa ventaja particular, por puro ejercicio autónomo de mi razón.

Se nos ha dicho que aquel imperativo categórico ordena por sí, sin ningún resorte impulsivo e incluso contra toda inclinación, que ese mandato no deriva de las propiedades o de disposiciones especiales de la naturaleza humana..., porque ha de valer «para la voluntad de todo ser racional» (F, 78-79, 103-104). A todo ello respondió oportunamente Schopenhauer. Recordemos ahora tan sólo lo que habíamos establecido desde el principio: que un ser sólo racional no es humano, que la escisión entre sentimientos y razón es imposible, que la inclinación piadosa no es contingente ni particular y que, en fin, no nos entrega a la heteronomía moral si —como el propio Kant después propone—, una vez depurada en lo que deba, se eleva a la *piedad práctica* por impulso de la razón.

De manera tal que esta ética de la compasión no es una moral del sentimiento, si con ello quiere denotarse una doctrina de validez privada y asentada en una base irracional. Tal sentimiento se vuelve moral, esto es, susceptible de universalizarse como virtud o deber, cuando pasa por la reflexión. Ya no será, pues, la razón pura la sede de la valoración moral, sino más bien aquel afecto (compasión) racionalizado o una razón afectiva (esto es, compasiva): una razón que proclama los mandatos prácticos ya incoados en esa vulnerabilidad primordial del ser humano que el sentimiento piadoso le revela.

Pero esa vulnerabilidad, y las vulneraciones de hecho, se ofrecen bajo dos grandes modalidades. Veamos cuáles son los imperativos morales que emanan de la clase de compasión que a cada una de ellas corresponde.

2. Hay una piedad que es la mediación reflexiva entre lo particular de la miseria de cada individuo y lo universal de su dignidad humana. Brota cuando se atiende, no tanto a la física, cuanto a la vulnerabilidad moral del otro, a su dignidad herida. El otro es digno de compasión por su dignidad atropellada o incumplida; se vuelve su objeto dolien-

te por ser alguien al que no se reconoce como sujeto humano o moral. Es una piedad nacida *del* hecho y de la conciencia de la injusticia y, como aspira al ensanchamiento o a la recuperación de la dignidad del otro, es asimismo una compasión *para* la justicia.

Lo que la hace universal es la universalidad misma de su exigencia de dignidad humana para cada hombre. Su presupuesto es que esa dignidad humana designa una cualidad más potencial que real; lo real, más bien, resulta su frustración o negación en los individuos. Ni fija ni dada de una vez por todas, la dignidad siempre está delante de uno, es algo propuesto en el futuro para su conquista ampliable, inacabable. Por eso mismo, la piedad que el dolor de su privación parcial o total suscita apunta prácticamente a una meta no sólo deseable, sino *posible*: esta compasión se alimenta sin duda de *esperanza*.

Lo peculiar de este género de compasión estriba en que el mal del que se apiada es de naturaleza *histórica y social*. La indignidad que un sinnúmero de hombres han padecido y padecen es obra de sus propias relaciones, a menudo herencia de males anteriores, siempre resultado de la voluntad de algunos o de muchos... y, por tanto, en principio susceptible de superación o de alivio. No por eso es una compasión que tenga bajo su mirada tan sólo a un grupo de hombres, por inmenso que éste sea. Sin duda, esta incontable mayoría será para la piedad la primera, el objeto directo de su acción política. Con la minoría responsable de aquella ofensa, con los satisfechos o apáticos ante aquella humanidad sufriente, en cambio, el primer clamor debe ser el de la indignación y la justicia. Pero incluso a ellos ha de alcanzar la compasión: no sólo por reducirse en buena medida a la condición de juguetes de fuerzas histórico-sociales que desconocen, sino porque, a fin de cuentas, también ellos se privan de su propia dignidad cuando recortan o tratan de aplastar la ajena.

Y es que, pese a las apariencias, la compasión hacia el ultrajado en su dignidad es una *relación simétrica*. Ciertamente nos apiadamos de que el otro sea tratado sólo como medio y no como fin, pero eso no implica nuestra desigualdad real con él. Esta relación compasiva no vincula entre sí a sujetos morales con no sujetos. En realidad, todos somos sujetos morales nada más que aparentes mientras haya no-sujetos reales, es decir, seres humanos privados de su dignidad. Porque ni mi voluntad de que el otro compadecido recupere su dignidad es la «*condición de posibilidad de la propia constitución en sujeto moral*» (Mate, 19 y 155). Ni siquiera aquí ha desaparecido el ingrediente autocompasivo de la compasión. Si trato al otro sólo como medio, entonces yo no seré fin ni para mí ni para el otro. Lo que significa que, si no me apiado del otro y le abandono a su suerte indigna, tampoco yo conservo mi propia dignidad.

Ni el otro posee en la práctica su propia humanidad sin mí ni yo tengo la mía al margen del otro. La compasión se revela, así, como la inmediata piedra de toque de la excelencia humana: para unos, de su eventual recuperación; para otros, de su plasmación e inmediato ejercicio. Pero siempre, y para ambos, como la virtud primera por la que nos reconocemos como seres humanos o sujetos morales, el modo como nos otorgamos (o nos devolvemos) nuestra dignidad. El samaritano de la parábola evangélica sólo mostró y afianzó su dignidad cuando, en su compasión hacia el caído, le devolvió a éste la suya.

De ahí que el imperativo práctico kantiano de tratarse a uno mismo y al otro como fines y no sólo como medios (F, 84 y 91), en razón del valor absoluto de la dignidad de la persona, se quede corto. No somos seres *ya* dotados de una dignidad que sólo *después*, en nuestras relaciones posibles, nos tocara nada más que reconocer como realizada. Ese valor absoluto en potencia de cada hombre resulta en la práctica relativo a los demás hombres. El mero hecho de que seamos susceptibles de degradarnos a medios para nosotros mismos o para otros manifiesta que se puede perder o que aún no la hemos desplegado como requiere. Piedad es aquí la virtud que impide la frustración de la posibilidad más alta de uno mismo y del otro.

Pasemos, pues, a formular una serie de imperativos de esa compasión que se inquieta por la inhumanidad del otro sufriente. La compasión sería el deber o la virtud en que desembocan imperativos surgidos del contraste entre la dignidad reclamada y esa misma dignidad vejada o contradicha. Digamos entonces que *es preciso tratar al otro como si aún no hubiera alcanzado su dignidad o como si de uno dependiera que aquél fuera un fin en sí mismo*. O, lo que es igual, *comportémonos de tal modo que ahorremos al otro el dolor de su humillación*, o bien *de forma tal que el otro pueda recobrar su dignidad arrebatada*. En el fondo, se resumen en un imperativo último: *obra siempre con la conciencia de que tu propia dignidad es imposible sin que el otro vea reconocida por ti la suya*.

3. Pero compasión es también, y ante todo, la mediación reflexiva entre lo particular de los pesares de los hombres y lo universal de su aspiración a la felicidad. Más allá (aunque nunca al margen) de su dignidad disminuida o negada de cuajo, el otro es objeto de compasión tan sólo ya por ser doliente, como sujeto privado de felicidad. Es la vulnerabilidad *radical* del otro, manifiesta en cualquiera de sus penas, pero al fin enraizada en su finitud o en la previsión de su muerte, la que suscita nuestra piedad. Lo que hace universal a esta compasión radica en la universalidad misma tanto de la exigencia insatisfecha de plenitud como de la penosa certidumbre de nuestra mortalidad.

El mal ahora compadecido es de naturaleza *última*, el compendio de todos esos síntomas de la finitud a los que nadie escapa. Por ofrecer una presencia tan patente a los sentidos, da lugar a la compasión más inmediata y accesible, si bien aquella misma obviedad y universalidad podrían también neutralizarla. Aunque la otra clase de desgracia no se reduzca a ella, ésta la incluye y por eso adquiere carácter más totalizador que la anterior. Al ser un mal seguro y definitivo, su compadecimiento está reñido con cualquier grado de esperanza fundada: a fuer de sincera, esta compasión va de la mano de la desesperación.

Y no se negará el carácter *simétrico* de esta piedad básica, dado el igual sometimiento a la misma fatalidad. Si está en mi mano redimir de algún modo la indignidad del otro (y así salvar en parte la mía), nada ni nadie puede poner fin a la infelicidad anclada en nuestra finitud: la desgracia sólo acaba cuando nosotros mismos acabamos. La compasión debe esmerarse en cuidar de los pesares particulares en tanto que premoniciones de la desgracia final. Ante esta desventura máxima, en cambio, se sabe impotente, carece de promesa, pero no por ello desaparece su razón de ser. Este género de compasión es el testigo permanente y más fidedigno del insuperable sufrimiento humano. Ella es también la protesta callada contra su misma impotencia.

No es la «regla de oro» la que emana de esta piedad. De ella brota más bien otra regla más limitada y que se expresa primero en forma negativa, tal como entendió Rousseau. Esa compasión es «la que, en vez de esta máxima sublime de justicia razonada, "Haz a los demás lo que quisieras para ti", inspira a todos los hombres esta otra máxima de bondad natural mucho menos perfecta, pero más útil acaso que la anterior: "Procura tu bien con el menor mal posible para tu prójimo"» (DD, 173). Supuesto el necesario *amour de soi*, mientras la caridad mandaría querer para el otro el bien que uno quiere para sí mismo, la compasión ordena al menos no desear al otro el mal que uno detesta.

Pero, junto a ese imperativo negativo, la piedad expresa otro positivo, que Schopenhauer se encargó de acentuar. El principio supremo de la ética de la compasión, nos dice, no se agota en el *neminem laede* o en la prohibición de perjudicar a nadie. Invita también al *immo quantos potes, iuva*, esto es, además, a ayudar a todos cuantos podamos (DPF III, 16). Y es verdad que ambas partes de la máxima constituyen otros tantos grados de la compasión, pero no por ello hay que considerarlos principios respectivos de la justicia y de la caridad. Estas dos últimas virtudes no tienen por qué, como la piedad, arraigar en la desgracia ajena. Más bien —como se verá enseguida—, si la compasión precede a la justicia, la caridad marcha por delante de la compasión.

Bajo una u otra de sus versiones, este imperativo de la compasión surge ante el hecho irrefutable del dolor humano universal. Lo que ordena es no aumentarlo más todavía y contribuir en lo posible a paliarlo. Su enunciado admite múltiples fórmulas: *trata al otro como un ser sufriente; obra de tal modo que de la voluntad que guía tu acción no resulte pesar para nadie; actúa de forma que, por combatirlo o por compartirlo, el otro pueda ver decrecido su dolor...*

Pero ¿y cómo diría el imperativo que se alza hasta el grado culminante de esta desgracia, el de la conciencia humana de su finitud o mortalidad? ¿Cuál es ese deber que ya no es de beneficencia porque se enfrenta a un mal irremediable? Si exceptuamos a algún estoico, no son muchos los moralistas que hasta aquí se han acercado. Desde su compasivo rechazo de la finitud, Unamuno propuso esta regla: «obra de modo que merezcas a tu propio juicio y a juicio de los demás la eternidad, que te hagas insustituible, que no merezcas morir. O tal vez así: obra como si tuvieses que morirte mañana, pero para sobrevivir y eternizarte» (o.c., 264). Demasiado enquistado en el propio yo como para erigirse en el lema del piadoso: éste sólo puede ejercer de tal en la misma medida en que ha abdicado de toda ilusión sobre su inmortalidad.

En nuestros días, tal vez Cioran haya pronunciado la palabra apropiada por terrible que resuene: «¿Cómo mirar a un vivo sin imaginarlo cadáver, cómo contemplar a un cadáver sin ponerse en su lugar?» (AD, 74). Pues esta piedad trágica encuentra su imperativo preciso en ese esfuerzo por ponerse en el lugar del otro contemplado en su condición perecedera. Y entonces la piedad nos pide sin paliativos: *trata al otro a sabiendas de que, como tú mismo, es un mortal.* O quizá mejor: *obra de tal forma que no te abandone la conciencia de que el otro, por saberse mortal, es un ser sufriente; actúa en todo de una manera conforme a la mortalidad del hombre.*

6.3. La piedad, el amor y la justicia

1. Si «el dolor es siempre lo primero» en el hombre, entonces su compasión será la primera de las virtudes. Si «nada nos es más cierto y nada nos está más predestinado que cabalmente el dolor» (Jünger, SD, 15), entonces también será aquélla la última virtud que se nos reclama.

No nos referimos, claro está, a esa primariedad que le advendría a la piedad del hecho de ser —Rousseau *dixit*— la «única virtud natural» (DD, 171). Por mucho que tal espontaneidad la distinga de otros afectos, incluso por indispensable que haya sido para la conservación de la especie humana, ahí estamos todavía en el orden de una emoción que exigirá toda una pedagogía para elevarse propiamente a virtud. Ni tampoco aludimos a una improbable prioridad temporal en el desarrollo de la conciencia moral del individuo. Según Todorov, «los seres humanos la descubren en sí mismos bastante tarde o, en todo caso, no hacen de ella un principio activo sino cuando ya están bastante avanzados en su vida» (o.c., 322-323). Al margen de su naturalidad como emoción, se diría que su madurez como virtud parece requerir también de la adultez humana.

Es la primera por representar *el mínimo* que el sujeto humano, en tanto que consciente de su finitud, solicita del otro y debe ofrecer al otro. La compasión comparece como el límite, el umbral, el punto cero de las virtudes de la humanidad. Por debajo de ella, estamos en lo inhumano; si el hombre no alcanza ese umbral, nada cabe ya exigirle ni esperar de él en su conducta moral. Que se oiga de nuevo la sentencia de Spinoza (E IV, 50, esc.): «Pues el que no es movido ni por la razón ni por la conmiseración a ayudar a los otros, merece el nombre de inhumano que se le aplica. Pues no parece semejante al hombre».

Pero es también la última virtud. Viene al final de todas ellas, porque ninguna es suficiente para lo que el ser humano demanda. Amor, generosidad, valentía, etc., si perecemos, no pierden por ello su razón de ser, aunque sí el horizonte último al que apuntan. La piedad, en cambio, es la virtud que se hace firme tan sólo en este marco terreno, y precisamente por perecedero: de ahí que sea la virtud más *adecuada* a nuestra condición mortal, la más *propia* del hombre. También es última por ser la única que con seguridad merece quien al final sólo se define como doliente. Despojado de las otras, el hombre aún puede sobrellevar su vida, pero no sin la piedad, según comprendió ya Anatole France: «El tiempo en su fuga loca hiere o mata nuestros más tiernos y ardientes sentimientos (...). Que nos deje al menos la piedad (...). Sólo por la piedad seguimos siendo hombres» (JE, 88). Nietzsche sabía lo que decía cuando, desde su alegato antipiadoso, la calificó de máxima tentación y de último pecado. La piedad es una virtud de postrimerías.

Primera y última, tal es su radicalidad en la vida moral que, parafraseando a Cioran, diríamos que un poco de compasión entra en toda forma de virtud. Tan básica es esta virtud, como que las demás vienen siempre *a partir de ella*: puede pensarse una piedad carente acaso de cualquier otra excelencia, pero no cabe imaginar ninguna de las disposiciones virtuosas que no la dé ya por supuesta. Si a alguna le conviene menos el carácter de supererogatoria, es a la compasión. No representa un además del deber, una capacidad sobrante o excepcional, sino el suelo nutricio de todos los deberes y la más perentoria de las capacidades morales. La piedad es el origen, el comienzo de la virtud, la más elemental (y, por ello, la más exigible) de las virtudes.

¿Significa ello que sea también su *fundamento*? No habría que llegar a tanto, aunque así lo sostenga Rousseau, para quien «de esta sola cualidad dimanan todas las virtudes sociales» (ib.). Aun admitiendo con él que la clemencia o la humanidad sean otras tantas aplicaciones de la piedad para con los culpables o la humanidad en general, no es fácil entender asimismo la generosidad como su versión específica hacia los débiles. Es seguro que una piedad constante y particular está en la raíz de la benevolencia, pero no, por ejemplo, que la entraña de la amistad se deje diluir en ella. Generosidad y amistad, como otras cuantas virtudes, se dan necesariamente *con* piedad y hasta *desde* ella; pero no precisamente *en razón de* ella.

El error arranca de la pregunta inmediata que se lanza y cuya respuesta dista de ser tan evidente: «Pues desear que alguien no sufra, ¿no es lo mismo que desear que sea feliz?». No por fuerza, pues otras muchas virtudes para nada aluden en principio al sufrimiento del otro; cuentan con él, lo atenderán llegado el caso, pero su objeto formal no es esa desdicha ni el afán de compartirla. Todas suponen a la compasión, pero, supuesta la compasión, no se derivan de ella. Por si fuera poco, desear el cese del dolor del otro no equivale, al menos inmediatamente, a desearle su felicidad. Podríamos desear lo primero (para acabar con el sufrimiento mismo de la com-pasión) sin desear lo segundo: la negación de la negación no siempre trae consigo una afirmación.

Y es que aquí se revela la relativa inferioridad de la piedad respecto de otras virtudes, tal como se encargó de señalar Spinoza. La compasión brota directamente de la presencia del mal ajeno y desea indirectamente su bien. «El deseo que nace de la razón —en cambio— nos hace seguir directamente el bien y huir indirectamente del mal» (E IV, 63, cor.). No expulsemos por ello a la piedad del orden de la razón (que hasta ese punto no hay que seguir al filósofo), pero reconozcamos sus limitaciones. Mientras ella surge inmediatamente de la tristeza ajena y procura mediatamente la alegría, otros hábitos morales se fijan ante todo en el bien ajeno sin considerar tanto los males que evitan como el contento que causan. La piedad reacciona por de pronto a los signos de la impotencia humana, aunque se oriente a recobrar la potencia perdida o a conquistarla; otras virtudes más altas se ejercitan sólo en cultivar su potencia.

Hay, pues, una exageración en el conocido dicho de Lessing, según el cual «el hombre más compasivo es el mejor de los hombres», así como en el encendido elogio de

rar (si está en su mano) al miserable de su miseria, «el amante quiere que su amado sea feliz en general y absolutamente».

Pero el carácter diferencial de la piedad y su inferior rango frente al amor quedarían seguramente más destacados si la comparamos con las notas que Aristóteles atribuye a la amistad perfecta en sus *Éticas* (EN, VIII-IX y EE, VII). La piedad, como la verdadera amistad, sólo puede darse entre iguales y aspira a que su simpatía sea recíproca. Una y otra reconocen en el amigo y en el digno de compasión a «otro yo»..., pero ahí mismo comienzan sus diferencias. Pues si el amigo de veras se dirige al otro «por lo que es», «por sí mismo» o «por su carácter», el piadoso lo objetiva más limitadamente como un «otro yo doliente» y le asiste en su específico carácter de infeliz. Por eso, mientras la compasión es sólo un compartir las penas, «consideramos amistad —dice el griego— al hecho de sufrir con el que sufre, [pero] el mismo argumento vale para la alegría: es un rasgo de amistad alegrarse por la única razón de que el otro se alegra». Y así se confirma de nuevo que la amistad no conlleva tanto un deseo (como la piedad) de acabar con el mal del otro, cuanto de procurar más que nada su bien.

Por causa de esta restricción, la piedad vendría a ser como el límite inferior de la amistad, su punto de partida inexcusable pero mínimo. El amigo es más exigente que el piadoso o, lo mismo da, resulta más difícil ser amable que compadecible. Debemos compadecernos también del malo, pero sólo podemos ser auténticos amigos del bueno; si la amistad requiere la convivencia de los amigos, la piedad puede tomarse mayores distancias porque no lo comparte *todo*. Claro que, al contrario, eso que el compasivo pierde en profundidad respecto del amigo lo gana con creces en extensión. La piedad sería lo que para Aristóteles, al menos en ciertos rasgos, la benevolencia (*eúnoia*): algo que «se da incluso hacia personas desconocidas y que pasa inadvertida» y, por eso, tan sólo «el principio de la amistad». De modo que la compasión es una amistad universal, pero incipiente. La semejanza humana que la facilita —o sea, el reconocimiento mutuo en la dignidad y en el dolor— parece mucho más amplia que la que favorece la amistad. Piedad y amistad son, respectivamente, como la comunidad moral más dilatada y la más reducida.

De ahí que sean muy raros los amigos y, en principio, más abundantes los compasivos. «No es posible ser amigo de muchos con perfecta amistad», pero ya sabemos que la piedad se vuelve tanto más virtuosa cuanto más universal es en sus favores. Y es que «amar es como un exceso (*hyperbolé*)», y por ello una disposición dirigida a muy pocos. Compadecerse, en cambio, no es por sí mismo un defecto, pero, supuesta siempre la universal dignidad, sólo nos apiadamos del defecto constitutivo del hombre y desde nuestra conciencia de seres deficientes; y eso, dada nuestra natural condición menesterosa, nos vincula a todos. Por eso la amistad es autosuficiente, mientras que la compasión ofrece por sí misma la señal de nuestra radical dependencia. He aquí tal vez la mejor expresión de la distancia que rastreamos: *la amistad sería a la piedad como la participación en el exceso y en lo más excelente de lo humano a la participación en el defecto y en la carencia que también nos funda como humanos...*

Hay, desde luego, amistad en la desgracia, y entonces hará suya la labor piadosa de repartirse las penas ajenas. Más aún, «en la pobreza y en las demás desgracias consideramos a los amigos como el único refugio», el mejor fármaco contra nuestro dolor. Surge aquí, sin embargo, una oposición que Aristóteles no duda en calificar de contradictoria. Sea en calidad de amante o de amado, uno no desea afligir al amigo con su desgracia y se resiste a ser compadecido, mientras que el otro sólo desea compartir esas penas del amigo y así compadecerle. La amistad es, pues, tanto un estímulo como un freno para la piedad; de ambas maneras se es amigo del amigo. La solución al dilema pone a cada virtud en su sitio: «la amistad es más necesaria en el infortunio y, por eso, hay necesidad entonces de amigos útiles, pero es más noble en la prosperidad y, por eso, se buscan buenos amigos...». Lo que significa, ni más ni menos, que la amistad es *más noble* que la piedad y la piedad *más necesaria* aún que la amistad; o, si se prefiere, que la compasión representa una especie menor de la amistad, aquella amistad útil que buscamos en la desgracia. Concluyamos, pues, con Aristóteles que el amigo es «el mayor de los bienes externos». Pero, si nos corresponden más gruesas porciones de infortunio que de ventura, no sería la amistad sino la piedad «lo más necesario para la vida».

La compasión va a la zaga del amor y sólo en él se completa. Si no abre el camino hacia él, la sombra de cierta sospecha pesará sobre una virtud que no aprende a alegrarse con la felicidad del otro igual que sabe entristecerse con su mal. Aquella propuesta spinoziana de acercar *conmiseratio* y *misericordia* responde a la convicción de que la una debe encaminarse a culminar en la otra. Porque la tristeza sólo puede ser virtuosa si aspira a la alegría. Pero también la alegría engendra una falsa virtud mientras pase de largo ante la inocultable tristeza. «En verdad, he hecho esto y aquello en favor de los que sufren: pero siempre me parecía que yo obraba mejor cuando aprendía a alegrarme mejor», predica sabiamente Zaratustra (Z II, 136). Mejor aún sería saber compartir tanto el «dolor común» como «la común alegría» (GC, 338).

3. Pero si es inferior en valor a la amistad o al amor, hay un sentido al menos en que la piedad se muestra más excelente que la justicia. Al fin y al cabo, ésta encaja en la lógica de la equivalencia (a la que también puede reducirse la llamada «regla de oro»), en tanto que el amor y la piedad responderían más bien a la lógica del don y de la superabundancia (Ricoeur, AJ, 57 y sigs.). Para llegar a apreciar esa ventaja de la piedad sobre la justicia, se hace preciso contemplarlas como dos virtudes en continua tensión, si bien en manera alguna incompatibles o como si la presencia de la una ordenara la inmediata retirada de la otra. Eso sí, cada uno de los dos modos principales de piedad que aquí y allá hemos distinguido establecen un vínculo diverso con

la justicia: si uno la precede e incluso la desarrolla, el otro la trasciende con mucho.

Sea en su estadio de emoción o ya como virtud, hay una piedad que es relativa a la justicia: el sentimiento y la actitud del que busca reparar, amortiguar o compensar las penas causadas a los hombres por sus propios desmanes. En este plano, donde se estremece sobre todo su fundamento en la dignidad, la compasión es el pesar ante el mal generado al hombre por el hombre mismo, la reacción que emana del espectáculo de su pobreza, desigualdad o falta de libertad. Es la visión del mal «en quien no lo merece» y su consiguiente piedad (e indignación), según la fórmula aristotélica, las que proporcionan el motivo y el impulso inicial para la justicia. Hasta cabría decir que *la compasión es una forma primera e intuitiva de justicia;* oscuramente, pero vendría a sugerirnos que el mal no conviene a nuestra dignidad, que todo dolor es injusto. Tanta es su afinidad que, para Rousseau, la justicia coincidiría con la generalización efectiva de la piedad; o, mejor aún, que no hay una piedad verdadera «sino cuando está de acuerdo con la justicia» (E IV, 339-340). Lo mismo da, para nuestro objeto, que se trate de la conmutativa y limitada a los tratos entre individuos o de la distributiva y pública, aunque es en este último terreno donde aquella relación ha adquirido mayor significado teórico y práctico.

La historia de estos conceptos ha sido, sin embargo, la de su desvinculación y su enfrentamiento. La doctrina cristiana hizo prevalecer el deber de piedad sobre el de justicia, pero al menos pugnó para que la legislación (de pobres, enfermos, indios...) incorporara paulatinamente aquellas exigencias sociales de caridad o beneficencia. El pensamiento liberal, en cambio, consagró su ideal de justicia frente a cualquier deber piadoso y se esforzó en expulsar la beneficencia del orden del derecho. Mientras los deberes de justicia son exactos y estrictos en tanto que fundamento básico de la sociedad, los emanados de la piedad son deberes vagos, no susceptibles de regulación y meramente opcionales. En último término, elevar la compasión a fuente de derecho o inspiración de la justicia sólo podría tener como consecuencia descalabrar por entero el orden del Estado. La ambigüedad liberal ante la piedad estriba en el reconocimiento del deber moral de la beneficencia y en su simultáneo rechazo como deber jurídico. El contrato social en que se asienta establece como base de los derechos y obligaciones el intercambio de equivalentes; la beneficencia, por principio una relación de no reciprocidad, no puede derivar de obligación alguna.

Claro que se ensalza la compasión o simpatía como una primaria afección humana y la más amable de las virtudes de la convivencia. Pero no hay nexo social más fuerte que el interés y cualquier otra relación de asistencia no debe rebasar el orden de la moral privada. Lo expresa ejemplarmente Adam Smith: «No es la benevolencia del carnicero, del cervecero o del panadero la que nos procura el alimento, sino la consideración de su propio interés. No invocamos sus sentimientos humanitarios, sino su egoísmo (...). Sólo el mendigo depende principalmente de la benevolencia de sus conciudadanos» (IN, 17). La piedad que anima la beneficencia cumple la positiva función de reunir lo que el interés separa, sólo que, más allá de ciertos límites, engendra efectos nefastos. Mandeville critica las Escuelas de Caridad de su tiempo porque promueven la ociosidad y la formación de sus asistidos. El desarrollo de la Humanidad, no obstante, hace de la diligencia la principal virtud y exige regular la masa laboral creando una clase mayoritaria de pobres mantenida en la miseria y en la ignorancia. Y si por ello le reprocharan inhumanidad, contestaría que «ser excesivamente compasivo cuando la razón lo prohíbe y el interés general de la sociedad requiere firmeza de pensamiento y resolución, es debilidad imperdonable» (o.c., 165 y sigs).

Y es que en el mundo liberal no hay víctimas ni verdugos, sino leyes ineluctables que reparten bienes y males, riqueza y pobreza, a modo de justicia natural. También para Malthus la caridad individual es «una de las más nobles y piadosas cualidades del corazón humano», a cuyo cargo deben quedar los casos que las medidas públicas no alcancen a remediar. Esa piedad de la que se nutren las leyes de pobres, empero, no sólo agrava la condición general de la clase humilde y refuerza su dependencia, sino que reduce las raciones de los miembros mejores de la sociedad. La miseria de los pobres, producto de la ley de población, es requisito imprescindible de la prosperidad pública; más aún, cumple un propósito providencial: estimular la conmiseración social y las virtudes cristianas (PEP, 165-66, 264). Así que la beneficencia no ha de ser permanente si quiere ser eficaz, es decir, si busca enseñar al necesitado la previsión y a valerse por sí mismo. Sobre todo, no debe adoptar forma legal. Según Spencer (389 y sigs., 471 y sigs.), aquélla, que nos mueve en favor de los derechos ajenos, es superior a la justicia, que se limita a reconocerlos. Pero, como la una siempre vendrá en perjuicio de la otra, de esa beneficencia sólo pueden seguirse la parálisis de los mejores y la degeneración corporal y mental de todos. Justicia y piedad son deberes, pero una como incumbencia del Estado y la otra de los individuos e instituciones privadas.

En resumidas cuentas, cuando se afana por la justicia y entra así en la política, el cargo más regular dirigido contra la piedad... es su inclinación a la injusticia. En un sentido, porque tiende a considerarse eximida de las exigencias del derecho; fue el caso de los campesinos rebeldes que le increpaban por predicar su persecución despiadada y a los que Lutero responde que no merecen misericordia sino la pura aplicación de la ley. En otro sentido, en el que insisten los economistas clásicos citados, porque la piedad provoca males sociales mayores que los que socorre. No anda lejos de ellos, a su manera, Nietzsche: socialismo y democracia, so capa de compasión, se alimentan en realidad del espíritu de venganza y retardan la selección natural de los mejores (MABM, *passim*).

La piedad no se arredra fácilmente ante esa objeción. El mismo impulso que le guía hacia la justicia le induce a quebrar los límites de cualquier régimen legal positivo; en su inicio toda compasión es *injusta*. La mejor respuesta a aquellas diatribas liberales sería mostrar cómo, en las sociedades occidentales contemporáneas, la denostada beneficencia se ha trocado cada vez más en un deber de estricta justicia. Más allá del contrato social entre los individuos, se ha firmado un contrato de solidaridad entre la sociedad y sus miembros con vistas a la protección individual y colectiva frente a los múltiples riesgos de la vida. Al lado de los derechos económicos y políticos, se han instalado unos progresivos derechos sociales (de los jubilados a las víctimas en general) que rompen la obligación de equivalencia. En suma, ha nacido un *Estado providencia* que, en opinión de algunos como F. Ewald, tanto ha asumido las viejas exigencias de la piedad que ésta se habría quedado sin objeto para su ejercicio privado o social: «La institución del Estado providencia marca una fecha decisiva en la historia de la asistencia (...). En adelante, ya no hay otro problema que el derecho: hacer caridad, ejercer su beneficencia, son ahora prácticas desusadas y condenadas. ¿Quién se atrevería aún a ensalzar la piedad y la compasión como las virtudes humanas por excelencia? Sólo lo que está reconocido y acuñado bajo la forma de derecho tiene valor» (EP, 374).

¿No será ésta una ilícita reducción de la piedad a un gesto planificado, al tiempo que una desmedida confianza en la omnipotencia del derecho? Resulta obvio que la justicia positiva es impotente para agotar la piedad y que, mientras haya injusticia privada o pública (esto es, mientras subsista esta fuente de sufrimiento en el mundo), la piedad moverá siempre a erradicarla... Es entonces, sin embargo, cuando le conviene advertir que quedará expuesta a muy graves riesgos de injusticia. Un exceso de piedad (aliada no sólo a la indignación contra los responsables del mal, sino a la cólera) puede conducir al terror mismo. Así reza la conocida tesis de H. Arendt, para quien la compasión se ha convertido en «la pasión más poderosa y probablemente más devastadora de las que inspiran a los revolucionarios» (SR, 74 y sigs.). En persecución del *bonheur du peuple* más que de su libertad, la Revolución Francesa entronizó la piedad como la virtud política suprema. En manos de los jacobinos, abrumados por los padecimientos de ese pueblo, la compasión probó tener mayor capacidad para la crueldad que la crueldad misma: «Par pitié, par amour, pour l'humanité, soyez inhumains», reclamaba una sección de la comuna de París. Al infortunio sin límites de la multitud le debía corresponder un sentimiento piadoso también ilimitado; convertidos los *malheureux* en *enragés*, el furor y la venganza ocuparon el lugar de la *vertu*.

Parece que la piedad exigiría, pues, ser despiadada. Ése es, según la misma pensadora, el dramático conflicto que cruza las obras de B. Brecht: «aquellos que, obligados por la compasión, intentan cambiar el mundo no pueden permitirse ser buenos»; para exterminar la maldad, han de aprender a ser malos. Y, si no caen por exceso en ésta, una tentación contraria acecha no menos al piadoso: la lenidad, que sería como una injusticia por defecto. Contra ella se revuelve a su vez E. Bloch al mantener que «en el camino a esta exigencia rousseauniana la fraternidad pierde toda sentimentalidad, la cual sólo se le adhiere si es inauténtica, más aún, si es hipócrita». La piedad revolucionaria es una «compasión violenta», una «irritación caritativa» (DNDH, 171-172). Se diría, en fin, que no hay más opción para el piadoso que la crueldad hacia los opresores o la crueldad hacia los oprimidos.

Tanto si se aplica a conservar el modo de justicia imperante como a derrocarlo para alumbrar otro presuntamente mejor, el lema que la justicia invoca es el *fiat ius, pereat mundus*. A la piedad, en cambio, le toca denunciar que *sum-*

mum ius, summa iniuria. Y para no caer ella misma en injuria y daño, para no presentarse como virtud lo que puede tornarse un vicio, ha de ejercer una permanente vigilancia sobre sus propios impulsos emotivos. Pues, además de incitar a la justicia y de ampliar a cada paso sus fronteras, la compasión ha de asociarse a la equidad, para llenar de carne y sangre individual el precepto legal, y a la clemencia, a fin de suavizar los rigores de su aplicación. Tan sospechosa es una justicia implacable como una piedad injusta. «Podrán [los hombres endurecidos] ser íntegros y justos, nunca clementes, generosos ni compasivos. Digo que podrán ser justos si es que puede serlo un hombre cuando no es misericordioso» (Rousseau, Em IV, 304). En el hombre, como en el Dios de santo Tomás (ST I, q. 21), justicia y misericordia deben ir aunadas.

No es entonces verdadera una piedad abstracta, la que se inflama ante el sufrimiento de grupos pero no vacila en infligirlos a los individuos. Sería asimismo contradictoria una compasión que se recree en el ensañamiento, porque aquélla pide justicia pero sin inhumanidad. Siempre habrá que recordar que igual dignidad mantienen los oprimidos que los opresores. En definitiva, la misma piedad que reclama justicia para los ofendidos, reclama también —durante la ejecución de la justicia y tras ella— compasión para los ofensores.

Nada cuesta aceptar, en lugar de la compasión, una noción de solidaridad que, «pese a que *pueda ser promovida* por el padecimiento, *no es guiada* por él» (H. Arendt, ib., 89; cvas. mías), con tal que se admita su íntimo parentesco. Poco importa que esa solidaridad sea definida como un principio nacido de la común participación en la idea de la dignidad del hombre, cuando esa idea surge principalmente allí donde aquella dignidad se encuentra ultrajada; es decir, merced a los buenos oficios de la piedad. Llámese compasión o como se quiera, su otro fundamento estriba en la común sujeción humana al dolor y, su tarea, en extender al máximo el círculo de cualquier «nosotros».

Y lo decisivo es que, desde esa solidaridad básica, la compasión no cesará de proponer proyectos más ambiciosos a la justicia y de superar la justicia misma.

Descendemos así a su grado más profundo, a esa piedad que se despierta ya ante el dolor de la caducidad humana, ante ese mal inconmensurable que no proviene de la acción de los hombres, sino de su condición misma. No es la clase de compasión que se inclina sólo hacia la víctima *inocente*, sino ante todo ser humano como víctima. Frente a la medida del derecho, ella invoca lo ilimitado. Es la piedad, en fin, que trasciende los modos de justicia humana o que espera *otra* justicia siempre más allá de toda plasmación legal. Por anhelar una justicia inalcanzable, *este grado de compasión será siempre una justicia insatisfecha, y toda justicia real, a su vez, una compasión imperfecta.*

Al subrayar esta comunidad en su finitud como base final de la misericordia, ¿no se enfriará acaso la mirada piadosa hacia los infortunios particulares de los hombres? Si estos males aparecen tan sólo como síntomas del mal esencial y definitivo, si éste es el que de veras importa, los demás podrían entonces ser desatendidos con buena conciencia. ¿No estaremos así relativizando y frenando el sentido mismo de la justicia? Al contrario: la piedad se acentúa, la dedicación a la justicia posible se vuelve aún más urgente. Las desdichas concretas son tanto más insufribles cuanto menos esperanza de salvación haya para la desdicha general. Las miserias diarias evitables resultan mayores si se contemplan desde la desgracia segura; y menos disculpables, porque se añaden voluntariamente al mal que la necesidad ya nos tiene reservado. Desde el horizonte de la mortalidad, cada una de nuestras penas es absoluta.

De modo que, satisfechas las exigencias del derecho, a la piedad le resta todavía un campo infinito para su ejercicio. Al individuo humano no le basta con la justicia, porque ésta, junto a serle seguramente adversa (¿quién se atrevería a afrontarla sin temblor?), sólo atiende a su relación social. Requiere otra clase más alta de virtud, porque su mal no es sólo la pobreza o cualquier otra clase de injusticia perpetrada por los otros, sino aquella injusticia fatal que coincide con la penosa vivencia de su desamparo. *Esa otra virtud más justa y plena es la compasión*. A todo hombre se le debe amor y justicia; pero la virtud primera y última que nos debemos es la piedad.

Bibliografía

1. Obras clásicas

ARISTÓTELES, *Ética nicomaquea* (EN). *Ética eudemia* (EE). Gredos. Madrid.
— *Retórica* (R). Gredos. Madrid 1990.
— *Poética* (P). Bosch. Barcelona 1977.
BURKE, E., *Indagación filosófica sobre el origen de nuestras ideas acerca de lo sublime y lo bello* (trad. Juan de la Dehesa) (IF). Alcalá 1807.
BUTLER, J., *Sermons*. En *Works* (WJB). Oxford 1896.
DESCARTES, R., *Tratado de las pasiones del alma* (T). Planeta. Barcelona 1989.
D'HELVETIUS, C. A., *De l'homme*. (En *Oeuvres*, 9. París 1969).
— *Del espíritu*. Editora Nacional. Madrid 1984.
D'HOLBACH Barón, *La moral universal* (MU), vol. I. Imprenta P. Cifuentes. Valladolid 1821.
DU DEFFAND, M., *Frivolidad y agonía. Correspondencia* (FA). Fondo Cultura Económica. Madrid 1988.
EPICTETO, *Pláticas*. Alma Mater. Barcelona 1957.
— *Manual. Enquiridión*. Anthropos. Barcelona 1991.
HUME, D., *Tratado de la naturaleza humana* (TNH). Ed. Nacional. 2 vol. Madrid 1977.
— *Investigación sobre los principios de la moral* (IPM). Aguilar 1968.
— *Disertación sobre las pasiones y otros ensayos morales*. Anthropos. Barcelona 1990.
HUTCHESON, F., *Récherche sur l'origine de nos idées de la beauté et de la virtue*. Vrin. París 1991.
— *An Essay on the Nature and Conduct of the Passions and Affections* (ENC).

KANT, E., *Observaciones acerca del sentimiento de lo bello y lo sublime* (O). Alianza. Madrid 1990.
— *Fundamentación de la metafísica de las costumbres* (F). Espasa-Calpe. Madrid. 2ª ed. 1963.
— *Crítica de la razón práctica* (CRP). Losada. Buenos Aires, 3ª ed. 1973.
— *Lecciones de Ética* (LE). Crítica. Barcelona 1988.
— *Metafísica de las costumbres* (MC). Tecnos. Madrid 1989.
— *Antropología* (A). Revista Occidente. Madrid 1935.
— *Filosofía de la historia* (FH). F.C.E. Madrid 1981.
KIERKEGAARD, S., *La enfermedad mortal (o de la desesperación y el pecado)* (EM). Obras Completas, vol. VII. Guadarrama. Madrid 1969.
LA ROCHEFOUCAULD, *Reflexiones o sentencias* (RM). Bruguera. Barcelona 1984.
LEOPARDI, G., *Zibaldone de pensamientos* (Zi). Tusquets. Barcelona 1990.
LESSING, G.E., *Dramaturgia de Hamburgo* (DH). Publicaciones de la Asociación de Directores de escena de España. Madrid 1993.
MANDEVILLE, B. de, *La fábula de las abejas* (Fa). F.C.E. México 1982.
MONTAIGNE, M. de, *Ensayos*. 3 vol. Cátedra. Madrid 1985.
NIETZSCHE, F., *Así habló Zaratustra* (Z), *Más allá del bien y del mal* (MABM), *La genealogía de la moral* (GM), *El crepúsculo de los ídolos* (CI), *El Anticristo* (Ant), *Ecce homo* (EH). Alianza. Madrid.
— *Humano, demasiado humano* (HDH), *Aurora* (Au), *La voluntad de dominio* (VP), tomos III, IV y VII de sus Obras Completas. M. Aguilar Editor. Madrid 1932.
— *La gaya ciencia* (GC). J.J. de Olañeta Editor. Barcelona 1979.
— *Schopenhauer educador* (SchE). En *Considérations inactuelles III et IV*. Gallimard. París 1990.
— *Correspondencia* (Corr). Aguilar. Madrid 1989.
ROUSSEAU, J. J., *Discurso sobre el origen y fundamento de la desigualdad entre los hombres* (DD). En *Escritos de combate*. Alfaguara. Barcelona 1979.

— *Confesiones.* Tebas. Madrid 1978.

— *Julie ou la Nouvelle Héloïse* (NH). Flammarion. París 1967.

— *Essai sur l'origine des langues* (OL). Gallimard. París 1990.

— *Emilio* (Em). Alianza. Madrid 1990.

— *Las ensoñaciones del paseante solitario* (EPS). Alianza. Madrid 1988.

SADE, Marqués de, *Historia de Aline y Valcour.* Fundamentos. Madrid 1976.

— *Instruir deleitando o Escuela de amor (La philosophie dans le boudoir).* Lucina. Madrid 1980.

— *Juliette.* 3 vol. Fundamentos. Madrid 1987.

— *Justina. O los infortunios de la virtud* (Jus). Cátedra. Madrid 1989.

SAN AGUSTÍN, *Confesiones* (C). Espasa-Calpe. Madrid, 6ª ed. 1968.

SANTO TOMÁS, *Summa Theologica* (q. 21 y 30) (ST), tomo I. BAC. Madrid 1964.

SCHOPENHAUER, A., *Escrito concursante sobre el fundamento de la moral.* En *Los dos problemas fundamentales de la ética* (DPF). Siglo XXI. Madrid 1993.

— *El mundo como voluntad y representación* (MVR). Porrúa. México 1983. (Citado por edición francesa íntegra en PUF. París 1992).

— *Metafísica de las costumbres* (MCo). Debate/C.S.I.C. Madrid 1993.

— *La sabiduría de la vida* (PP), extractos de *Parerga y Paralipómena.* Porrúa. México 1984.

SÉNECA, *Sobre la clemencia* (SC). Tecnos. Madrid 1988.

SHAFTESBURY, A., *An inquiry concerning virtue or merit* (IV). Londres 1968.

SMITH, A., *The Theory of moral sentiments* (TMS). Clarendon Press. Oxford 1991.

SPINOZA, B., *Ética* (E). Editora Nacional. Madrid 1975.

— *Tratado político* (TP). Alianza. Madrid 1986.

UNAMUNO, M. de, *Del sentimiento trágico de la vida* (STV). En *Obras Completas,* tomo VII. Escélicer. Madrid 1967.

2. Estudios de autor más recientes

ADORNO, Th. W. (y HORKHEIMER, M.), *La dialéctica de la Ilustración* (DI). Trotta. Madrid 1994.

ARENDT, H., «Introducción» a H. BROCH, *Poesía e investigación* (PI). Barral. Barcelona 1974.

— *Eichmann in Jerusalem* (EJ). Penguin Books. Londres 1977.

— *Los orígenes del totalitarismo* (LOT). 3 vol. Alianza. Madrid 1987.

— *Sobre la revolución* (SR). Alianza. Madrid 1988.

— *Hombres en tiempos de oscuridad.* Gedisa. Barcelona 1990.

BLOCH, E., *Derecho natural y dignidad humana* (DNDH). Aguilar. Madrid 1980.

CIORAN, E. M., *El aciago demiurgo* (AD), *La tentación de existir* (TE), *Breviario de podredumbre* (BP), *Del inconveniente de haber nacido* (IHN). Taurus. Madrid.

— *Desgarradura* (D). Montesinos. Barcelona 1983.

— *La caída en el tiempo* (CT). Planeta-Agostini. Barcelona 1986.

— *Silogismos de la amargura* (SA). Laia-Monte Ávila. Barcelona 1986.

— *Historia y utopía* (HU), *Ese maldito yo* (EMY), *De lágrimas y de santos* (LS), *El ocaso del pensamiento.* Tusquets. Barcelona.

DERRIDA, J., *De la grammatologie.* Les Éd. du Minuit. París 1967.

HABERMAS, J., *Perfiles filosófico-políticos* (PFP). Taurus. Madrid 1986.

— *Escritos sobre moralidad y eticidad* (EME). Paidós-ICE. Barcelona 1991.

HORKHEIMER, M., *Apuntes (1950-1969)* (Ap). Monte Ávila. Caracas 1976.

— *Ocaso* (Oc). Anthropos. Barcelona 1986.

— «Materialismus und Moral» (MM). En *Gesammelte Schriften.* Band 3. Fischer Taschenbuch Verlag. Francfort.

— «La añoranza de lo completamente otro». En H. Marcuse y otros, *A la búsqueda del sentido* (ABS). Sígueme. Salamanca 1976.

JANKÉLÉVITCH, W., *Traité des vertus* (TV). Bordas. 3 vol. París-Montreal 1968-1972.

— *La mort.* Flammarion. París 1977.

— *Lo imprescriptible* (Im). Muchnik. Barcelona 1987.

— *La aventura, el aburrimiento, lo serio* (AAS). Taurus. Madrid 1989.

— *Penser la mort?* (PM). Liana Levi. París 1994.

LEVINAS, E., *Humanismo del otro hombre.* Siglo XXI. México 1974.

— *Ética e infinito* (EI). Visor. Madrid 1991.

— *La mort et le temps* (MT). Éd. de l'Herne. París 1991-1992.

— *Entre nosotros* (ENo). Pre-Textos. Valencia 1993.

SCHELER, M., *Esencia y formas de la simpatía* (EFS). Losada. Buenos Aires 1957.

— *El resentimiento en la moral* (RM). Rev. de Occidente. Madrid 1927 (Ed. Caparrós. Madrid 1994).

WEIL, S., *Raíces del existir* (RE). Ed. Sudamericana. Buenos Aires 1954.

— *Écrits historiques et politiques* (EHP). Gallimard. París 1960.

— «El amor a Dios y la desdicha» (ADD). En *A la espera de Dios* y *Pensamientos desordenados.* Trotta. Madrid 1993 y 1995 resp.

— *La gravedad y la gracia.* Trotta. Madrid 1994.

— *Reflexiones sobre las causas de la libertad y de la opresión social.* Paidós. I.C.E./ UAB. Barcelona 1995.

3. *Otros textos citados*

ALAIN, *Propos.* 4 vol. Bibliothèque de la Pléiade. París.

ARENDT, H., *Du mensonge à la violence* (DMV). Calmann-Lévy. París 1972.

ARISTÓTELES, *Política* (Pol). Gredos. Madrid 1988.

BAUMAN, Z., *Modernity and Holocaust* (MH). Polity Press. Nueva York 1989.

BENJAMIN, W., «Tesis de filosofía de la historia». En *Discursos interrumpidos* (DI). Taurus. Madrid 1987.

BLUMENBERG, Hans, *La inquietud que atraviesa el río* (In). Península. Barcelona 1992.

BORNE, E., *Le problème du mal* (PM). P.U.F. París, 4ª ed. 1967.

CHAMFORT, *Máximas, pensamientos, caracteres y anécdotas.* Aguilar. Madrid 1989.

CHARRON, P., *De la sagesse.* En *Oeuvres.* Slatkine Reprints. Ginebra 1970.

COHEN, H., *La religion dans les limites de la philosophie.* Éd. du Cerf. París 1990.

COLLI, G., *Después de Nietzsche.* Anagrama. Barcelona 1978.

COMTE-SPONVILLE, A., *Petit traité des grandes vertus* (PTGV). P.U.F. París 1995.

ELIAS, N., *La soledad de los moribundos* (SM). F.F.C. México-Madrid 1985.

— *El problema de la civilización.* F.C.E. México 1979.

EWALD, F., *L'État providence* (EP). Grasset/Fasquelle. París 1986.

FEUERBACH, L., *Tesis provisionales para la reforma de la filosofía* (TPR) y *Principios de la filosofía del porvenir* (PFP). En *Aportes para la crítica de Hegel.* La Pléyade. Buenos Aires 1974.

FREUD, S., «El porvenir de una ilusión». En *Psicología de las masas.* Alianza. Madrid, 3ª ed. 1972.

HEIDEGGER, M., *Ser y Tiempo* (ST). F.C.E. México, 4ª ed. 1971.

HELLER, A., *Teoría de los sentimientos.* Fontamara. Barcelona 1980.

HOBBES, Th., *Leviatán* (Le). Editora Nacional. Madrid 1979.

— *La naturaleza humana* (NH). En *Hobbes. Antología..* Península. Barcelona 1987.

JAUSS, H. R., *Experiencia estética y hermenéutica literaria.* Taurus. Madrid 1992.

LANDSBERG, *Essai sur l'expérience de la mort.* Desclée de Brouwer. París 1936.

LÉVI-STRAUSS, C., *Antropología estructural II* (AE). Siglo XXI. Madrid 1971.

LUCRECIO, *De rerum natura*. Alma Mater. Barcelona 1961.

LUTERO, «Carta sobre el duro librito contra los campesinos». En *Escritos políticos*. Tecnos. Madrid 1986.

MALTHUS, R., *Primer ensayo sobre la población* (PEP). Alianza, 6ª reimp. 1988.

MARINA, J. A., *Ética para náufragos* (EPN). Anagrama. Barcelona 1995.

MARX, K., *Manuscritos: economía y filosofía* (Ma). Alianza. Madrid 1969.

MATE, R., *La razón de los vencidos* (RV). Anthropos. Barcelona 1991.

MILGRAM, S., *Obedience to Authority: An Experimental View*. Tavistock. Londres 1974.

MORIN, E., *L' homme et la mort* (HM). Éd. du Seuil. París 1970.

NOZICK, R., *Meditaciones sobre la vida*. Gedisa. Barcelona 1992.

PASCAL, B., *Pensées* (J. Chevalier) (P). Librairie G. Française. París 1962.

PÉREZ DE OLIVA, F., *Diálogo de la dignidad del hombre*. En A. Arancón (comp.), *Antología de humanistas españoles*. Editora Nacional. Madrid 1980.

PICO DELLA MIRANDOLA, J., *De la dignidad del hombre*. Ed. Nacional. Madrid 1984.

RICOEUR, P., «Le socius et le prochain». En *Histoire et vérité* (HV). Seuil. París 1955.

— *Finitud y culpabilidad* (FC). Taurus. Madrid 1969.

— *Amor y justicia* (AJ). Caparrós Ed. Madrid 1993.

RORTY, R., *Contingencia, ironía y solidaridad* (CIS). Paidós. Barcelona 1991.

ROSSET, C., *Lógica de lo peor* (LP). Barral. Barcelona 1976.

— *Le principe de cruauté* (PC). Minuit. París 1988.

SÁNCHEZ FERLOSIO, R., «Rigor y misericordia». *Ensayos y artículos II*. Destino. Barcelona 1992.

— «El caso Manrique». *Ib.*

SAVATER, F., *Schopenhauer o la abolición del egoísmo* (Sch). Montesinos. Barcelona 1986.

— *Ética como amor propio* (EAP). Mondadori. Madrid 1988.

— *Humanismo impenitente*. Anagrama. Barcelona 1990.

SIMMEL, G., «El pobre». En *Sociología II. Estudios sobre las formas de socialización* (Soc.). Alianza. Madrid 1986.

— «Para una metafísica de la muerte». En *El individuo y la libertad* (IL). Península. Barcelona 1986.

SMITH, A., *Investigación sobre la naturaleza de la riqueza de las naciones* (IN). F.C.E., 1987.

SPENCER, H., *La beneficencia*. La España Moderna. Madrid s.f.

TOCQUEVILLE, A. de, *La democracia en América* (DA). Alianza. Madrid 1980.

TODOROV, T., *Face à l'extrême* (FE). Seuil. París 1991.

VIVES, J. L., *Del socorro de los pobres o de las necesidades humanas*. B.A.E., tomo LXV. Obras escogidas de filósofos. Atlas. Madrid 1953.

— *Tratado del alma* (TA). En *Obras Completas,* tomo II. Aguilar. Madrid 1992.

VOLTAIRE, *Filosofía de la Historia* (FdeH). Tecnos. Madrid 1990.

WEBER, Max, *Economía y sociedad*. F.C.E. México 1979.

4. *Obras literarias referidas*

BROCH, H., *Poesía e investigación* (PI). Barral. Barcelona 1974.

CANETTI, E., *La conciencia de las palabras* (CP). F. C. E. México 1982.

— *La provincia del hombre* (PH). Taurus. Madrid 1986.

CHESTERTON, G. K., *Charles Dickens* (ChD). Pre-textos. Valencia 1995.

CONRAD, J., *Crónica personal. Remembranzas* (CP). Trieste. Madrid 1990.

DOSTOIEVSKI, F., *Diario de un escritor* (selección). Espasa-Calpe Argentina. Buenos Aires 1960.

— *El idiota* (I). Juventud. Barcelona 1964.

— *Los hermanos Karamazov.* Juventud. Barcelona 1968.
— *Memorias del subsuelo.* Los Libros de la frontera. Barcelona 1973.
ECKERMANN, P. J., *Conversaciones con Goethe.* 2 vol. Iberia. Barcelona 1982.
FRANCE, A., *El jardín de Epicuro* (JE). Júcar. Madrid 1989.
— *Los dioses tienen sed.* Mondadori. Madrid 1990.
JÜNGER, E., *Radiaciones I y II* (Ra). Tusquets. Barcelona 1989.
— *Sobre el dolor* (SD). Tusquets. Barcelona 1995.
LEVI, P., *Si esto es un hombre.* Muchnik. Barcelona 1987.
— *Los hundidos y los salvados* (HS). Muchnik 1989.
MANN, Th., *Schopenhauer. Nietzsche. Freud.* Plaza-Janés. Barcelona 1986.
SEMPRÚN, J., *La escritura o la vida* (EV). Tusquets. Barcelona 1995.
TOLSTOI, L., *La muerte de Iván Illitch* (MII). Juventud. Barcelona, 2º ed. 1984.
YOURCENAR, M., *Memorias de Adriano.* Orbis. Barcelona, 1988.
ZWEIG, S., *La piedad peligrosa* (PP). Hispano Americana de Ediciones. Barcelona 1955.

5. *Algunos estudios*

ALQUIÉ, F., *La conscience affective.* Vrin. París 1979.
ANSELL-PEARSON, K., *Nietzsche contra Rousseau. A study of Nietzsche's moral and political thought.* Cambridge Univ. Press 1991.
BODEI, *Una geometría de las pasiones.* Muchnik. Barcelona 1995.
BOLTANSKI, L., *La souffrance à distance.* Métailié. París 1993.
BRUCKNER, P., *Le sanglot de l'homme blanc.* Éd. du Seuil. París 1983.
CABADA, M., *Querer o no querer vivir.* Herder. Barcelona 1994.
DOMENECH, J., *L'Éthique des Lumières.* Vrin. París 1989.
FINKIELKRAUT, A., *La Sabiduría del Amor.* Gedisa. México 1988.

FORTENBAUGH, W. W., *Aristotle on Emotion.* Duckworth. Londres 1975.

GARDINER, H. M.-METCLARF, R. C.-BEEBE CENTER, J. G., *Feeling and Emotion. A History of Theories.* Greenwood Press Pub. Westport Conn. 1970.

GEREMEK, B., *La piedad y la horca.* Alianza. Madrid 1989.

GUÉRIN, M., *La terreur et la pitié.* Actes Sud. París 1992.

HAMBURGER, K., *Das Mitleid.* Klett Cotta. Stuttgart 1985.

HATZFELD, H., *Du paupérisme à la sécurité sociale.* A. Colin. París 1971.

KOMMERELL, M., *Lessing y Aristóteles.* Visor. Madrid 1990.

KRONAUER, U. (comp.), *Vom Nutzen und Nachteil des Mitleids. Eine Anthologie.* Keip Verlag.

LYONS, W., *Emoción.* Anthropos. Barcelona 1993.

MARGULIES, A., *Compassion.* Rosen Publishing Group. 1990.

MARX, W., *Ethos und Lebenswelt. Mitleidenkönnen als Mass.* F. Meiner Verlag. Hamburgo 1986.

NUSSBAUM, M. C., *La fragilidad del bien.* Visor. Madrid 1995.

OAKLEY, J., *Morality and the emotions.* Routledge. Londres 1991.

RORTY, A. O., *Essays on Aristotle's Ethics.* Un. of California Press. Berkeley 1980.

— *Essays on Aristotle's Poetics.* Princeton U. Press. Londres 1992.

SILBURN, L. (comp.), *Le bouddhisme.* Fayard. París 1977.

SOBRINO, J., *El principio-misericordia.* Sal Terrae. Santander 1992.